SAINTE THÉRÈSE

DE JÉSUS

ET

LES ÉPINES DE SON CŒUR

QUI EST VÉNÉRÉ DANS LE COUVENT DES CARMÉLITES DÉCHAUSSÉES
DE ALBA DE TORMÈS (DIOCÈSE DE SALAMANQUE)

Par N. C. y B.

PRÊTRE DE LA CONGRÉGATION DE LA MISSION

OUVRAGE TRADUIT DE L'ESPAGNOL

PAR

l'abbé **OLIVIER**,

CURÉ DE GLAIRE (PRÈS SEDAN)

IMPRIMERIES-LIBRAIRIES DE L'ŒUVRE DE SAINT-PAUL

PARIS, 51, RUE DE LILLE   FRIBOURG, 13, GRAND'RUE
BAR-LE-DUC, 36, RUE DE LA BANQUE   BORDEAUX, 30, PLACE PEY-BERLAND

LIBRAIRIE CATHOLIQUE DE PROPAGANDE, PARIS, RUE CASSETTE, 6

1882

SAINTE THÉRÈSE

DE JÉSUS

ET

LES ÉPINES DE SON CŒUR

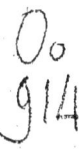

SAINTE THÉRÈSE
DE JÉSUS
ET
LES ÉPINES DE SON CŒUR

QUI EST VÉNÉRÉ DANS LE COUVENT DES CARMÉLITES DÉCHAUSSÉES
DE ALBA DE TORMÈS (DIOCÈSE DE SALAMANQUE)

Par N. C. y B.

PRÊTRE DE LA CONGRÉGATION DE LA MISSION

OUVRAGE TRADUIT DE L'ESPAGNOL

PAR

l'abbé OLIVIER,

CURÉ DE GLAIRE (PRÈS SEDAN)

IMPRIMERIES-LIBRAIRIES DE L'ŒUVRE DE SAINT-PAUL

| PARIS, 51, RUE DE LILLE | FRIBOURG, 13, GRAND'RUE |
| BAR-LE-DUC, 36, RUE DE LA BANQUE | BORDEAUX, 30, PLACE PEY-BERLAND |

LIBRAIRIE CATHOLIQUE DE PROPAGANDE, PARIS, RUE CASSETTE, 6

1882

A MONSIEUR LE COMTE

DE VILLERS-MASBOURG

AU CHATEAU DE SCHALOEN, PRÈS MAESTRICHT

LE TRADUCTEUR RECONNAISSANT

A. OLIVIER,
curé de Glaire.

Glaire (près Sedan), le 27 août 1881,
En la fête de la transverbération du cœur de sainte Thérèse

APPROBATION DE L'ORDINAIRE

ARCHEVÊCHÉ
DE
REIMS

Reims, le 31 décembre 1881.

BIEN CHER CONFRÈRE,

Monseigneur me charge de vous renvoyer votre manuscrit. Monseigneur vous accorde l'*Imprimatur*, que vous trouverez à la page ci-contre.

Dieu veuille que votre publication tourne à sa plus grande gloire, à la glorification de la grande Réformatrice du Carmel, de ce théologien ascétique incomparable, que saint Alphonse de Liguori est lui-même heureux de suivre dans son traité : *Praxis Confessarii*, et que l'Eglise enfin loue si admirablement dans l'oraison de la fête du 15 octobre.

Veuillez agréer, bien cher Confrère, l'expression de mes vœux les meilleurs et l'assurance de mes sentiments respectueux et dévoués en Notre-Seigneur,

BUSSENOT,
Chanoine, Secrétaire de l'Archevêché.

Sainte Thérèse de Jésus et les épines de son cœur, par N. C. y B., prêtre de la Congrégation de la Mission, ouvrage traduit de l'espagnol par M. l'abbé Olivier, curé de Glaire, près Sedan,

IMPRIMATUR

Remis, die 29ᵃ *decembris* 1881.

V. TOURNEUR,
Vic. gén., Archidiacre de Notre-Dame.

ÉMINENTISSIME ET RÉVÉRENDISSIME SEIGNEUR,

Obéissant avec respect à l'ordre de Votre Eminence, j'ai reconnu et examiné avec soin le manuscrit intitulé : *Sainte Thérèse de Jésus et les épines de son cœur*, par N. C. y B., prêtre de la Congrégation de la M., et je n'y ai rien remarqué de contraire à la foi catholique et aux bonnes mœurs ; au contraire, je crois que ce livre est très utile pour élever les fidèles à la contemplation des gloires de Dieu notre Seigneur, qui a daigné se montrer toujours si admirable en sainte Thérèse de Jésus, et pour développer en même temps la vraie dévotion envers cette Sainte, par l'imitation des vertus dont elle donna de si brillants exemples. De plus, je suis d'avis que, vu la manière dont cet ouvrage est conçu et rédigé, il peut être publié, bien que l'Eglise n'ait encore rien dit de la cause à laquelle peut répondre l'apparition des épines dans le cœur de sainte Thérèse ; attendu que l'auteur, à ce propos, a seulement exprimé son opinion particulière, à laquelle il ne veut pas que l'on donne plus d'autorité ni plus de caractère qu'à une manière de voir personnelle, quoique bien fondée sur les raisons qu'il apporte : il remet ces raisons à l'examen des sages et les soumet avec empressement au jugement de la sainte Eglise.

Toutefois, Votre Eminence décidera, dans sa haute appréciation, ce qu'elle jugera plus convenable.

Dieu veuille, pendant de longues années encore, conserver florissante la vie de Votre Eminence, pour le bien de sa sainte Eglise.

Valence, le 13 décembre 1875.

Dr ANTONIO MARTINEZ, prêtre,

A Son Eminence Révérendissime Monseigneur le Cardinal-Archevêque de Valence.

Valence, le 17 décembre 1875.

Vu l'avis du Censeur, on peut imprimer ledit ouvrage, en mettant en tête la censure à laquelle se refère notre approbation.

Décrété et signé par Mgr le Gouverneur ecclésiastique, ce que je certifie.

Dr CARCAVILLA.

Par Mandement de Son Eminence Révérendissime Mgr le Cardinal-Archevêque. FRANCISCO GARCIA.

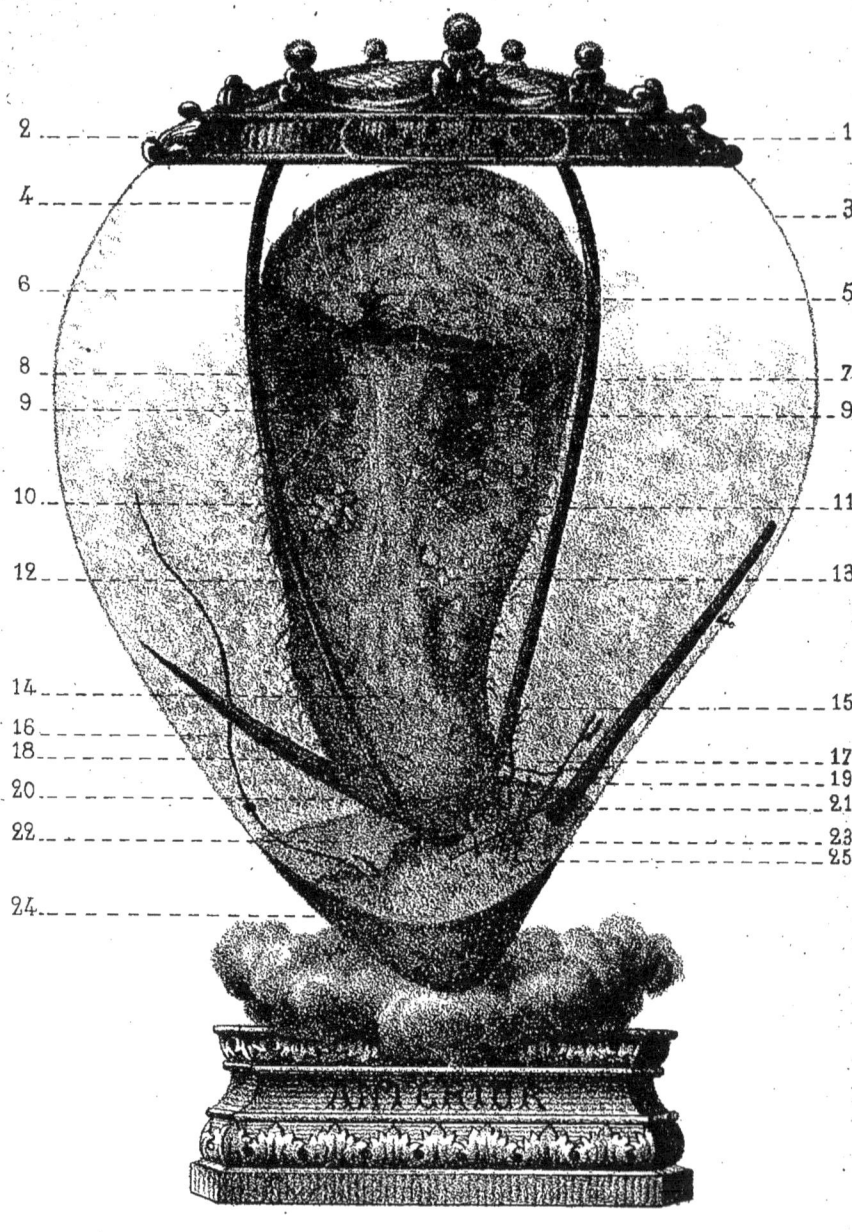

PARTIE ANTÉRIEURE

CŒUR DE SAINTE THÉRÈSE DE JÉSUS

GRANDEUR NATURELLE. — PARTIE ANTÉRIEURE

2. Trous respiratoires du couvercle, qui s'ouvrent au-dessus du cœur.
4. Fils d'archal qui soutiennent le cœur en l'assujétissant au couvercle.
6. Blessure ou transverbération faite par le dard du Séraphin.
8. Ramification sanguine.
10. Groupe de granules ou pierres blanches semblables à de petites perles ou à du gravier.
12. Petite blessure faite par le Séraphin.
14. Membrane ou peau qui couvre presque tout le cœur en formant de fortes aspérités.
16. Sorte de fil d'archal avec une seconde pointe qui sort.
18. Grande épine avec pointe.
20. Filaments ressemblant à de la laine ou à du chanvre.
22. Dépôt de poussière, détritus ou sédiment.
24. Fond intérieur du vase de cristal.

1. Couvercle qui, en forme de couronne d'or, couvre le cœur jusqu'à la blessure.
3. Globe de cristal avec poussière répandue sur la surface intérieure.
5. Cœur de Thérèse de Jésus soutenu en l'air par les fils d'archal.
7. Apparence de silex violacé.
9. Taches noires semblables à celles du tabac préparé pour les manufactures.
11. Peau ou membrane superficielle et déchirée avec semblant de racines de lierre.
13. Rugosités ressemblant à des pierres entassées en différents endroits.
15. Petite branche sortie immédiatement du cœur.
17. Tige ou tronc qui, sortant du cœur, croît horizontalement.
19. Grande épine obtuse ou sans pointe.
21. Troisième épine avec l'extrémité fendue.
23. Endroit d'où sortent les épines.
25. Groupe de cinq épines très fines.

CŒUR DE SAINTE THÉRÈSE DE JÉSUS

GRANDEUR NATURELLE. — PARTIE POSTÉRIEURE

2. Trous respiratoires du couvercle, qui s'ouvrent au-dessus du cœur.
4. Fils d'archal qui soutiennent le cœur et l'assujetissent au couvercle.
6. Cœur de sainte Thérèse de Jésus soutenu en l'air par les fils d'archal.
8. Piqûres ou trous d'aiguillon, faits probablement par le Séraphin.
10. Blessures faites par le Séraphin.
12. Groupes de rugosités qui, à la façon de pierres ou de durillons, sont répandues sur la surface du cœur.
14. Grande épine obtuse ou sans pointe.
16. Troisième épine avec l'extrémité fendue.
18. Petite branche sortie immédiatement.
20. Tige ou tronc qui sortant du cœur croît horizontalement.
22. Quatrième épine sortie à la base de la grande épine pointue.
24. Point d'où paraissent sortir les épines.
26. Petite branche qui pousse entre le cristal et la base de la grande épine pointue.
28. Segment noir.

1. Couvercle qui, en forme de couronne d'or, couvre le cœur jusqu'à la blessure.
3. Globe de cristal avec poussière répandue sur la surface intérieure.
5. Extrémité droite de la blessure ou transverbération faite par le Séraphin.
7. Cavité qui paraît venir de l'extraction ou retranchement d'un morceau du cœur.
9. Peau ou membrane déchirée qui, semblable à des racines de lierre, se voit autour du cœur.
11. Sorte de fil d'archal avec une seconde pointe qui sort.
13. Membrane rugueuse qui enveloppe presque tout le cœur.
15. Grande épine avec pointe; et, à sa racine, une autre épine qui en sort horizontalement.
17. Filaments ou découpures comme de la laine ou du chanvre.
19. Dépôt de poussière, détritus ou sédiment.
21. Deux épines grandes et fines qui touchent presque le fond du vase.
23. Deux épines courtes presque parallèles et perpendiculaires.
25. Epine courte et noire qui de face paraît comme un point.
27. Fond du vase de cristal.

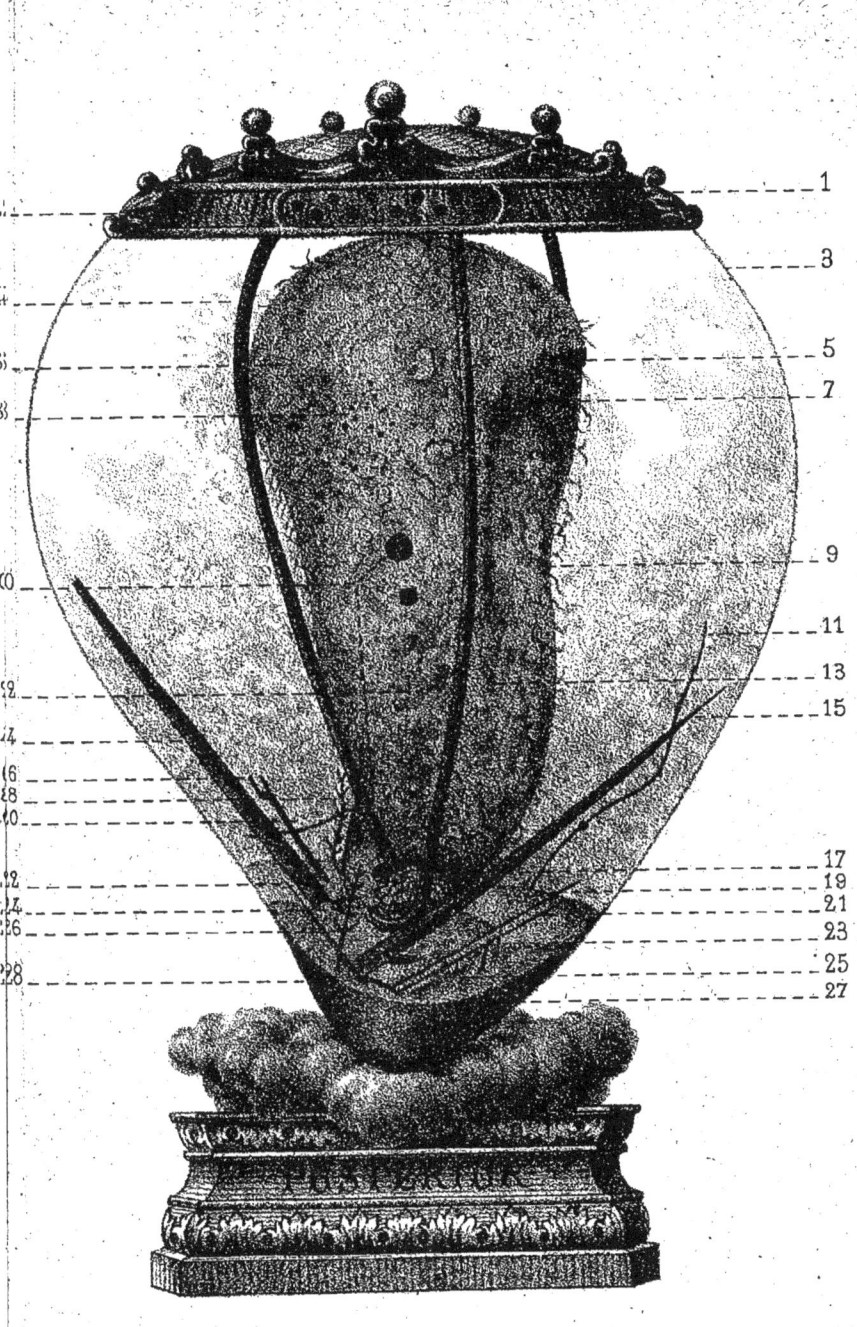

PARTIE POSTÉRIEURE

PRÉFACE

Les épines du Cœur de sainte Thérèse! Voilà un fait admirable sous tous les points de vue, un phénomène unique en son genre, et qui excite puissamment l'attention. Des épines, ou des choses qui paraissent être des épines, qui naissent, croissent, se développent, se conservent, et, de plus, se reproduisent; et cela dans un cœur sec, privé de toutes les conditions nécessaires à la vie et pendant le long espace de quarante ans!... Qui ne serait ému par un si grand prodige ?... L'écho de la renommée, sortant du cercle étroit d'Alba de Tormès et du diocèse de Salamanque, a franchi les frontières espagnoles : il a rempli l'Europe et a résonné jusqu'aux extrémités de la terre.

Devant un fait d'une telle importance, il s'est élevé des opinions contraires; et, s'il y a des docteurs en médecine qui le considèrent comme miraculeux, il y en a aussi qui nient toute intervention surnaturelle. L'affirmation comme la négation sont tombées dans le domaine public, et, comme dévot de sainte Thérèse, j'en ai été affecté d'une manière toute particulière.

Comment rester impassible quand il s'agit de la gloire de Dieu et de l'honneur de la Sainte ? Dans le sanctuaire de mon cœur, je ne pouvais douter de l'opération divine dans ces productions inexplicables pour la science. C'est ainsi que je m'en exprimai dans deux rapports que je présentai au tribunal ecclésiastique. Mais, puisque le fait est déjà notoire, puisqu'on en parle en sens contraire ; puisqu'il y a des opinions opposées; puisque de l'éclaircissement de cette affaire il peut en revenir de la gloire à Dieu et de l'honneur à la Sainte, j'ai cru devoir présenter ensemble tout ce qui a été dit sur cette matière, pour essayer de fixer la question d'une manière claire, et pour donner un point d'appui plus ou moins sûr et ferme à celui qui aura le temps d'étudier cette question.

Je n'ai nullement l'intention de prévenir le jugement ni la décision de l'Eglise. En matière de foi, de mœurs et de discipline, il n'y a pas, et je ne reconnais pas d'autre autorité divine que celle de l'Eglise catholique, apostolique et romaine à laquelle j'ai le bonheur d'appartenir; c'est dans son sein que je désire vivre et mourir; c'est à elle que je me soumets entièrement et sans réserve. De plus, ce que je dirai dans la suite touchant le caractère prodigieux du fait qui nous occupe, même si quelquefois je l'appelle *miracle*, doit être pris seulement comme mon opinion particulière, résultat des prémisses que je pose et établis maintenant. Qu'on ne donne donc pas à de semblables expressions plus d'autorité ni de caractère que ne le mérite une opinion basée sur des données préalables.

Si parfois je m'anime, si mon esprit me transporte, et que, laissant courir ma plume, je transcris sur le papier les impressions de mon cœur, qu'on ne voie pas là un calcul ni l'effet d'un misérable intérêt; qu'on y voie plutôt un vif désir d'élever les âmes à leur origine, à leur Créateur, à leur Seigneur et Dieu. Oh! si je pouvais faire pénétrer mes convictions dans l'esprit de tous les fidèles et les enflammer de l'amour de Dieu et de la dévotion à la sainte Mère!...

Pour pouvoir tirer à la fin la conséquence qui se déduit naturellement, je tâcherai de donner une idée claire du phénomène admirable qui m'occupe. J'examinerai en particulier chacune des merveilles qui se passent dans le vase de cristal où l'on conserve le saint cœur du Séraphin du Carmel; je présenterai à la considération des fidèles ces prodiges sans exemple dans l'histoire, et l'ordre dans lequel ils ont apparu à nos yeux; j'exposerai la relation écrite ou verbale que m'ont communiquée les religieuses de ce couvent d'Alba de Tormès; je rendrai compte des opinions et avis des Docteurs nommés à cet effet, et je relaterai mes propres et nombreuses observations; enfin, je répondrai le mieux possible aux difficultés qui se sont présentées et qui, à mon avis, ont fait déblayer le terrain et dissiper les ombres qui empêchaient de voir avec quelque clarté dans ce labyrinthe.

Il ne s'agit pas ici d'un fait rapide et passager où peut trouver place l'illusion de l'individu, ni d'une faveur obtenue par tel moyen que la piété indique comme bon et approprié ; il ne s'agit pas d'une vision ou intelligence dans l'ordre spirituel où peuvent avoir tant de part l'ennemi des âmes, l'amour-propre, ou la force et impressionnabilité du propre esprit ; non : il s'agit d'un fait physique, matériel, existant, visible, palpable, qui, depuis quarante ans, germe, croît, se développe, se conserve et se multiplie à la vue de tout le monde ; il s'agit d'un fait public et patent que peut voir et examiner quiconque a des yeux, et passe par la ville d'Alba de Tormès, diocèse de Salamanque ; il s'agit d'un fait sur lequel l'autorité diocésaine, par ordre de Rome, a fait une enquête diligente, et pris l'avis autorisé de quatre docteurs en médecine, chirurgie et pharmacie ; il s'agit d'un fait que moi-même (et j'en rends mille grâces au Seigneur) j'ai eu l'occasion d'examiner tout à loisir, et sur lequel, à deux époques différentes, j'ai présenté deux rapports privés à Monseigneur l'Evêque du Diocèse, qui daigna les admettre et les continuer dans le procès ; il s'agit d'un fait controversé sur lequel il y a opposition de sentiments, les uns étant pour l'affirmative et les autres pour la négative ; il s'agit d'un fait passé maintenant dans le domaine public, et commenté dans les conversations où se reproduisent de mille manières les affirmations ou les négations des docteurs experts ; il s'agit d'un fait certain en soi, puisque son existence physique ne laisse aucun doute, mais incertain dans sa cause que j'essaierai néanmoins de signaler et de fixer autant que possible ; il s'agit d'un fait dont la vérité indéniable est constatée par les yeux et touchée par les mains et dont il importe de fixer la nature d'une manière définitive ; il s'agit enfin d'apprécier le caractère prodigieux et inexplicable pour la science, des épines qu'on observe dans le globe de cristal qui renferme le cœur béni de sainte Thérèse de Jésus, de voir ce qu'on peut établir contre les négations de quelques Docteurs, contre les paroles que quelques-uns par ignorance et d'autres par malice, répandent dans le peuple, et contre les objections même hypothétiques qui se sont présentées à moi dans cette question.

Quiconque lira sans passion cet écrit, pourra ensuite former son opinion très conforme, je l'espère, à la mienne dans le sujet qui m'occupe. C'est l'affaire du Seigneur, sa gloire m'inspire : le Seigneur, quand il lui plaira, publiera ce fait avec un éclat qui, retentissant parmi les nations, réveillera ceux qui dorment du sommeil de l'indifférence et de l'oubli. Venez, toutes les nations; venez et examinez les merveilles du Seigneur.

INTRODUCTION

Lorsque j'habitais Madrid ou que je parcourais quelques provinces de l'Espagne, j'entendis à plusieurs reprises parler « des épines du Cœur de sainte Thérèse de Jésus, qui est conservé à Alba de Tormès. » Je ne doutai pas du fait, parce que je sais que le Seigneur se plaît à glorifier ses saints, et que, à chaque pas, il nous étonne et nous confond en présentant à notre entendement interdit de nouveaux prodiges : il veut ainsi, d'un côté, révéler son amour et sa puissance infinie, et, de l'autre, nous faire connaître combien il excelle à élever, même sur la terre, ceux qui pour son amour se sont confondus dans la poussière de l'humilité, ont sacrifié tous les biens du monde, et, brûlant de vives flammes, lui sont restés fidèles tant qu'ils ont demeuré dans cette vallée de larmes :

Par ordre de mes supérieurs, j'allai, au mois de novembre 1873, à Salamanque, pour donner les exercices spirituels aux deux communautés des Filles de la Charité qui s'y trouvent ; de nouveau, et plus à loisir, on me parla dans cette cité des épines en question. Le Docteur Don Thomas Belesta, Archidiacre de la sainte Basilique Cathédrale, et d'autres prêtres très dignes et très distingués me donnèrent chacun leur part de renseignements. Ils ne me cachèrent ni les objections de quelques docteurs en médecine relativement au caractère miraculeux des épines ; ni l'opinion d'un Père jésuite très versé dans les sciences naturelles, qui ne voit aucun prodige dans ces excroissances qu'on remarque à l'intérieur du vase renfermant le Cœur béni de la fidèle servante de Dieu ; ni leurs propres doutes et réflexions, qui ne manquaient pas d'importance ; mais le trait était déjà fixé en moi ; j'avais mon idée arrêtée ; je dirai plus, j'étais persuadé que les épines étaient surnaturelles et renfermaient quelque mystère.

Plusieurs fois aussi j'eus la satisfaction de m'entretenir sur ce sujet avec Mgr Joachim Lluch y Garriga, Evêque de Salamanque, qui aujourd'hui occupe le siège de Barcelone. Il n'oublia pas de m'indiquer les objections; il me donna connaissance de l'ordre venu de Rome d'instruire cette affaire, et il m'exprima son vif désir de la voir terminée. Pour ma part, j'écoutais et gardais le silence, recueillant et méditant toutes ces paroles dans le fond de mon cœur. Mais, faute de renseignements clairs et précis, je ne pouvais me résoudre ni pour l'affirmative ni pour la négative; toutefois, ma piété savourait le surnaturel du prodige.

A la même époque, il se présenta, à Alba de Tormès, une fondation de Filles de la Charité dans le saint hôpital; quand celles de Salamanque eurent terminé leur retraite, nous songeâmes à aller examiner cet établissement et à visiter, en passant, le saint Cœur. C'est ce que nous fîmes, avec les deux Sœurs Supérieures et deux autres Sœurs, en compagnie de l'Archidiacre et de D. Fernando Iglesias, bénéficier de la Cathédrale de Salamanque; nous nous transportâmes à Alba, et nous rendîmes gloire à Dieu en présence des reliques de sa grande et privilégiée servante, sainte Thérèse de Jésus. Là les prêtres de la compagnie offrirent à son saint autel le divin et non sanglant sacrifice.

Quelles furent ma joie et ma consolation, en novembre 1873, de voir, de vénérer et d'examiner, quoique en quelques minutes et sommairement, le Cœur béni de la séraphique Mère sainte Thérèse de Jésus, que gardent et honorent si religieusement ces heureuses filles du couvent de l'Incarnation de cette ville fortunée! Chastes épouses du Seigneur, dignes filles d'une mère si sainte, aimez Dieu et soyez-lui fidèles! Rendez grâce et travaillez, vous obtiendrez la récompense désirée.

Après avoir vu le saint Cœur, je crus devoir manifester au Prélat mon pauvre et humble sentiment touchant une question dont s'étaient occupés avant moi des docteurs de renom. La confiance qu'il daigna m'accorder m'obligea à rédiger une relation que j'eus l'honneur de déposer entre ses mains, afin de voir si mes idées pourraient en quelque manière éclairer ce sujet si délicat.

Je n'avais reçu aucune nouvelle de cette affaire, lorsque dans les premiers jours de janvier 1875 j'allai de nouveau, par ordre de mon Supérieur, donner aux Filles de la Charité de Salamanque une retraite spirituelle, à laquelle celles d'Albe aussi assistèrent.

Alors les Filles de la Charité, l'Archidiacre et d'autres prêtres et laïques des deux villes me pressèrent d'examiner plus longuement le Cœur de la Sainte : des raisons particulières m'empêchèrent d'accéder à leur désir et de m'accorder cette consolation.

Ils me disaient que ma relation était la seule importante, la seule qui jetât de la lumière, et une brillante lumière, sur une question si délicate; qu'elle était l'âme du procès... malgré toutes ces raisons, je ne pus me décider. L'heure du Seigneur, qui dispose toutes choses en temps opportun, n'était pas encore arrivée. L'examen fait alors aurait peut-être été entaché de quelque légèreté; aujourd'hui, grâces à Dieu, j'ai pu rester à mon gré, et regarder à loisir ce Cœur, dans les cinq ou six visites que, avec l'autorisation du Prélat, j'ai faites au saint trésor du couvent.

J'ai vu de mes yeux et touché de mes mains, pour ainsi dire, ce prodige étonnant qui, visible et palpable, se reproduit et se multiplie depuis quarante ans. Deux docteurs en médecine et chirurgie, et professeurs de l'université de Salamanque, disent qu'il n'a pas de fondement : ils n'y voient rien de surnaturel ni d'extraordinaire : quand le moment sera venu, nous nous occuperons de leur opinion, et nous verrons ce qu'il y a de vrai dans la question.

Des productions inconnues et complètement nouvelles, qui naissent, se maintiennent, se développent, se multiplient et continuent cette opération mystérieuse pendant l'espace de quarante années, sans avoir aucune des conditions réclamées pour la naissance, le développement, la multiplication et la conservation; qui aurait jamais pu imaginer un tel phénomène?

Mgr Lluch ayant été transféré au gouvernement du diocèse de Barcelone, Mgr Narcisse Martinez Izquierdo fut appelé au siège épiscopal de Salamanque; désirant, à l'occasion du Jubilé, faire donner des missions dans tout le diocèse, il s'adressa à mon Supérieur en la Congrégation de la Mission, pour lui demander des ouvriers. Je fus du nombre de ceux qui furent désignés, et Sa Grandeur jugea à propos de m'indiquer, pour point de départ de nos travaux la ville d'Alba de Tormès, ajoutant que cette désignation était comme indépendante de sa volonté et sans calcul prémédité. — C'est ici, dans Alba de Tormès, que l'on conserve et vénère le Cœur privilégié du Séraphin du Carmel; c'est à son ombre que nous devions commencer la sainte Mission; c'est ici que je devais avoir le temps de voir et d'examiner à loisir cette relique vénérable.

La lecture du procès instruit que me facilitèrent ces bonnes âmes qui ont su abandonner les palais pour le cloître; les richesses et l'abondance pour la pauvreté et les privations; les délices et les plaisirs du monde pour la mortification et la pénitence; le tumulte et la dissipation pour la solitude et le recueillement; les folles joies des hommes pour les douces larmes de la componction; l'amour de la chair pour l'affection de l'âme; la séduction des mortels pour l'attrait de Jésus; cette lecture produisit en moi un désir, un vif désir d'examiner de près ce Cœur incomparable. Mon cœur s'identifiait avec le Cœur de Thérèse de Jésus.

J'exprimai mon désir à Mgr l'Evêque, et, à la date du 26 avril 1875, il daigna m'accorder la permission d'entrer dans le Trésor et d'examiner le saint Cœur de celle que l'on nomme le Docteur mystique, en gardant toutefois la réserve et les considérations requises. Il est inutile de dire que je les observai scrupuleusement; de leur côté, les religieuses observèrent en tout les règles de leur institut. Que le Seigneur les bénisse et les comble de ses grâces les plus efficaces, afin qu'elles sachent le servir fidèlement, se sanctifier et faire leur salut.

O profonds desseins de Dieu! Au mois de janvier, je pouvais à loisir visiter le Cœur de la Sainte: j'y étais même invité avec instance, et je ne le voulus pas; je désirais le voir, et néanmoins je sentais dans mon intérieur quelque chose qui m'empêchait de me décider: le moment n'était pas arrivé. Et maintenant, sans y songer, j'ai employé à l'examiner plus de temps que je n'aurais pu en désirer auparavant. En une autre occasion, j'aurais dû me contenter de le regarder du dehors, aidé seulement par la lumière d'une bougie; aujourd'hui j'ai pu le voir en pleine lumière et à tous les degrés que les deux trésors haut et bas permettaient. Dieu soit béni et loué éternellement pour une faveur si singulière!

Grande fut ma joie quand je reçus la permission de Sa Grandeur. Mais comme les travaux de la sainte mission me retenaient continuellement dans l'exercice du ministère sacré, je ne pus visiter le Cœur transpercé avant le 29 d'avril. Cette date sera pour moi éternellement mémorable, car, à pareil jour en 1857, le général Garcia Pueblita me fit prisonnier à Michoacan (Mexique), et me retint trois jours avec l'intention de me fusiller. Le Seigneur ne le permit pas, parce que dans sa miséricorde infinie et dans ses hauts desseins il voulait autre chose de moi. Grâces infinies à vous, Seigneur, pour vos bontés envers moi! Accordez-moi de vous aimer et de vous servir fidèlement toute ma vie!

Pourvu de l'autorisation de l'Evêque, et accompagné de Fr. Santos du Carmel y Salcedo, confesseur et chapelain des Mères carmélites d'Alba, nous fûmes introduits dans la clôture et dans le trésor où est déposé le Cœur béni de la servante de Dieu Thérèse de Jésus. Béni soit le Seigneur qui élève ainsi les humbles, qui ennoblit tant les âmes qui s'abandonnent sans réserve entre ses mains, et qui m'a accordé le bonheur de presser sur ma poitrine ce saint et privilégié Cœur!...

Cette retraite sacrée est un sanctuaire où l'on ne respire que la piété. De suaves et profondes émotions se succèdent l'une à l'autre sans interruption, et un sentiment religieux, remplissant le cœur, finit par s'emparer de l'âme. Là, tout parle de Dieu, tout pénètre, tout frappe l'esprit, et cette atmosphère sainte fait oublier complètement les fausses joies du monde. O douce retraite!... O enceinte sacrée!... O solitude fortunée!... Heureux qui pourrait toujours habiter en toi!... Sois bénie!

Tout rempli de ce que j'avais vu et entendu, admirant la sainteté de Thérèse de Jésus et l'infinie grandeur du Dieu qui l'avait créée, je ne pouvais occuper mon esprit d'autre chose, ni presque cesser de louer tout haut le Seigneur et de parler de ses magnificences et de ses incompréhensibles merveilles. Je ne pouvais retenir dans mon cœur ce que j'avais recueilli ; je résolus de l'écrire, et de présenter à l'illustre Prélat un rapport assez étendu, sans cependant dépasser les limites convenables. Ici la main du Seigneur se fit aussi sentir. A mesure que je notais mes idées, d'autres venaient en foule. Les épines, la poussière, les petites branches, les pierres, les taches... tout venait, et chaque détail réclamait sa place à bon droit, et m'accusait de l'oubli qui semblait vouloir envelopper tant de prodiges.

Résolu de tout noter, je continuai mon travail, et aussitôt une touche intérieure très forte remua mon esprit, et mon esprit ne me laissa plus de repos. « Et la blessure?... » me disait-il. « Tu laisses et tu passes sous silence cette blessure si semblable à celle du Cœur de Jésus? » — « Non, non, je ne la passerai pas. D'abord je parlerai de ce divin cachet, de cette séraphique brèche, par où la flamme d'un vif amour volait rapide comme une flèche pour toucher le cœur de Dieu même. » Et, en conséquence, suspendant mon travail, je m'occupai aussitôt de la plaie bénie. Naturellement cet objet devait avoir la première place, au moins pour conserver l'ordre historique, et je la lui donnai.

Après avoir fait la revue matérielle de tout ce que le Cœur renferme, je croyais mon entreprise terminée; mais une nouvelle voix intérieure vint réclamer une nouvelle tâche. C'est incomplet, crus-je entendre. Il manque un abrégé de la vie de la Sainte. Comme Dieu a eu ses desseins en suscitant et en élevant, comme il l'a fait, sa fidèle servante et épouse bien-aimée, de même aujourd'hui il a une raison pour nous offrir ces épines et ces merveilles dans son Cœur. Voilà quelque chose à mettre en relief et à ajouter. »

Comment résister à une telle invitation? Je me mets à l'œuvre sur-le-champ; avec les idées plus ou moins précises que j'avais sur la vie de la Sainte, et avec l'aide d'un résumé qui me vint par hasard entre les mains, je rédigeai l'esquisse que j'insère dans mon œuvre, et je mis en relief la considération suivante.

Sainte Thérèse est, pour ainsi dire, l'âme de ces derniers siècles. Je ne fais qu'indiquer, ne pouvant davantage; mais je désire que quelques personnes zélées pour la gloire de Dieu, pour le salut des âmes et l'honneur de la Sainte, écrivent une œuvre biographique et historique, en s'occupant de quatre personnages : sainte Thérèse de Jésus, S. Ignace de Loyola, S. Vincent de Paul, et S. Alphonse-Marie de Liguori. La Sainte me paraît être, en quelque manière, la base, le piédestal, le centre de ce palais de la religion; c'est-à-dire de sa marche, de sa manifestation extérieure dans ces derniers siècles. Le guerrier Ignace défend extérieurement la foi et combat les erreurs des hérétiques. Vincent de Paul enflamme le monde et le soutient par les immenses ardeurs de sa divine charité. Alphonse de Liguori répand parmi les chrétiens, en la rendant belle et praticable, la plus douce et la plus tendre piété. Ces quatre saints personnages travaillent à la réforme générale des mœurs; mais Thérèse, quelle part importante n'a-t-elle pas dans ce mouvement vers Dieu! Là se trouve un amour plus pur, une pénitence plus complète, un sacrifice plus affiné, une abnégation plus parfaite, une contemplation plus élevée, le dépouillement de la chair pour n'avoir plus de conversation qu'avec les Anges du ciel. Il faut démontrer que Thérèse de Jésus, par elle-même et par ses œuvres, par la transfixion de son Cœur et aujourd'hui par les épines de ce même Cœur, a remué le monde, a combattu les erreurs, élevé les esprits, imprimé dans les âmes un sceau divin, illuminé l'intelligence, dévoilé le secret de Dieu, convié le monde à l'amour, comme aujourd'hui elle l'invite à la pénitence... Dieu veuille bénir quiconque entreprendra cette œuvre pour la gloire de son saint nom et pour l'honneur de Thérèse de Jésus.

Après avoir terminé ce travail, j'eus un entretien avec Mgr l'Evêque actuel, et il m'exprima le désir que l'on fît quelque chose en l'honneur de la Sainte, surtout au sujet de la fontaine qui se trouve à mi-chemin entre Salamanque et Alba de Tormès. J'avais justement la même pensée, et je résolus de m'en occuper dans un dernier article que je me proposais d'écrire. Mais cet article lui-même a éprouvé un changement; car on remarquera que, passant presque complètement par-dessus les merveilles du Cœur, j'arrive comme à reprendre les idées de la vie de la Sainte, et qu'aussitôt, après quelques données très brèves, je conclus par une exhortation générale.

Croyant donc avoir terminé mon travail, de retour à Madrid, je présente le dessin du Cœur à un prêtre respectable, en lui expliquant la merveille : mais ce fut alors que j'entendis la vraie difficulté. Je m'appliquai à la résoudre, et, pensant y avoir réussi, j'écrivis à cet ecclésiastique; il me répondit en aggravant encore la question, et en fortifiant les observations qu'il m'avait déjà faites. J'étudie les objections, je les explique, à ce qu'il me semble, d'une façon satisfaisante; je lui en fais part, et je trouve encore beaucoup de résistance. Enfin, le terrain paraît libre, grâce au Seigneur et à la protection de la sainte Mère. Comme ces difficultés se rapportaient à la production des épines, je continuai la discussion dans ce même article.

Toute conclusion faite, je vois la nécessité de donner une idée générale, et, après un examen sérieux, je résume ce que j'avais combiné pour mon rapport; j'y ajoute ces réflexions, et voilà ce qui a pris le titre d'introduction.

Dans tout cet assemblage, il semble qu'il y ait quelque incohérence, et vraiment il ne pouvait en être autrement. Je n'ai pas le temps d'ordonner mon travail : j'écris à la hâte et en saisissant les moments libres, comme si quelque chose me pressait et me poussait dans mon intérieur : d'un autre côté les travaux du saint ministère que m'impose l'obéissance, ne me permettent pas de rester longtemps sur un même point, pour achever ce qui paraît être une œuvre providentielle.

J'ai exposé mon sujet, j'ai donné l'explication qui m'a paru la plus convenable et la plus exacte, j'ai répondu aux difficultés plus ou moins dignes d'attention, j'ai tenté de résoudre les objections, et, en tout cas, il m'a semblé que je procédais logiquement, en offrant au jugement du lecteur les prémisses qui amènent légitimement la conclusion à en tirer.

C'est pour la gloire de Dieu et pour l'honneur de sainte Thérèse de Jésus que j'ai entrepris ce travail. Daigne le Seigneur l'agréer et le bénir! que la Sainte soit ma protectrice spéciale et mon guide après la sainte Vierge, saint Joseph et saint Vincent! que Dieu, par l'intercession de ses Saints, réveille le monde du sommeil qui l'accable, et que les âmes, par la pénitence, se purifient, se sanctifient et arrivent au salut! Je crois que le Seigneur a voulu parler plus haut et plus efficacement au monde par le fait des épines qui nous étonne. Je le répète, ce sont là des paroles piquantes qui doivent nous réveiller du sommeil de mort qui nous accable. Dieu veuille que nous les écoutions tous avec un cœur ouvert, un esprit calme et une volonté docile et soumise! Puissions-nous tous suivre les exhortations et les désirs du Seigneur! Jésus très clément, sauvez-nous! Sainte Thérèse de Jésus, intercédez pour nous!

Nemesio CARDELLAC,
Prêtre de la Congrégation de la Mission.

Valence, fête des Sept Douleurs de la Bienheureuse Vierge Marie, Dimanche 19 septembre 1875.

SAINTE THÉRÈSE DE JÉSUS
ET
LES ÉPINES DE SON CŒUR

PREMIÈRE PARTIE

ABRÉGÉ DE LA VIE DE SAINTE THÉRÈSE DE JÉSUS

Le Dieu éternel, Dieu de grandeur et de majesté, infini en puissance, en sagesse et en amour, éternellement heureux en lui-même, voulut faire participer à son bonheur et à sa gloire des êtres intelligents, qui, créés à son image et à sa ressemblance, pussent le connaître, l'aimer et le servir; de sorte que cette connaissance, cet amour et ce service mêmes fussent leur unique occupation sur la terre, et leur récompense dans le ciel.

Il a aimé éternellement les créatures qu'il avait dans sa pensée : il trace avec son infinie sagesse le plan de la création et l'exécute par sa toute-puissance. Il a dit, et tout a été fait; car, en Dieu, dire, c'est faire : une parole, c'est une œuvre. Il a ainsi créé les anges et l'univers : auparavant, rien n'existait que lui. Dieu est libre de toute nécessité : il donne à tous l'être et la vie, pour sa gloire et pour le bien des âmes. Néanmoins, tout en laissant l'homme libre, il lui impose des préceptes, et en même temps il lui fait des promesses et des menaces qui sont son éternelle sanction.

Dès lors, quoique dans le gouvernement du monde tous les attributs de Dieu aient leur part, la miséricorde et la justice y brillent d'une façon particulière ; mais l'ineffable miséricorde de Dieu l'emporte sur toutes ses œuvres. Elle est miséricorde pendant que nous vivons : mais quand l'homme est sourd à la voix de la miséricorde, il s'expose à subir les rudes coups de la justice. La justice se trouve donc au bout de la miséricorde. Heureux qui sait profiter de la bonté infinie de Dieu.

Ainsi, quand sur la terre les nations sont le plus dévoyées, ou que de grands cataclysmes et de grands bouleversements vont arriver, le Seigneur prépare le remède convenable et une certaine compensation à de si grands maux et à de si grandes offenses. A la perversité de l'homme et à l'œuvre de l'enfer il oppose les biens du ciel ; aux astuces de Satan il oppose les athlètes du Christ ; aux hérétiques il oppose les saints ; à ceux qui se disent forts il oppose les faibles et les pauvres d'esprit ; et plus les méchants, dans leur perversité, s'élèvent en orgueil insolent et en superbe cynique, plus le Seigneur choisit, en compensation, des âmes sans éclat et comme rebutées par leurs frères, pour opérer, par leur moyen, parmi les hommes, des merveilles inouïes et incompréhensibles.

Du néant il a créé toutes choses, et du néant de l'humilité il tire les instruments dont il veut se servir pour confondre les sages et les puissants du siècle. De l'abjection et de la misère il tire les serviteurs qui doivent le servir dans la divine entreprise de soulager et de régénérer le monde. Telle fut la conduite de Dieu dans tous les temps, pour apprendre à l'homme que Dieu est sur toutes choses, qu'il est le maître absolu de tout, et que tout ce qu'il y a de bien parmi les hommes vient d'en haut et descend du Père des lumières.

Ainsi, au commencement de l'Eglise, à Simon le magicien il oppose Pierre le pêcheur.

Aux Ebionites, aux Marcionites, aux Nicolaïtes, aux Gnostiques et autres hérétiques, il oppose Jean l'Evangéliste, apôtre et prophète.

Arrivent Arius, Montan, Donat, Pélage, et il leur oppose saint Augustin. Abélard s'élève, de grandes discussions s'organisent en Europe, et Dieu suscite saint Bernard.

Aux Albigeois et autres fausses confréries des onzième, douzième et treizième siècles, qui désolaient des provinces entières, le Seigneur opposa les saints patriarches Dominique et François et leurs innombrables frères et fils en la sainte religion.

A Luther, à Calvin et à leurs sectateurs dans leurs infernales erreurs et mœurs pestilentielles, il opposa saint Ignace de Loyola et son immortelle compagnie.

A Jansénius, Quesnel, Saint-Cyran et leurs adeptes rusés, égoïstes et corrompus, il oppose le grand apôtre de la charité saint Vincent de Paul, et, en son nom et avec son esprit, les deux Congrégations qu'il a fondées, et tant d'associations qui, établies dans le monde entier, maintiennent vivante la pratique de la charité chrétienne, cette grande reine et mère des vertus.

Thérèse de Cepeda et Ahumada, plus tard Thérèse de Jésus, eut cette très noble mission, mais sous un triple aspect : premièrement, de combattre les hérésies ; secondement, de convertir les pécheurs ; et troisièmement, d'élever les âmes à Dieu. De quels moyens se servit-elle pour atteindre un si grand objet ? De trois, qui sont l'observance régulière, la pénitence et l'oraison.

Ce ne fut pas là un produit de son intelligence, sans l'inspiration et l'ordre de Dieu : ainsi l'assure la Sainte. Ce qui le confirme, c'est que, étant une pauvre vierge, seule, sans appui, combattue par les siens, par les étrangers, et par les grands du siècle, elle put planter la célèbre réforme du Carmel, fonder quinze couvents pour des religieux et dix-sept pour des religieuses.

Comment une faible femme put-elle espérer et se promettre un pareil résultat? D'où une telle pensée vint-elle enflammer son cœur? Ah! la main du Seigneur la préparait et la disposait avec le temps, en la dirigeant par des chemins connus de lui seul. C'est elle qui achèvera l'œuvre de Dieu.

Thérèse de Cepeda et Ahumada naquit à Avila de los Caballeros (c'est-à-dire des Chevaliers), dans le centre de l'Espagne, le 28 mars 1515, à cinq heures du matin. Ses heureux parents, aussi distingués en piété qu'en noblesse, furent don Alonso (Alphonse) de Cepeda et dona Béatrix de Ahumada, tiges illustres liées aux plus nobles et aux plus grandes familles de l'Espagne. Mais le cœur de Thérèse s'occupait peu de l'éclat de la naissance : il n'aimait que la pureté de l'âme. Aussi déclara-t-elle dans la suite au P. Jérôme de la Mère de Dieu, Gratien, qu'elle estimait plus de ne pas commettre de péché véniel, que de descendre des familles les plus nobles et les plus illustres de l'univers.

On eût cru qu'avec la nourriture matérielle elle recevait aussi la sainte crainte de Dieu.

Dès ses premières années, elle donna d'admirables signes de sa sainteté future. En lisant la vie des saints martyrs, leurs actes et leurs sacrifices héroïques, son cœur s'enflamma tellement du feu de l'Esprit-Saint, que, fuyant la maison paternelle, elle tenta de se rendre en Afrique, afin d'y sacrifier sa vie comme un gage d'amour pour son Dieu.

Voici comme elle raconte elle-même ce trait intéressant de sa vie. « Mes parents avaient de bons livres qu'ils faisaient lire à leurs enfants : ma mère prenait soin de nous faire prier et de nous exciter à la dévotion envers Notre-Dame et quelques saints ; je ne voyais d'attrait en mes parents que pour la vertu : voilà ce qui commença à m'éveiller. Je m'associais avec un frère à peu près de mon âge (Rodrigue), que j'aimais davantage, pour lire les vies des saints : nous étions épouvantés en lisant qu'il y a une peine et une gloire pour toujours ; nous nous entretenions souvent sur ce sujet, et nous aimions à répéter : *pour toujours, toujours, toujours;* et le Seigneur daignait me tracer, dans cet âge tendre, le chemin de la vérité. En voyant les martyres des saints, je désirais beaucoup mourir comme eux. De plus, mon frère me pressait de chercher un moyen pour y arriver. Nous résolûmes de nous rendre chez les Maures, en mendiant notre pain, pour nous y faire décapiter (1). »

C'est ainsi que le Seigneur infiltrait dans cette âme de bénédiction la flamme de l'amour divin et l'amour des souffrances. Thérèse conservait et excitait ces désirs par des prières, des lectures, des conversations, des méditations, des récréations pieuses, et les mettait à exécution par des moyens proportionnés à son âge et aux circonstances dans lesquelles elle se trouvait. Jeûnes, aumônes, pénitences, silence, sacrifices, tout lui était bon : dès qu'elle comprenait qu'une chose était bonne et agréable à Dieu, elle la faisait. Aussi, dans un âge tendre, sans écouter autre chose que l'amour de son cœur et les désirs de son âme, elle correspond à la divine impulsion qui enflamme son esprit, et ensemble avec son frère bien-aimé, elle court à la recherche du martyre. Le sacrifice était consommé dans son cœur, dans sa volonté, dans son désir ; Dieu le regardait avec

---

(1) Vie de sainte Thérèse par elle-même, ch. I.

complaisance, et, en l'acceptant, il réserva la victime pour d'autres temps et d'autres fins. Il envoie à la rencontre de Thérèse son oncle paternel D. François de Cepeda, qui la recueille et la ramène à la maison. Alors la fervente enfant dirigea la force de son esprit d'un autre côté, mais toujours pour le sacrifice et le service de son Dieu.

« Voyant, dit-elle, que je ne pouvais aller me faire tuer pour Dieu, nous essayions de nous faire ermites dans un jardin attenant à la maison, et de bâtir des ermitages en assemblant de petites pierres qui s'écroulaient aussitôt. Je faisais l'aumône selon mon pouvoir ; je cherchais la solitude pour mes dévotions, qui étaient assez nombreuses, et en particulier pour le Rosaire auquel ma mère était fort attachée et qu'elle nous recommandait. J'aimais beaucoup, quand je jouais avec d'autres petites filles, à faire des monastères comme si nous avions été religieuses ; et il me semble que je désirais de l'être. »

Rendue ainsi à sa famille, elle pleurait, non à cause des reproches de ses parents, ni à cause des excuses de son frère plus âgé qu'elle, mais parce qu'elle n'avait pu réaliser son désir du martyre. Le feu de l'amour de Dieu était déjà si vif dans ce petit cœur de six ans, qu'il ne sentait pas ses propres maux, mais les offenses faites à Dieu, et elle les pleurait continuellement.

Voilà l'influence d'une bonne ou d'une mauvaise direction dans l'enfance ; voilà les conséquences des saintes lectures ; voilà les effets des pieuses oraisons, et le résultat des bons ou des mauvais exemples que les enfants ont devant les yeux. La lecture de livres pieux et de la vie des Saints, les prières et les actes de dévotion, les bons exemples de ses parents, une direction chrétienne firent de la petite Thérèse une des âmes sans doute les plus privilégiées de l'Eglise de Dieu. Mais combien de milliers d'âmes se sont égarées, avilies et ensevelies pour toujours dans l'abîme par la lecture de mauvais livres, par le manque de dévotion, par des amusements légers, par les mauvais exemples des parents, par la mauvaise direction dans l'enfance, ou par le manque complet de direction !

A la mort de sa mère, Thérèse avait à peine douze ans ; connaissant la grandeur de cette perte, elle se prosterna tout affligée devant une image de la sainte Vierge, et, fondant en larmes, elle la supplia de devenir sa mère. La très pure Vierge la prit dès lors sous sa protection. Thérèse nous atteste elle-même que toujours elle recourait à Marie, et qu'en toute occasion elle expérimenta la puissance du patronage de cette grande Mère de Dieu. La Vierge est Mère, et jamais elle n'abandonne celui qui implore, avec confiance et humilité, sa protection.

Néanmoins il y a partout et toujours des dangers pour la vertu. Les choses en apparence les plus pures et les plus innocentes peuvent être un fatal écueil pour une âme qui serait devenue une grande sainte sur la terre, ou, au moins, aurait pris place parmi les élus du Seigneur dans le palais de la gloire. C'est ce que l'on voit dans la vie de sainte Thérèse.

Sans doute la sentence du saint tribunal de la Rote (art. 2, n. 8) nous dit que « la Sainte exagère beaucoup ses fautes, que jamais elle ne commit de péché mortel ni ne perdit la grâce. » Grégoire XV, dans la Bulle de canonisation, ajoute : « qu'elle conserva intacte sa chasteté de corps et d'âme dès son enfance, et que son cœur resta toute sa vie pur, même de tout péché véniel d'advertance » ; et la Sainte elle-même confirme ces témoignages en disant : « Je n'avais en moi aucune affection de personne qui pût me faire tomber dans un péché véniel d'advertance ; je n'avais point de mauvaise intention (1) » ; et, au sujet de la chasteté, répondant à une de ses filles spirituelles qui la consultait sur des tentations contre cette céleste vertu, elle lui dit : « Je vous avoue que je ne puis vous donner de conseil au sujet de ce que vous me demandez, parce que, par la miséricorde de Dieu, j'ignore le chemin qui conduit à ce péché. » Mais, malgré ces privilèges si particuliers et si étonnants, la jeune Thérèse se vit en grand péril, non seulement par rapport à la vertu, mais même par rapport au salut éternel de son âme.

Elle avait un extérieur beau et gracieux, et Dieu la favorisait beaucoup dans son intérieur. Le Seigneur enrichissait son âme de grandes grâces, et travaillait, pour ainsi dire, à se l'attacher et à la gagner pour sa fidèle épouse. Thérèse manquait d'une direction sûre et éclairée : elle se relâcha dans l'oraison et la mortification, et elle s'unit d'amitié avec quelques-uns de ses cousins, et avec une parente, qui venait à la maison : celle-ci n'était pas mauvaise, mais elle ne vivait pas selon les vrais principes de la vertu et de la perfection.

Thérèse commença à goûter des livres de chevalerie, des nouvelles et des romans, comme on dit aujourd'hui, des livres de passe-temps et de récréation ; peu à peu elle laissa entrer dans son cœur le goût du luxe, le soin exagéré des mains et des cheveux, l'usage des parfums et des vanités, le désir de voir et d'être vue ; et bientôt, « d'une nature et d'une âme si bonnes, à peine restait-il des traces. » Enfin, si Dieu ne l'eût tenue dans sa main, elle aurait été certainement victime de son imprudence, et elle aurait été occuper une place dans l'enfer, comme plus tard elle l'apprit clairement dans une vision.

Que d'âmes s'attachent peu à peu aux vanités, aux

---

(1) Vie de sainte Thérèse par elle-même, ch. ii.

complaisances, aux goûts mondains, aux affections et amitiés, qui, tout en leur paraissant pures, innocentes et permises, les précipitent enfin dans l'abîme ! Un mauvais principe ne peut conduire à une bonne fin : de même qu'un directeur qui abandonne l'oraison et la mortification ne peut qu'égarer les âmes, les détourner de Dieu, et les livrer à leur mortel ennemi.

Elle entre, pour faire son éducation, dans le couvent des religieuses Augustines de Notre-Dame de Grâce à Avila. Les exemples de vertu qu'elle y observe excitent plus vivement dans son cœur bien disposé le feu de l'amour de Dieu et de son saint service. Là elle comprend que ce monde fuit et passe, qu'il est trompeur et dangereux : elle prend la résolution d'en sortir et de s'enfermer dans le cloître, « car elle sait et voit que c'est l'*état le meilleur et le plus sûr.* »

Après différentes alternatives de luttes continuelles contre elle-même et contre sa famille, elle obtint le consentement de ses parents, et, le 2 novembre 1536, à l'âge de vingt-un ans, sept mois et six jours, elle entra comme religieuse au couvent de l'Incarnation des Carmélites chaussées d'Avila de los Caballeros.

Ici je ferai remarquer quelques particularités qui donnent une idée des brillantes destinées de Thérèse. Elle naquit le 28 mars 1515 à cinq heures du matin, fête de saint Bertold, premier général de l'ordre du Carmel en Europe, et pendant qu'on célébrait le saint sacrifice de la messe dans le monastère de l'Incarnation, où plus tard elle voulut s'enfermer pour quitter le monde et se consacrer à Dieu.

En 1517, l'augustin apostat Luther soulevait l'Europe contre le Saint-Siège ; et en 1525 il scandalisait le monde en se mariant publiquement avec Catherine de Bora, religieuse apostate et sans pudeur.

Ce fut précisément à cette époque que Thérèse, fuyant la maison paternelle, courait vers le pays des Maures, afin d'y sacrifier sa vie pour son Dieu. A cette époque, elle se recueillait dans la solitude de sa demeure, s'exerçait à l'oraison, à l'aumône, au silence et aux mortifications qui lui étaient permises, prenait plaisir à louer le Seigneur, et à lui consacrer ses désirs d'une retraite plus complète; elle construisait avec de petites pierres des monastères ou de petites cellules dans le jardin de la maison, prélude certain de tous ceux qu'elle devait plus tard construire et peupler d'âmes arrachées aux hasards et aux troubles du monde.

En 1536, Catherine de Bora corrompt avec des filles dissolues la jeunesse d'Allemagne que Luther instruisait : mariage scandaleux et sacrilège, contracté par deux apostats, que leurs passions viles et abjectes avaient conduits à cette extrémité. Mais Dieu, qui oppose toujours le bien au mal, suscite Thérèse, qui, oubliant ses qualités naturelles, le lustre de sa famille, les enchantements de la fortune et les attraits du plaisir, abandonne tout résolument, et embrasse de toute l'ardeur de son âme le saint institut de Notre-Dame du Carmel.

Dans la même année 1536, Henri VIII détruit dans les trois provinces carmélites d'Angleterre, d'Ecosse et d'Irlande, cinquante-six couvents : il fait mourir ou chasse de leur patrie quinze cents religieux de l'ordre : peu importe : Dieu sait faire avec des pierres des fils à Abraham.

A un si grand mal Dieu prépare le remède. Thérèse embrasse le saint institut, elle entre dans le cloître, et, le 3 novembre 1537, elle fait sa profession solennelle avec tant de consolation dans l'âme, qu'elle ne pouvait jamais y songer sans pleurer. Les dons de Dieu sont parfaits, sans regret, intimes et pénétrants : ils tendent toujours à tout purifier, à unir et transformer l'âme en Dieu.

Jésus, son divin Epoux, s'appliquait à la préparer selon ses hauts desseins ; et comme l'âme doit être continuellement au juste de la balance, détachée de tout, et sans aucune passion ; comme elle doit être maîtresse de son corps et de ses inclinations ; comme elle doit dominer en tout temps et en toutes opérations, et vaincre les résistances de la chair ; comme l'ardeur de cette argile vivante est un obstacle aux faveurs du ciel ; comme il est nécessaire que la créature s'humilie et se remette tout entière et sans réserve entre les mains du Seigneur ; Dieu envoya à Thérèse de nombreuses et de dures infirmités pour la dompter, pour la tourmenter par leur durée et leur intensité, et la disposer ainsi, moyennant sa coopération, selon les fins cachées de la sagesse divine.

Thérèse tombait malade ; mais chaque fois on voyait croître en elle et se développer d'une façon étonnante et inconcevable le feu du divin amour. Plus le Seigneur lui donnait de souffrances, plus elle en désirait. Cependant elle fut si bien exaucée, qu'elle fut contrainte de dire : « Oh ! Seigneur, je n'en demandais pas tant ! » C'est que son âme n'avait pas encore atteint le fini d'amour où Dieu voulait l'élever.

Avec les douleurs du corps croissaient les amertumes de l'esprit. C'est ici l'opération spéciale du Seigneur ; c'est ici que l'on voit la dextérité et l'habileté du céleste chirurgien : c'est ici que Dieu seul peut mettre la main ; c'est ici que l'âme souffre, expie, se purifie et se prépare dignement en proportion de sa fidélité et de sa correspondance.

Là, dans sa chère retraite du cloître et dans la solitude de son esprit, elle fut affligée et tourmentée pendant vingt-deux ans de très graves infirmités, d'épreuves et de tentations dures et variées ; et, grâce à l'infinie miséricorde du Seigneur et à la protection de Marie, elle acquit continuellement des mérites dans la sainte milice de la pénitence, sans éprouver aucune de ces célestes consolations qui, même sur la terre, sont ordinairement accordées aux âmes saintes.

Plus le corps est affaibli par les pénitences et les macérations, ou par les infirmités envoyées de Dieu, et plus l'esprit se trouve purifié en vertu de ces opérations intérieures que la main de Dieu sait et peut seule pratiquer, plus aussi l'âme est en état de recevoir les grâces et les faveurs de Dieu qui doivent l'élever. Combien sont dans l'erreur ceux qui pensent arriver à la perfection, ou même à la vertu, en soignant leur santé, en s'occupant de leur corps, en fuyant les privations, les souffrances, les sacrifices, qui sont le fondement et la pierre de touche de la vie spirituelle !

Par suite des purgatifs et médicaments prescrits par les médecins dans des infirmités qui n'étaient pas de leur compétence (c'est ce que l'on voit souvent aujourd'hui), Thérèse, toute contractée, sans autre mouvement que celui d'un doigt, resta trois mois gisante sur son lit, et enveloppée dans un drap. Régulièrement les personnes spirituelles ne doivent pas s'inquiéter de leurs infirmités, ni de leurs douleurs, quelque grandes et extraordinaires qu'elles leur paraissent. Qu'elles laissent agir le Seigneur, qu'elles souffrent et se taisent, le Seigneur saura tout conduire à bonne fin.

Dans une telle situation, elle eut, le jour de l'Assomption, 15 août, pendant la nuit, une défaillance qui lui dura quatre jours. Elle avait reçu l'Extrême-Onction, et tout était prêt pour la porter au tombeau, car on avait même célébré son service funèbre dans un couvent de frères de son Ordre. Mais cette défaillance n'était pas réelle ; ce n'était pas un effet de la maladie : c'était une extase véritable et extraordinaire de quatre jours ! Revenue à elle : « Pourquoi m'avez-vous appelée ! » s'écria-t-elle. « J'ai été dans le ciel et j'ai vu l'enfer : mon père et Jeanne Suarez (son amie, religieuse au couvent de l'Incarnation) doivent se sauver par mon intermédiaire. J'ai vu des couvents que je dois fonder, et les âmes qui se sauveront par moi. *Je mourrai sainte, et mon corps sera couvert d'un voile de brocart.* » Le résultat, ce que nous voyons aujourd'hui, justifie la grandeur de l'extase et la vérité de la prophétie. Elle avoua depuis qu'elle devait cette faveur signalée au glorieux Patriarche saint Joseph, assurant qu'elle obtenait tout ce qu'elle demandait en son nom.

A partir de cette époque, on vit augmenter ses angoisses d'amour et son désir de souffrances. *Ou souffrir ou mourir!* telle fut sa devise. Ce qui n'est pas souffrance, l'amour le compte pour rien, et une âme éprise de son Dieu ne sait passer un seul instant dans l'oisiveté.

Aussi, quand elle entendait parler des hérésies, des blasphèmes, des péchés et de la corruption du monde, son âme défaillait d'amour et de douleur. Ses angoisses étaient si grandes, qu'en la comprimant dans son intérieur elles étaient une mort continuelle, mais une mort sans mourir, qui est la pire des morts.

Larmes, gémissements, soupirs, oraisons, pénitences continuelles, ardeurs, fréquentation des sacrements, pratique des vertus, infirmités, douleurs, humiliations, elle faisait tout servir à la conversion des hérétiques et des pécheurs, à l'honneur de l'Eglise, à la formation de prêtres saints. La vie de Thérèse était une supplication incessante, une pénitence non interrompue et de grande valeur devant Dieu. Ni pour nous ni pour les autres nous ne pourrions en sûreté prendre un autre chemin.

Ayant en vue ces grandes fins, douée de vertus angéliques, elle ne s'occupait pas seulement de son avancement dans la perfection, mais, avec une charité pleine de sollicitude, elle procurait aussi le salut des autres. « *Que fait-il, Seigneur,* disait-elle, *celui qui ne se consume pas tout entier pour vous ? Je souffrirais mille morts et les peines du purgatoire jusqu'au jugement universel pour sauver une seule âme.* »

Enflammée de zèle pour la gloire de Dieu, voyant en Jésus les ravages des hérésies de Luther et de Calvin, elle entreprend, sur les ordres réitérés du Seigneur, avec l'autorité du Saint-Siège, et l'approbation de son confesseur le P. Balthasar Alvarez, de son Provincial et des saints religieux Pierre d'Alcantara et Louis Bertrand, la réforme de l'ordre célèbre du Carmel. La sainte Vierge et saint Joseph la protègent, la secourent et la tirent d'affaire en tout et toujours. C'est que Thérèse ne travaillait pas pour son propre compte, mais pour le compte et sur l'ordre de Dieu.

En 1557, elle ouvre son cœur à saint François de Borgia, qui lui dit de ne pas lier son esprit, ni de mettre des limites à sa pénitence ; et plus que jamais elle emploie les cilices, les disciplines sanglantes ; elle se couvre le corps de fer-blanc en manière de rape ; elle se roule sur des ronces, ou se flagelle avec des poignées d'orties. Sa soif de souffrance n'était jamais satisfaite.

« *Désormais, lui dit le Seigneur, je ne veux plus que tu aies de conversation avec les hommes, mais avec les anges.* » Ainsi, fixée en Dieu, elle touchait des pieds la terre, mais son âme vivait parmi les anges du ciel.

Avec l'approbation du pape Pie IV, elle entreprend sa célèbre réforme, non en scandalisant ou détruisant comme Luther, mais en menant une vie plus austère, en perfectionnant son âme, en édifiant le prochain, et en excitant l'admiration du monde par sa soumission constante aux supérieurs et par la pratique de toutes les vertus chrétiennes, à un degré héroïque. Elle veut ramener l'exacte observance de la règle sévère des anciens Carmes, d'abord pour les femmes et ensuite pour les hommes, et elle atteint heureusement son but.

Après les ordres réitérés du Seigneur, elle s'assure de son esprit par des avis très compétents, et met la main à l'œuvre. Dans ce dessein et cette détermination, on vit paraître d'une manière toute particulière la bénédiction du Dieu tout-puissant et miséricordieux : car cette vierge pauvre, sans secours, sans appui, put fonder trente-deux monastères, et cela sans aucun secours humain ; au contraire, elle fut contrariée par beaucoup de grands personnages et de princes du siècle, et même par les supérieurs et les frères de son saint ordre. De ces trente-deux couvents qu'elle fonda en quinze années seulement, il y en avait quinze pour les Carmes et dix-sept pour les Carmélites.

Cette réforme des deux familles du Carmel opérée par les mains d'une femme ne renferme-t-elle pas quelque mystère ? Rappelons-nous que le réformateur Martin Luther était un docteur et un religieux, qui s'était corrompu et qui avait abandonné, en apostasiant, l'ordre de Saint-Augustin ; et que Catherine de Bora, sa concubine sacrilège, était aussi une religieuse professe qui avait apostasié.

Ces deux êtres impudiques abandonnèrent le cloître et apostasièrent leur religion, parce que, pour les punir de leur orgueil, le Seigneur permit que l'esprit de luxure s'emparât d'eux : avec leurs erreurs et leurs immenses désordres ils scandalisèrent et prostituèrent le monde. L'impureté est l'ombre de l'orgueil. L'esprit veut s'exalter à cause de son excellence, et Dieu l'humilie, en permettant la rébellion de la chair.

Leur orgueil et leur impureté les firent révolter contre l'autorité suprême de Dieu et contre l'autorité de son Vicaire sur la terre. L'édifice de l'obéissance une fois ébranlé et le principe de l'autorité entamé, les rois tremblèrent sur leurs trônes, et les pouvoirs humains tombèrent les uns après les autres : dépouillés de leur prestige et avilis, ils ont roulé dans la boue. Quiconque ne soumet pas son jugement et sa volonté à la volonté de Dieu, quiconque n'étouffe pas, n'éteint pas, n'arrache pas de son cœur le sentiment qui l'attire aux plaisirs de la chair, ne sait plus s'incliner devant aucune autorité établie, ne sait plus respecter la noblesse et la dignité de l'homme. Il vit à la façon de la brute : il opère sans raison tous ces actes de la vie que lui inspire sa honteuse passion, et il la suit en aveugle. Ainsi voyons-nous tous les disciples des impudiques Luther et Catherine, tous les affiliés du protestantisme, tous les sectateurs de ses maximes qui flattent leurs basses passions, porter sur leurs fronts le sceau de la rébellion : dans leur conduite, on voit, avec une fréquence qui étonne, apparaître l'impureté, et, dans toute la suite de leur vie, éclater l'irréligion et le scandale, produits naturels et légitimes de la superbe et de la haine satanique qui résident dans leur cœur.

Les grands ainsi corrompus par leurs mauvaises passions, le peuple entraîné par le mauvais exemple et par l'intérêt, amenèrent une corruption générale : le sentiment religieux fut combattu, étouffé et persécuté en tous sens, et l'homme, auparavant assis parmi les anges, descendit au rang des bêtes. C'est ainsi que la licence et l'impiété se sont répandues partout ; il n'y a plus d'autre remède au mal que celui que la main de Dieu a préparé.

Luther et Catherine étaient dans le cloître comme des étoiles au firmament de l'Eglise ; mais, devenus fiers, l'un de son prétendu savoir, l'autre de sa vaine beauté, remplis d'orgueil, semblables à Lucifer, on les a vus tomber du ciel avec la rapidité de la foudre, et s'enfoncer pour toujours dans l'immonde bourbier du vice déshonnête, pour être ensuite précipités, pleins de confusion, dans un abîme de feu, de ténèbres et d'horreur éternelle.

A de si grands maux le Seigneur oppose saint Ignace, qui, par lui-même et par son illustre Compagnie, combattra les erreurs et les doctrines hérétiques de Luther et de ses partisans, et la victoire du Seigneur est assurée.

A l'insubordination et à la licence des deux apostats le Seigneur oppose une pauvre femme appelée Thérèse de Jésus, et ses enfants du saint Ordre de Notre-Dame du Carmel. A l'insubordination il oppose l'austérité de la vie ; à la licence, la chasteté la plus pure ; à la vie dissolue, matérielle, basse et abjecte de ces libertins, le Seigneur offre en opposition l'esprit enflammé, dans le divin amour, du Séraphin du Carmel. Là, buvant au divin côté de Jésus, Thérèse s'enivre du vin céleste qui engendre les vierges, et répand avec profusion sur la terre cette doctrine sublime des secrets de Dieu avec l'âme ; elle excite dans cette âme des désirs de la gloire, l'enflamme, la transforme et la détache des créatures : elle l'élève d'un vol rapide aux éternelles régions où réside le miséricordieux et tout-puissant Dieu d'amour. O Thérèse, sois bénie !

Le Seigneur la presse vivement de commencer la réforme tant désirée : la sainte Vierge lui promet son aide, et saint Joseph se déclare son protecteur. Le Pape lui envoie même un Bref : elle voit son projet approuvé par les meilleures autorités de l'Eglise. Ainsi armée par le ciel et par la terre, elle attaque le géant de l'hérésie et de l'impiété. Si Luther brûle d'un feu déshonnête, Thérèse s'enflamme de l'amour de Dieu. Luther se vautre dans la boue, et Thérèse, en se purifiant, s'approche de plus en plus de Dieu. Luther se révolte contre le Chef suprême de l'Eglise de Jésus-Christ, et Thérèse ne fait aucun pas sans la formelle autorisation du Pape, sans l'approbation expresse d'hommes prudents, saints et savants, véritables ornements de la religion catholique. Luther lutte avec le démon, dont il devient la proie, tandis qu'il le porte avec lui ; Thérèse lutte avec Dieu, dont elle est l'heureuse prisonnière d'amour, tandis qu'elle le serre étroitement au plus intime de son cœur embrasé. Luther souille son âme et sa vie, il s'enfonce et se roule dans la fange comme un animal immonde ; Thérèse élève sans cesse son esprit, jusqu'à prendre place parmi les brûlants Séraphins de la gloire. Luther, encore vivant, donne pour certaine sa damnation : il s'en exprime ainsi à la scandaleuse Catherine qui lui fait remarquer la beauté du ciel étoilé : « Il est beau en vérité, mais ce n'est pas pour nous » ; tandis que Thérèse, après une extase merveilleuse, annonce qu'elle *sera Sainte*, et par conséquent qu'elle aura une place dans les splendeurs de l'éternité.

Thérèse avance avec intrépidité. La grandeur du mal augmente les anxiétés de son cœur, et dilate les expansions de son âme. Le Seigneur lui montre les progrès de l'hérésie, la diminution de la foi, le développement de l'impiété et l'épouvantable accroissement de la corruption. Son cœur brûle et s'embrase : elle supplie, elle afflige son corps innocent, elle le châtie par de très dures et continuelles pénitences, et ses cris en faveur des âmes sont entendus. Dieu exauce les supplications de Thérèse : une faible femme est le contre-poids de l'Europe et du monde corrompu.

Sans doute Ignace de Loyola et sa glorieuse phalange luttent dans l'immense champ de l'Europe et de l'univers entier ; mais Thérèse emploie des armes du meilleur acier et de la plus fine trempe dans la sainte et solitaire retraite du cloître.

Ignace envoie ses braves soldats combattre de près l'erreur, et remporte la victoire ; mais Thérèse recueille ses colombes dans les trous de la pierre ; dans la passion du Sauveur et de son amour ineffable, elle trouve une victoire suprême et décisive contre l'erreur et le vice, contre l'enfer et le monde, contre la chair et le torrent des passions débordées.

Ignace de Loyola était un soldat :
Thérèse de Jésus était une épouse.

Ignace de Loyola combattait en imitant et en suivant son capitaine : Thérèse n'abandonne pas son entreprise, et elle cueille le plus glorieux laurier en s'unissant chaque jour davantage à son divin Epoux Jésus-Christ.

Ignace de Loyola, par lui-même et par les siens, a remporté d'incalculables victoires sur toutes les erreurs dominantes. Thérèse de Jésus, non contente de vaincre l'erreur et d'arracher les brebis des dents du loup, les détache du monde, leur indique les espaces infinis, leur montre la gloire, élève leur esprit dans la sublime contemplation de Dieu, et, comme maîtresse des trésors de Jésus, elle enferme les âmes dans son divin Cœur.

Ignace de Loyola veut faire resplendir la gloire de Dieu offusquée, obscurcie par les infernales doctrines des hérésiarques et par les troubles qu'il ont excités ; mais Thérèse de Jésus, pour compenser en une certaine manière tant d'offenses faites à Dieu, est enflammée de l'amour céleste, brûle comme un Séraphin dans un corps humain, et tâche de communiquer aux hommes de la terre le divin amour qui embrase son cœur. Demandez-vous davantage ?...

Elle pleurait avec des larmes continuelles les ténèbres où gisaient ensevelis les infidèles et les hérétiques, et, afin d'apaiser la colère divine, elle affligeait et tourmentait son corps virginal et innocent, pour l'éternel salut des âmes.

Si grand était l'incendie du divin amour allumé dans son âme, qu'elle mérita de voir le Séraphin qui avec un dard enflammé lui transperçait le cœur.

« Je voyais, dit-elle, tout près de moi et à mon côté gauche un ange sous une forme corporelle ; il n'était pas grand, mais petit ; sa beauté était ravissante ; son visage était si enflammé, qu'il paraissait être un de ces anges sublimes et ardents que l'on nomme Séraphins. Je lui voyais dans les mains un long dard en or, dont l'extrémité semblait être de feu. Je crus qu'il m'en transperçait plusieurs fois le cœur, et qu'il atteignait les entrailles. Quand il le retira, il me sembla qu'il emportait mes entrailles, et qu'il me laissait tout embrasée d'un grand amour de Dieu. La douleur qui excitait mes plaintes était si grande, et la suavité que me procure cette douleur est si excessive, qu'on ne désire pas qu'elle s'apaise, et que l'âme ne peut se contenter que de Dieu. Ce n'est pas une douleur corporelle, mais spirituelle, quoique le corps ne laisse pas d'y participer, et même à un haut degré. Cette intimité entre l'âme et Dieu est si douce, que je supplie sa bonté de la faire goûter à ceux qui croiront que je mens (1). »

Thérèse, au cœur séraphique, la victime de la charité, *ne vivait déjà plus en elle, mais en Jésus-Christ, et Jésus-Christ en elle.* Blessée par le dard du Séraphin,

---

(1) Vie de la Sainte par elle-même, c. XXIX, n. 11. Ed. de Madrid 1793.

embrasée du feu ardent de l'amour de Dieu, elle souffrait continuellement des angoisses si délicieuses, qu'en mourant sans cesse, elle désirait vivre toujours, pour souffrir toujours des tourments si admirables.

Outre les grandes peines d'esprit qu'elle éprouvait et les incompréhensibles angoisses de son cœur, elle exerçait son habileté à inventer des pénitences. Cette grande âme comptait pour rien tout ce qu'elle avait fait ou faisait en l'honneur de son céleste époux Jésus-Christ. Si d'un côté elle ne cessait point de procurer par tous les moyens la gloire de Dieu, le salut des âmes, l'extirpation des hérésies et de l'infidélité, elle ne négligeait point non plus de s'avancer à une plus grande et plus sublime perfection.

En Thérèse, comme dans toutes les âmes qui travaillent sérieusement à croître en vertu et à se purifier, l'amour de Dieu et le zèle pour le salut des âmes excitaient un ardent désir pour la mortification et la pénitence : sa devise était : *ou souffrir ou mourir ;* et la pratique constante du sacrifice, la ferveur continuelle excitée dans son cœur par les croix que le Seigneur lui envoyait, faisaient croître de plus en plus l'amour de Dieu dans son cœur embrasé. Un jour elle entendit Jésus-Christ qui lui disait en lui donnant la main : « A l'avenir, tu seras zélée pour mon honneur, comme ma véritable épouse. Maintenant je suis tout à toi, et toi toute à moi. » Fortune incomparable, accordée à bien peu d'âmes !

Eh ! qui osera borner la perfection ? L'âme ne peut atteindre à l'infini : elle a devant elle un espace sans fin à parcourir, et une sainteté sans limite à imiter ; elle a Jésus, le céleste époux des âmes : sans doute nous ne pouvons l'égaler, mais nous pouvons le suivre. Jésus donne, il donne avec abondance, et jamais il ne se lasse de donner ; en donnant, il enrichit les âmes, et en les enrichissant, non seulement il ne s'appauvrit pas, mais chaque fois, si l'on peut parler ainsi, il augmente son capital. Aussi, désirant l'avancement de sa fidèle épouse Thérèse, il lui suggère lui-même et lui ordonne de faire le vœu très élevé et très difficile « *de faire toujours et en toute chose ce qu'elle croira le plus parfait.* » Vœu tellement sublime, qu'il ne s'était peut-être jamais présenté à la pensée humaine. Thérèse l'accomplit heureusement, comme il convenait à celle qui, dirigée par Jésus, Marie et Joseph, devait être la Mère et la Maîtresse de tant d'âmes et de tant d'esprits élevés : ses disciples ont puisé dans ses œuvres une doctrine céleste qui, semblable à un baume divin, guérit les plaies intérieures, cicatrise les blessures de l'âme, adoucit les peines de l'esprit, et l'élève d'un vol rapide jusqu'au trône de Dieu.

Thérèse était toute à Dieu et pour Dieu, et à mesure qu'elle s'enflammait intérieurement du feu du divin amour, sa grande âme brûlait d'un zèle ardent pour le salut du prochain. « Que fait-il, Seigneur, avait-elle coutume de dire, celui qui ne se consume pas tout entier pour vous ? Je souffrirais mille morts et les peines du purgatoire jusqu'au jugement universel pour sauver une seule âme. »

O feu sacré ! O feu divin !... Comme tu consumes l'âme pure !... Thérèse innocente ne peut se rassasier de souffrir pour ressembler à son céleste Epoux et expier autant que possible les péchés d'autrui !... Thérèse, élevée au rang sublime d'Epouse du Roi immortel des siècles, veut se purifier de plus en plus en souffrant !... Thérèse, enrichie de tant de grâces et de bénédictions du Seigneur, ne se croit pas en sûreté tant qu'elle vit dans cette mer agitée du monde : elle assujettit sa chair et la réduit en servitude par des jeûnes rigoureux et prolongés, par des cilices continuels, par d'âpres disciplines, par des macérations cruelles ! elle se roule sur des orties ou sur des ronces, elle prie nuit et jour, elle souffre résignée et contente tant d'infirmités corporelles, tant de peines d'esprit terribles, tant de mépris et d'humiliations de la part des hommes, tant de combats de la part de ses ennemis... et cela pour arriver au salut !...

De plus, elle désirait souffrir toutes les peines du monde et tous les tourments du purgatoire jusqu'au jour du jugement, pour sauver une seule âme... et nous, nous voudrions nous sauver et nous faire saints, sans jeûnes, sans perdre un instant de sommeil, sans disciplines, sans cilices, sans peines, sans contrariétés, sans humiliations, sans souffrances aucunes... Non seulement cela, mais nous voudrions nous sauver et être saints en mangeant bien, en dormant mieux, en nous divertissant beaucoup, en riant toujours, en régalant le corps, en dissipant l'esprit, en caressant la chair, en fomentant les passions, en parlant toujours, en nous remplissant d'orgueil... Quelle folie !...

Si nous pratiquons si mal la charité envers nous-mêmes, comment pourrons-nous exercer cette vertu à l'égard du prochain ? Où sera notre courage pour souffrir les peines du purgatoire jusqu'au jour du jugement, à l'effet de sauver une âme, si nous ne savons supporter la moindre privation, ni le moindre défaut de nos frères ?

Aussi je considère comme imprudente la façon d'agir des supérieurs de communauté, quels qu'ils soient, et des directeurs des âmes qui, sans un mûr examen, et peut-être en croyant bien faire, interdiraient aux personnes qu'ils dirigent ou gouvernent toute mortification, tout jeûne, tout cilice, toute discipline, et, qui plus est, le silence, la modestie ou la garde des yeux, et jusqu'à l'oraison, sous de frivoles et ridicules prétextes, peu importe l'institut qu'elles aient embrassé.

Ils n'agiraient pas sûrement non plus, si au contraire ils accordaient ou imposaient des pénitences, sans examen suffisant, et comme par condescendance. Il ne suffit pas d'avoir un peu de talent naturel et d'avoir lu quelque auteur ascétique ou mystique : il faut beaucoup d'oraison, un esprit humble, simple et droit, et surtout des lumières spéciales du ciel. Il faut l'esprit ; sans esprit on ne dirige pas l'esprit ; sans esprit, il est impossible que le directeur marche et opère avec assurance. Dieu permet parfois et en des cas particuliers qu'un directeur expérimenté se trompe, pour châtier l'orgueil intérieur, la propre volonté, l'insoumission et l'égarement du pénitent, et aussi pour humilier les directeurs eux-mêmes. La fin principale de toute vocation religieuse, c'est la sanctification des âmes, sans que pour cela on doive négliger la fin secondaire, qui est l'objet ou le travail extérieur avec le prochain : cette fin secondaire elle-même ne peut être atteinte parfaitement si elle ne repose sur la pierre ferme qui est Jésus-Christ.

Si, de plus, sous prétexte d'occupations matérielles plus ou moins sérieuses, sous prétexte de fatigues et de services, sous prétexte de santé et d'épuisement des forces corporelles, on soigne et on caresse immodérément ce sac de chair et de pourriture que l'on appelle le corps, non seulement la perfection est impossible, mais une vraie et solide vertu même est mise en péril. Plus on le traite délicatement et plus on tâche de le contenter, plus aussi il résiste à la raison, à la foi, à la vertu, à la perfection ; et, tôt ou tard, l'homme, sans la mortification, devient le jouet de ses passions mal domptées.

A mesure que l'âme perd peu à peu du terrain dans le chemin du bien, elle avance au contraire dans le sentier du mal. De plus, l'homme affaibli dans son esprit, distrait de Dieu, se dissipe à l'extérieur, glisse insensiblement aux choses terrestres et grossières, et s'amollit : il oublie vite ses devoirs, il devient impoli, brusque, insultant, intéressé, criminel...

Quelle triste carrière pour l'âme qui néglige de refréner l'esprit et de châtier la chair, et qui donne ainsi graduellement entrée aux appétits, aux caresses, aux commodités, à la dissipation, aux entretiens inutiles!... Les passions deviennent furieuses, les vices se développent, les mauvais désirs s'aiguisent ; et, peu à peu, l'âme, qui avait le bonheur de s'asseoir à la table des anges, en vient souvent à se rouler dans la fange et à se rassasier des glands des pourceaux. Tel est le fatal résultat de l'abandon d'une lutte qui est toujours et à chaque moment nécessaire contre les appétits désordonnés.

Il faut nous détromper : on ne dompte pas le cheval sans frein, on ne dirige pas le vaisseau sans gouvernail; sans pénitence, on ne purifie pas le cœur ; sans sacrifice, on n'élève pas l'esprit; sans l'abnégation, l'âme ne se sanctifie pas. Celui donc qui veut être armé comme il faut pour le combat auquel nous engage notre condition d'homme et de chrétien, doit vivre dans une humble oraison et dans la pénitence nécessaire ; il n'oubliera pas que cette sentence regarde tout le monde : « Veillez et priez », ainsi que cette autre : « Faites pénitence. Faites de dignes fruits de pénitence. » L'humble oraison et la pénitence obligée s'aideront et se perfectionneront mutuellement.

Ah ! comme on avancera vite dans le chemin de la perfection chrétienne, si, à mesure qu'on progresse et qu'on se hâte dans une oraison humble, on se purifie également et l'on s'applique à la pénitence et au sacrifice... Sacrifice de l'âme, de l'intérieur, de nos facultés, sacrifice du renoncement en humiliant de plus en plus la superbe, la volonté propre, la présomption. Sacrifice du corps, de la chair, des goûts et voluptés, par les privations et les châtiments ; privations de nourriture, de sommeil, de bonne chère, de commodités ; châtiments de jeûnes, de veilles, de cilices, de disciplines ; le tout, bien entendu, sous la direction et la vigilance d'un confesseur vertueux, instruit et prudent. Ah ! pour arriver à cette sainte montagne des Oliviers, il faut, selon la mesure des grâces reçues, descendre d'abord au jardin de Gethsémani, être moqué dans les rues de Jérusalem, et dans la maison des pontifes, être traité de fou chez Hérode, flagellé et couronné d'épines dans le prétoire de Pilate, et enfin mourir sur une croix au Calvaire.

Comprenez le sens de tout cela : pensez-y, méditez-le.

« Vois, ma fille, combien perdent ceux qui me sont contraires : ne cesse pas de le leur dire. » Ainsi parle le Seigneur à la Sainte à propos des hérétiques et des infidèles, un jour où il présenta aux yeux de son esprit les splendeurs de la gloire. La Sainte sentait vivement les ravages de l'erreur, les ténèbres de l'infidélité, la malice et l'infection du péché ; elle offrait en réparation perpétuelle ses affections, son âme, son cœur, son corps ; et ce sacrifice si pur et offert avec tant de ferveur était extrêmement agréable aux yeux de Dieu : Thérèse était l'instrument choisi pour remédier à un si grand mal.

Thérèse désirait reconstruire l'édifice, elle désirait dissiper les ténèbres, convertir les âmes, élever les esprits ; Thérèse désirait l'amélioration générale, l'observance religieuse, la réforme de son Ordre ; Thérèse désirait l'éclat et la splendeur de l'Eglise, la propagation de la foi, la conversion du monde à la doctrine de l'Evangile ; Thérèse désirait voir Jésus aimé, servi, adoré par toute créature ; la gloire et la magnificence du Père éternel briller sans nuage et sans ombre dans toute l'étendue de l'univers.

Touchée et poussée sans cesse par ces idées, sans cesse les méditant et consultant beaucoup, munie de toutes les autorisations nécessaires, elle entreprit la grande réforme du Carmel. « Le Seigneur, dit la Sainte (1), « m'ordonna un jour, après la communion, de me mettre « à cette réforme de toutes mes forces : il me promit « formellement qu'elle s'accomplirait ; qu'on le servirait « avec ferveur dans ce couvent (le premier monastère « de la Réforme, que Notre-Seigneur lui ordonnait de « fonder), qui devait s'appeler *Saint-Joseph*; que ce saint « nous garderait à une porte et Notre-Dame à l'autre ; « que lui-même, Jésus-Christ, entrerait avec nous ; que « ce couvent serait une étoile qui brillerait d'un vif « éclat ; et que, malgré le relâchement des autres Ordres, « je devais croire qu'il n'y était pas peu servi ; enfin il « ajouta : *Que vaudrait le monde, s'il n'existait pas pour* « *les religieux ?* »

La Mère de Dieu elle-même vient à son aide en compagnie de son digne époux, le très chaste saint Joseph ; elle lui apparaît en diverses occasions, et surtout le jour de l'Assomption de 1561 (2). « Notre-Dame se tenant à « sa droite, et saint Joseph, à sa gauche, la revêtent « d'un manteau d'une blancheur éclatante, et la Vierge « Marie, lui prenant les mains, lui dit qu'elle lui faisait « grand plaisir en servant saint Joseph, que le couvent « réussirait, et qu'on y servirait beaucoup le Seigneur, « ainsi qu'eux deux. »

Thérèse ne doutait pas de la volonté de Dieu sur ce point ; et comment aurait-elle pu en douter ? Mais le bon esprit, même dans la sécurité qu'il sent en soi, craint et tremble. L'esprit se repose fermement sur la parole du Seigneur comme sur une roche solide ; mais l'homme,

(1) Chap. XXXII de sa vie.
(2) Chap. XXXVI de sa vie.

usant librement de sa raison et se considérant lui-même, voit sa petitesse et sa misère, repasse dans son cœur ses fautes présentes ou passées, ou ce qu'il prend pour des fautes, les exagère en vue de son ingratitude, de son peu de fidélité et de correspondance, après tant et de si grandes faveurs reçues, et il se laisse aller à une vague frayeur qu'il ne peut dissimuler, à une indécision qu'il ne peut définir, à une timidité qui, à chaque pas, le fait chanceler et presque rétrograder.

D'autres fois l'ennemi suggère des desseins bons en apparence, mais dont la fin est d'apporter du retard ou de l'empêchement; parfois même le caractère et le calcul humain y entrent pour quelque chose et même pour beaucoup. Il y a beaucoup de difficultés, tels personnages font opposition, les revenus manqueront pour subsister, le terrain sera trop petit, le moment n'est pas opportun, le ridicule tombera sur toi, on va te croire folle... Peu importe : ce à quoi Dieu met la main, réussira. « Je t'ai « déjà dit d'entrer comme tu pourras, dit le Seigneur à « Thérèse, qui songeait à prendre une autre maison plus « grande : ô avidité du genre humain qui crains que la « terre même ne te manque ! Que de fois n'ai-je pas dormi « en plein air, faute de logement !... »

O âmes chrétiennes ! ô âmes religieuses ! En lisant de telles paroles, qui ne s'attachera pas décidément à la sainte pauvreté, en méprisant les richesses, les commodités et l'éclat du monde ? Qui ne s'abandonnera pas sans réserve entre les mains de la divine Providence ? Combien sont coupables ceux qui amassent des trésors, qui recherchent une vie commode et la bonne chère ! En quoi ressemblent-ils à Jésus-Christ nu et pauvre, leur maître et leur modèle ?

Maintenant bien résolue, elle ordonne d'acheter une maison qui était fort petite, et on lui bâtit une église que j'ai eu le bonheur de visiter. On y mit deux images, celles de la sainte Vierge et de saint Joseph qui lui avaient promis une protection si spéciale. C'est là que se transportèrent, le 24 août 1562, quatre filles pauvres et retirées du monde, choisies par Dieu pour être les quatre pierres angulaires de ce grand édifice de la Réforme.

Elles portaient un habit gris ou brun de serge grossière, un scapulaire et un manteau de même étoffe, une coiffe de grosse toile de lin; leurs pieds nus étaient munis de sandales; leur manteau blanc de cérémonie était en laine grossière. Le docteur Daza célébra le saint sacrifice de la messe, et plaça le très saint Sacrement dans leur église. C'est de cette manière qu'elle se présentèrent à la grille, et qu'elles furent admises au saint Ordre de Notre-Dame du Mont-Carmel, offrant d'accomplir et d'observer la Règle primitive sans mitigation aucune, jusqu'à la mort. Premier pas dans un chemin que tant de saints ont suivi depuis. Béni soit le Seigneur!

Ce fut alors que Thérèse renonça aux nobles appellations de sa maison et de sa famille, en retenant seulement le nom qu'elle avait reçu aux fonts baptismaux, où elle avait été régénérée à la grâce et à l'amitié de Dieu, et en y ajoutant le très doux nom de Jésus. Elle ne fut plus *Thérèse de Cepeda y Ahumada,* mais *Thérèse de Jésus,* nom dont elle réalisa complètement la signification : elle fut toujours l'objet de l'admiration du monde pour la finesse et la délicatesse de son esprit et pour sa sublime sainteté. Ses compagnes suivirent son exemple, qu'imitèrent, depuis, tant d'autres familles religieuses qui ont su ainsi rompre tout lien de chair et de sang, empêchement et écueil fatal dans le chemin du salut.

En cette année 1562, les Turcs détruisirent dans l'île de Chypre le dernier couvent de la règle primitive qui existât encore dans ces régions. On a également remarqué que, dans cette même année, le Recteur d'un collège de Paris, après y avoir admis les doctrines protestantes, brisa les saintes images et tous les signes extérieurs de religion. De plus, le même jour, les luthériens détruisirent en France la première église, et commencèrent ainsi cette série de ravages qui firent disparaître tant de milliers de temples élevés à la gloire de Dieu et en l'honneur de ses saints.

Le saint Ordre du Carmel fut, paraît-il, fondé sur la montagne de ce nom par les prophètes Elie et Elisée, 923 ans avant Jésus-Christ. Là, ces hommes de Dieu honoraient la Vierge Marie plusieurs siècles avant sa naissance, parce que le Seigneur la leur avait montrée en vision. C'est pour cela que l'Ordre carmélite est connu sous le nom d'Ordre de Notre-Dame du Mont-Carmel.

Le temps, qui détruit et bouleverse toutes choses, altéra dans son observance l'Ordre de Marie. En 1171, saint Albert donna une règle qui, d'abord suivie, fut peu à peu abandonnée en partie. Le pape Innocent IV la mitigea en 1248; et Eugène IV fut encore plus facile. Rétablir la primitive observance pour la plus grande gloire de Dieu et une plus haute perfection des âmes, ce fut la grande inspiration et l'œuvre héroïque de Thérèse de Jésus. Gloire au Seigneur qui l'ordonna! Honneur à la Sainte qui l'accomplit!

Le Seigneur voulut se servir d'une femme pour donner origine à ce fleuve, et pour prouver au monde la possibilité, non seulement d'observer les commandements de Dieu, qui sont équitables, faciles, légers et justifiés en eux-mêmes; mais encore d'accomplir sans défaillance, avec grande facilité et plus de perfection, moyennant la grâce divine, jusqu'aux conseils les plus délicats de la loi de grâce, sortis du Sacré-Cœur et des douces lèvres de notre divin Rédempteur Jésus. Ainsi furent confondus à jamais les erreurs, les folles rêveries et les scandales de Luther et de Calvin et de tous leurs sectateurs. Les voies de Dieu sont aussi élevées au-dessus de celles des hommes que les cieux sont élevés au-dessus de la terre.

Après avoir établi la Réforme et réintégré l'Ordre du Carmel dans sa rigueur primitive, la sainte Mère ne voulut plus que ses religieuses lussent d'autre livre que celui de la Sainte Règle dont elles avaient fait profession, et le Catéchisme de la Doctrine Chrétienne. Elle voulait qu'elles priassent pour l'extirpation des hérésies, pour la conversion des infidèles, pour le salut des pécheurs, pour les défenseurs de la loi divine et de l'Eglise. C'est à ces saintes intentions qu'elle dirigeait toutes ses supplications, toutes ses pénitences, tous ses travaux, tous ses voyages, toutes ses fatigues, toutes ses anxiétés, tous ses soupirs. *Attends, ma fille, et tu verras de grandes choses,* lui dit le Seigneur ; et l'histoire nous raconte les grands et merveilleux événements qui sont arrivés aussi bien dans l'ordre temporel que dans l'ordre spirituel et religieux.

Thérèse de Jésus continue sans relâche l'œuvre qu'elle a entreprise, et en tous ses actes l'esprit de Dieu la dirige. Sous ses pas se multiplient les couvents d'hommes et de femmes, et en quinze années elle parvient à fonder trente-deux maisons, quinze pour les religieux et dix-sept pour les sœurs.

Thérèse, animée de l'esprit du Seigneur et déplorant la perte irrémédiable de tant d'âmes, ne cesse d'invoquer jour et nuit le Dieu des miséricordes et le Cœur aimant de Jésus. « Pardonnez-leur, disait-elle avec Moïse, ou « effacez-moi du livre que vous avez écrit. — *Seigneur,* « *qu'il y en ait d'autres qui vous servent mieux que moi,* « *je veux bien le souffrir ; mais qu'il y en ait qui vous* « *aiment plus que moi et qui désirent vous servir plus*

« *que moi, je ne puis le supporter.* » Ici apparaît un peu l'immensité du volcan qui brûlait dans son cœur. Le feu de Dieu dévorait les entrailles de Thérèse ; aussi de nombreuses tribulations ne purent éteindre sa charité.

Elle court de province en province ; elle vole d'un peuple à l'autre, et de toutes parts elle fait sortir de terre des couvents, des morts du sépulcre, du péché des âmes rachetées par le sang de Jésus : elle sème partout le germe de la vertu et de la perfection, elle élève les esprits tombés, les met et les pousse dans la voie de la contemplation ; elle étonne et captive tous ceux qui la voient, la pratiquent ou la connaissent ; à tous elle montre le chemin du ciel, et au-dessus de tous elle s'élance comme une aigle audacieuse dans les espaces infinis pour se perdre dans le sein même de Dieu.

O Thérèse ! qui pourrait te suivre dans ton vol ? Ah ! mes énormes ingratitudes, l'horrible poids du péché me tiennent submergé dans ce bas monde. Donne-moi la main, Thérèse, épouse de Jésus ; retire-moi de cette fange ; guide mon esprit ; et, puisque tu ne peux plus maintenant avoir de jalousie ni de rivalité, obtiens-moi en double ton noble et sublime esprit, pour aimer et servir dignement, autant que possible, notre très doux et très aimant Rédempteur Jésus.

En 1568, elle commence la réforme des religieux, en établissant la première maison à Duruelo. Pendant quelque temps, le grand saint Jean de la Croix y habita seul, mais bientôt le P. Antonis de Herrera vint l'y rejoindre. Thérèse avait coutume d'appeler ce premier et modeste couvent le *Bethléem carmélite*.

Médina del Campo, Madrid, Malaga, Valladolid, Tolède, Pastrana, Alba de Tormès, Salamanque, Ségovie, Veas, Caravaca, Séville, Villeneuve de la Jara, Palencia, Soria, Burgos, etc., voient Thérèse dans leur enceinte ; la réforme est établie, et les âmes s'acheminent vers Dieu. Quel admirable contrepoids à la licence, à la révolte et au matérialisme brutal de Luther et de Calvin... Une pauvre femme, seule et sans secours des créatures, luttant contre des géants, contre toutes les passions et contre l'Europe débordée ! Qui aurait pu imaginer un tel prodige ?

Aux fières armées de l'hérésie, aux immenses foules d'apostats qui désolent l'Europe et la couvrent de ruines, de sang et de deuil, Thérèse oppose quelques religieux et quelques religieuses, êtres méprisables aux yeux du monde, qui, ayant tout abandonné, se sont enfermés dans le cloître pour l'amour de Dieu et pour gagner le ciel : ils habitent de pauvres et étroites cellules ; ils vivent à l'écart et à l'abri de tous les hasards de ce siècle trompeur et fugitif. Là, ces moines avaient et ont encore aujourd'hui la faim pour aliment, pour vêtement un cilice, pour lit une planche, pour plaisir la pénitence, pour régal les privations, pour distractions le silence, pour consolation l'oraison, pour parents les âmes affligées, pour amis les saints du ciel, pour espérance la gloire éternelle, et pour propriété la possession de Dieu même. Heureuse réforme ! heureux Ordre de Marie qui captive et entraîne mon cœur !

Ainsi Dieu, dans son admirable providence, fait resplendir d'une façon éblouissante la beauté de la vertu, en la mettant en opposition avec la laideur du vice. Il met en relief l'humilité comparée à l'orgueil, la charité à côté de l'égoïsme, l'oraison en face du bavardage, la sainteté devant le crime, la hauteur sans égale de l'esprit vis-à-vis de la bassesse infinie de la matière, les sublimes visions de Dieu en présence des trompeuses et infâmes illusions du démon. Thérèse fut le champion que le Seigneur choisit pour montrer au monde sa bonté et sa miséricorde inépuisables envers les pauvres âmes de la terre, ces âmes humbles et respectueuses qui le cherchent et le désirent.

On pourrait s'imaginer que Thérèse n'avait rien à souffrir, que sa vie était remplie de visions célestes, et de consolations ineffables et que tout lui réussissait. Ce serait une erreur; Dieu fait tout avec nombre, poids et mesure; comme un père infiniment sage et aimant il dispose et dirige tout de façon que les faveurs reposent et élèvent, et que les peines humilient et fortifient. Aussi à mesure que Thérèse avançait en sainteté, Dieu multipliait les tribulations de la part des hommes, les tentations du côté de l'ennemi du salut, les fervents désirs et les amoureuses angoisses de sa part. L'intérieur de Thérèse de Jésus était un champ de bataille où l'on combattait à mort, mais l'amour et l'humilité remportaient sans cesse la victoire.

« *Désormais,* lui dit le Seigneur, *comme ma véritable « épouse tu seras jalouse de mon honneur. Mon honneur « est à toi, et le tien est à moi. Ce que j'ai est à toi, et « ainsi je te donne tous mes travaux et toutes les douleurs « que j'ai souffertes : maintenant tu peux t'en servir « comme d'une chose qui t'appartient, pour supplier « mon Père... Ma fille, maintenant, tu es à moi, et moi « je suis à toi... Tu t'appelleras Thérèse de Jésus, et « moi, Jésus de Thérèse.* » C'est ainsi que le Seigneur l'élevait et l'enrichissait de plus en plus; et Thérèse, qui n'avait rien que sa liberté et son amour, s'occupait continuellement à aimer Dieu de toute l'effusion de son âme, à le servir avec toute la fidélité possible, et à s'abandonner entre ses mains sans aucune réserve et avec une confiance vraiment filiale. « *Ce qu'on me donne, Seigneur, n'est pas à moi, mais à Vous!* » disait Thérèse dans les transports de son esprit.

« *J'ai eu celle-ci pour amie, pendant que j'étais sur*

« *la terre*, lui dit le Seigneur, un jour, de sainte Marie-
« Madeleine en la lui désignant, *et toi, je t'ai pour amie*
« *aujourd'hui que je suis dans le ciel... Demande, car*
« *je ne te refuserai rien de ce que tu me demanderas :*
« *si je n'avais pas créé le ciel, je le créerais pour toi*
« *seule.* » Et comment Thérèse répondait-elle à des
faveurs si particulières ? Avec le cri le plus intime, le
plus expressif, le plus sublime de l'amour et de la
reconnaissance : « *Seigneur, ou souffrir ou mourir !* »

Que l'on ne croie pas que Thérèse de Jésus fît consister
sa vie et son bonheur à jouir de ces grâces singulières.
Non, celui qui cherche vraiment Dieu ne s'arrête pas
beaucoup aux jouissances : l'amour se manifeste par les
œuvres, et ne consiste pas en de belles pensées : aussi
pendant sa vie et après sa mort elle disait que « *le
principal, dans la vie spirituelle, ce ne sont pas les dons
du Bien-aimé et les révélations : qu'on n'arrive pas par
là à la gloire, mais par les vertus.* »

Mais voilà le secret et la difficulté. Les vertus ne se
façonnent qu'à coups de marteau, comme on dit, et il
se trouve peu de gens qui veuillent battre le fer froid de
leur propre cœur, fléchir le tronc vieilli de la propre
volonté, refréner les yeux et la langue, combattre les
passions, extirper les vices, redresser la marche de la
vie, élever l'esprit vers Dieu, étouffer les mauvais
instincts, refuser les goûts et les satisfactions au corps,
souffrir avec patience les humiliations, les pertes de
biens, les travaux et les contrariétés, châtier les écarts
et les rébellions de la chair par des jeûnes, des cilices,
des disciplines, des veilles et d'autres austérités ; il y
en a peu qui mettent tous leurs soins à acquérir une
bonne et vraie oraison pour s'élever au-dessus d'eux-
mêmes et s'unir intimement à notre divin Rédempteur
Jésus. Que deviendront les âmes ?...

Thérèse avait fait le vœu d'obéissance et de faire ce qu'elle croirait le plus parfait, entre les mains du Père Jérôme de la Mère de Dieu, Gratien, et le signa à genoux. C'est Jésus-Christ lui-même qui avait ordonné à ce religieux, à Véas, de recevoir ce vœu en son nom. Thérèse le renouvela plus tard à Ecija malgré les contradictions du démon, qui se jette toujours en travers dans la voie de la perfection, et cherche en toute occasion à empêcher les âmes d'avancer dans les sentiers du Seigneur.

Mais pourquoi Thérèse entreprend-elle une si grande tâche? Premièrement, parce que c'était l'ordre de Dieu et que cet acte était opposé à la conduite libre et criminelle des hérétiques; deuxièmement, parce qu'ainsi elle satisfaisait les grandes aspirations de son cœur; et troisièmement, parce qu'elle savait que le P. Gratien ne lui ordonnerait rien de désagréable à Dieu. C'est ainsi que s'en exprima la sainte Mère : elle appelait le P. Jérôme Gratien un second saint Paul, aussi libre dans ses extases qu'au fond de la mer, et elle lui obéit à Véas l'an 1575 contre une révélation de Dieu; « *parce que*, dit-elle, *dans cette révélation je pouvais me tromper, mais en obéissant, non.* »

Que l'obéissance est précieuse ! et quelle sécurité elle procure ! Mais il faut que cette obéissance vienne de Dieu, et non des prétentions et des calculs humains; il faut une obéissance complète et qui mérite confiance, non une obéissance forcée et qui s'arrête aux qualités personnelles; une obéissance qui aille uniquement et exclusivement à la gloire de Dieu, au bien et au progrès de l'âme; mais non une obéissance qui s'oppose à la loi de Dieu, qui éloigne de la vertu, qui ait pour fin un intérêt matériel, des projets humains et terrestres, ou qui écarte les âmes du sentier de la perfection, en leur retranchant sans raison des pratiques saintes et approuvées, de pieuses industries qui conduisent les fidèles avec plus ou moins d'efficacité et de sûreté à la jouissance de l'amour et à l'intime union avec Dieu.

On dira que c'est dans cette contradiction de la volonté, des goûts, des désirs, que réside le mérite de la vraie obéissance. Je réponds qu'en théorie, cela peut paraître vrai : mais qu'en pratique il n'en est pas ordinairement ainsi.

1° Nous devons supposer les âmes tellement parfaites, qu'aussitôt elles obéissent au moindre signe. Elles sont rares, celles qui atteignent à cette hauteur de perfection.

2° L'obéissance ne supprime pas la raison, ni la conscience. Par conséquent, si l'âme craint qu'une chose ne soit mauvaise, contraire à la loi de Dieu ou à la vertu, elle ne doit en aucune manière agir dans ce doute, mais consulter, pour assurer sa conscience de la licité de cette action.

3° S'il n'en était pas ainsi, à quoi bon les conditions de sainte Thérèse ? Pourquoi rend-elle grâces à Dieu et le bénit-elle d'avoir créé quelqu'un qui lui fît plaisir en faisant un semblable vœu ? Pourquoi le renouvelle-t-elle quand elle sait qu'on ne lui ordonnera rien qui déplaise à Dieu ?...

Non, l'âme n'est pas dépourvue de raison, et elle ne doit pas obéir à la façon de la brute. Le vœu oblige, mais il oblige toujours sous cette condition implicite : « J'obéirai en tout ce qui ne sera pas contraire à Dieu, à la foi ou à la vertu. »

On est affligé en voyant un grand nombre d'âmes qui méprisent ce qui leur paraît petit, et qui s'égarent ; ces âmes étaient certainement appelées à la vertu, à la perfection, et peut-être à une haute sainteté. Ce qui me confirme dans cette réflexion, c'est ce que la Sainte nous dit d'elle-même : « Si je n'avais pas laissé là les visites et l'amitié d'une parente, et la lecture des livres de chevalerie, livres frivoles et de passe-temps, je me serais certainement précipitée en enfer, où je vis la place qui m'était préparée. »

Qui ne craindra? qui osera être négligent en des choses que nous appelons petites, insignifiantes, de peu d'importance, ridicules, sans substance, si en définitive elles peuvent conduire à la perdition éternelle?

Une chaîne ne se compose pas d'un seul anneau, mais d'une série d'anneaux enlacés les uns aux autres. Ainsi arrive-t-il dans les actes de la vie. Un premier acte en entraîne un second, celui-ci un troisième, puis vient un quatrième, et, à notre insu, un cinquième; et l'âme engagée ainsi peu à peu se trouve prise dans le filet, de sorte qu'à la fin il n'est pas facile de l'en tirer. Que les petites choses négligées sont à craindre! Comme il importe qu'on soit fidèle à correspondre aux moindres grâces! Peut-être n'avons-nous que l'alternative redoutable de Thérèse : ou grande Sainte, ou damnée! Que le Seigneur nous préserve de tout mal et nous conduise de sa propre main.

Cet acte de Thérèse, d'obéir contre la révélation de Dieu même, est en vérité un grand acte, et de grand mérite. Nous devons en conclure que si l'obéissance a tant de valeur, tant de mérite et une si grande force, c'est surtout quand elle s'exerce contre le propre jugement et dans toutes les opérations de l'esprit intérieur, que personne, quel qu'il soit, ne doit prétendre gouverner par lui-même. Malheur à l'âme qui marche seule! Saint Paul lui-même dut se soumettre au jugement et aux ordres d'Ananie.

Qu'on ne croie pas qu'il soit jamais préjudiciable d'obéir même contre des révélations sûres mais privées : il n'en est rien. Remettre ainsi son jugement et sa volonté entre les mains du Directeur, c'est un acte toujours agréable à Dieu, parce que c'est à Dieu que s'adresse l'acte de soumission et qu'il en est honoré. Ainsi l'âme se dispose à de plus grandes grâces, elle s'enracine solidement dans la vertu, elle s'humilie davantage, et devient un meilleur instrument entre les mains de Dieu.

De plus, cet acte ne contrarie pas les desseins du Seigneur. Le plan de Dieu ne perd rien à ce retard apparent; sa sainte volonté étant de faire tel bien par tel moyen et par telle personne, ce bien se réalise en son temps, si la personne, usant de sa liberté, ne s'y oppose pas par un refus absolu. La résistance, qui en apparence barre le chemin, est une autre industrie du Seigneur pour humilier et disposer l'âme, et pour préparer les circonstances qui doivent concourir à la réalisation de l'idée divine et à l'accomplissement définitif de la volonté de Dieu.

Mais combien d'âmes tombent dans le précipice pour n'avoir pas voulu soumettre leur jugement et leur volonté en ce qui concerne leur intérieur! Combien croient être conduits par Dieu et sont entraînés par le démon! Combien s'imaginent être élevés au troisième ciel et traiter intimement avec Dieu, et sont victimes des illusions de Satan! Combien se persuadent entendre des voix de Dieu, qui ne sont que les sifflements du serpent ou des paroles de leur propre esprit!... Combien qui reçoivent de vraies grâces, et qui, loin de se corriger et de se perfectionner, se confirment dans leur manière de vivre, dans leurs sentiments, dans leur jugement et dans leur volonté, dans leur vaine complaisance, et changent en poison ce que le Seigneur leur avait donné comme remède, pour leur salut et la sanctification de leur âme! Seigneur, ne permettez pas de pareils égarements; ne souffrez pas que les âmes que vous avez choisies pour les élever au rang de vos épouses chéries vous abandonnent pour se suivre elles-mêmes, ainsi que votre ennemi, uniquement pour avoir manqué de docilité et conservé un reste d'amour-propre. Arrachez, Seigneur, cette mauvaise herbe de leur cœur, et faites qu'obéissant à votre voix elles sachent se renoncer entièrement elles-mêmes, pour accomplir en tout et toujours votre très parfaite, très sainte et très aimable volonté.

Jean de la Croix, entre les religieux, aida puissamment la sainte Mère à la réforme du Carmel; et ces deux grandes âmes, si pleines de l'Esprit de Dieu, en même temps qu'elles renouvelaient le genre de vie primitif, élevaient les esprits à des régions supérieures que nous nous contentons de regarder de loin. Elles joignaient l'exemple à la parole; et leurs exemples et leurs paroles, en les sanctifiant elles-mêmes, ont servi et serviront toujours de règle à tous ceux qui s'engagent résolument dans le sentier difficile de la vie intérieure.

Thérèse, donnant en tout et toujours de grands exemples de vertu, était tellement tourmentée du désir de châtier son corps, que, même quand on la décidait à se modérer à cause de ses graves infirmités, elle s'affligeait en toute manière, persuadée que tant qu'elle serait éloignée de la vie céleste, elle ne ferait que traîner une misérable mort.

Les grandes lumières communiquées à son intelligence, le don de prophétie qui lui donnait un rang sublime, la libéralité avec laquelle Dieu l'enrichissait de ses grâces, faisaient de Thérèse une âme tout à fait privilégiée. Mais elle répétait sans cesse que les inestimables bienfaits accumulés sur elle d'une manière si admirable ne pouvaient lui faire oublier ses péchés.

Le renoncement au monde, la retraite entière, le

sacrifice continuel, la pratique absolue des conseils évangéliques, l'abnégation complète d'elle-même, l'oraison incessante, toutes ses œuvres offertes pour l'extirpation des hérésies et des erreurs naissantes, pour la conversion des infidèles à l'Eglise catholique, pour le retour et le salut des pauvres pécheurs, pour la bénédiction et le succès glorieux des saints ouvriers dans la vigne du Christ : telle était sa vie. Dans la réforme inaugurée par Thérèse, tout visait à atteindre ces biens : chacun travaillait à réaliser le sien, c'est-à-dire sa propre sanctification. Mais comment? Premièrement, par l'observance régulière ; secondement, par une pénitence continuelle ; troisièmement, par une oraison incessante : trois moyens entièrement opposés au libertinage, à l'impureté et à l'oubli de Dieu, auxquels s'abandonnèrent complètement ces misérables apostats Luther et Catherine de Bora, Calvin et tant d'autres qui ont empesté le monde.

Jamais Thérèse n'eut rien en propre, non seulement en vertu de son vœu, mais par détachement de tout ce qui existe, et pour l'amour de Jésus. Elle s'était défait de sa volonté par le vœu d'obéissance et par un entier abandon entre les mains de Dieu.

La chasteté, la pureté de l'âme et du corps était si parfaite en Thérèse de Jésus, que par un privilège spécial elle ignora toujours le chemin du vice contraire : elle avait même déclaré une guerre cruelle à son corps virginal, qu'elle tourmentait sans pitié.

Elle poussa si loin la pauvreté que, libre de toute attache et de toute affection terrestres, elle ne possédait absolument rien en propre. Comme le P. Antonio lui demandait où elle voulait être enterrée, elle répondit : « *Ai-je quelque chose qui m'appartienne? Est-ce qu'on ne me donnera pas bien ici un peu de terre ?* »

Jamais on n'entendait sortir de ses lèvres ni plaintes

ni reproches. Adorant en toutes choses la sainte volonté de Dieu, elle souffrait avec une héroïque patience et une humilité profonde les contrariétés que son céleste Epoux ou la malice des hommes lui procuraient. Peines, travaux, affronts, calomnies, infirmités, privations, froid, chaleur, pluie, outrages, prisons… elle supportait tout avec une humilité et une résignation étonnantes pour l'amour de Dieu. Cependant, quand elle fut calomniée de la façon la plus infâme au sujet de sa pureté, elle ne laissa pas que d'y être sensible, mais plus encore pour le P. Gratien que pour elle-même. Son bannissement et son emprisonnement à Tolède furent un nouveau joyau pour sa couronne éternelle.

Si les passions les plus basses, et avec elles la jalousie, l'envie, la haine et la vengeance, trouvent une entrée si facile dans le cœur de l'homme, on peut affirmer aussi qu'elles se développent parfois et peut-être avec plus de violence encore dans l'âme d'une personne religieuse, quand elle n'est que médiocrement exercée dans la vertu. En l'absence peut-être d'autres défauts, c'est de ce côté que se développe l'activité intérieure et que l'ennemi dirige ses attaques : c'est par cette brèche qu'entrent et sortent tous les ennemis de l'âme.

Thérèse de Jésus était la victime des passions déchaînées ou mal réprimées des hommes ; mais peu importe : elle devait être un exemple, et elle le fut en toutes manières. Elle était riche, et elle se fit pauvre. Elle était noble, et elle abandonna ses titres illustres. Elle avait un beau maintien et des traits agréables : en s'enfermant dans le cloître, elle les cacha sous un voile noir. Le monde lui sourit, et elle l'abandonne. Elle répand les bienfaits à pleines mains, et on lui répond par des ingratitudes. Elle élève des enfants, et ses enfants la méprisent. Elle recherche la souffrance, et elle se voit rassasiée de douleurs et d'humiliations. Elle donne la liberté à une foule d'âmes, et on la jette en prison. Elle combat l'ennemi, et l'ennemi la persécute. Elle choisit un directeur vertueux, sage et prudent, que Dieu lui a préparé, et, non content de le chasser de la réforme, on voudrait sa mort ; toutefois Thérèse déclare qu'en cette affaire personne ne pécha, parce qu'on n'agissait que pour la gloire de Dieu. Elle se jette avec confiance entre les bras de Dieu, et Dieu couvre son corps d'infirmités : il permet qu'on attaque son honneur ; il tourmente son esprit, et embrase son âme, qui ne trouve de repos qu'en Jésus son céleste Epoux. Sans relâche, la sainte Mère poursuit son chemin, et, sans y songer, elle accomplit les hauts desseins de Dieu.

En tout temps elle se distinguait par son esprit si extraordinaire et peut-être sans exemple. Elle dit un jour au P. Gratien, qui désirait tant souffrir pour Dieu : « *Hélas ! mon Père, vous aimez tant la croix de Jésus, et un jour vous la foulerez aux pieds !* » En effet, il tomba au pouvoir des Maures, qui, avec un fer rouge, lui imprimèrent la croix de Jésus sous la plante des pieds ; de sorte qu'il était forcé de la fouler aux pieds quand il voulait marcher, et qu'il dirigeait la mule qui faisait tourner un moulin.

Dans les chroniques du couvent de l'Incarnation d'Avila, on conserve le souvenir d'un fait que nous allons rapporter : « Une fois que le Séraphin avait blessé le cœur aimant de Thérèse, dans une cellule de ses appartements de prieure, la vénérable Anna Maria de Jésus, sa fille si affectueuse, qui reposait au-dessus de cette chambre, entendit ses gémissements et descendit pour en savoir la cause ; mais Thérèse lui répondit : « *Allez, ma fille, je vous en souhaite autant.* » Un instant après, comme le corps lui-même s'embrasait du feu divin, elle l'appela et la pria de lui couper les cheveux. Pendant qu'elle faisait cette opération, la religieuse songeait en elle-même qu'elle garderait ces cheveux comme une relique de sa chère Mère ; mais la Sainte, voyant la pensée de sa fille, lui dit : *Pourquoi songez-vous à des sottises ?... Ayez soin de jeter cela au fumier.* « La servante de Dieu disait ensuite que pour obéir à cet ordre il en avait terriblement coûté à son cœur. »

Pendant qu'elle faisait sa fondation d'Avila, un mur de l'édifice tua en tombant un enfant de cinq ans nommé Gonzalo, fils de sa sœur Jeanne. Celle-ci, au comble de la douleur, en fit donner avis à Thérèse. La Sainte prit dans ses bras le cadavre de son innocent neveu, le couvrit de son voile, appliqua son visage contre celui de l'enfant, invoqua le Seigneur, qui lui avait donné tous ses mérites afin de rendre toutes ses prières infaillibles, et le Seigneur l'entendit : Gonzalo recouvra la vie. « *Tenez, voici votre fils qui vit et se porte bien, vous qui pleuriez si amèrement sa mort* », dit-elle à sa sœur Jeanne. Cependant l'enfant caressait sa tante ; et il se mit à courir en présence de tous. Plus tard, il disait à sainte Thérèse qu'elle était obligée de travailler à lui procurer le ciel, attendu que sans elle il y serait déjà.

Ainsi Thérèse était partout et toujours l'âme qui animait toutes choses. L'esprit de Dieu était en elle, et elle imprimait sur toute chose une marque de sainteté ; de tout côté elle répandait la suave odeur de Jésus-Christ. Thérèse était sans contredit la femme forte dans ce siècle de calamités et de corruption incalculables : plus les hommes travaillaient à se séparer de Dieu, plus la Sainte les gagnait et les conduisait avec une douceur irrésistible à Jésus notre Rédempteur.

Toutes les œuvres de Dieu souffrent contradiction, et elles s'enracinent à mesure qu'elles sont plus attaquées par la fureur des vents. De toutes les épreuves il n'en est point de plus rudes que celles qui naissent dans le sein des familles. Quand Satan parvient à allumer le feu de l'envie, il a obtenu un résultat incalculable. De là sortent la persécution, le scandale et la ruine, si la main paternelle du Seigneur ne s'y oppose. C'est ce qui arriva à Thérèse de Jésus et à Jean de la Croix, ces deux esprits sublimes, ces deux aigles mystiques, ces deux maîtres incomparables, ces deux astres brillants et ardents du ciel de l'Eglise. Elle écrit et anime sans cesse tout le monde. Quand les ennemis de la réforme du Carmel chantaient déjà victoire, elle écrivait au P. Roca, à la date du 25 mars 1579, *que le jour même où l'on décidait sur la terre la ruine de la réforme, cette même réforme fut confirmée dans le ciel.*

Voilà comme Dieu se moque des vues et des desseins des hommes, qui n'ont de fond et de valeur qu'en se conformant à la volonté divine.

« *Dans cette prison*, écrivait-elle de Tolède, je supporte
« mes peines avec joie ; et, comme un autre Paul, je
« puis dire que les prisons, les persécutions, les tour-
« ments pour mon Christ et pour ma Religion sont des
« plaisirs pour moi ; la croix doit être notre joie et notre
« allégresse. Ainsi donc, mon Père, cherchons la croix,
« désirons la croix, embrassons les peines ; et, le jour
« où elles nous manqueront, malheur à la Religion
« déchaussée ! et malheur à nous !... »

L'amour, l'abandon, la croix accompagnaient Thérèse ; tandis que la haine, l'indépendance et l'infâme luxure accompagnaient Luther.

L'un marchait toujours en opposition avec l'autre : c'est ainsi que Thérèse accomplit parfaitement sa destinée, grâce à l'infinie miséricorde du Seigneur.

Quand elle eut fait la fondation de Burgos, elle avait

atteint l'âge de soixante-sept ans. Obéissant à l'ordre du Prélat, elle part pour Palencia, Valladolid, Avila, et Alba de Tormès. C'est dans cette dernière ville qu'elle devait mourir, selon une révélation qu'elle avait reçue huit ans auparavant, et qu'on voit relatée sur une note trouvée dans son Bréviaire. Voyageant toujours quoique malade, *elle ne prenait d'autre nourriture que des figues et des choux*. Que nous savons peu nous accommoder d'une pareille pauvreté, surtout en temps de nécessité ! Toujours nous cherchons l'abondance et la bonne chère !

On la suppliait de demander au Seigneur la prolongation de sa vie : « *Ne vous mettez pas en peine*, répondit-elle, *c'est la volonté du Seigneur, et je ne suis plus nécessaire au monde.* » Chaque chose a son temps, et le temps de Thérèse de Jésus était déjà fini. Quand Dieu veut se servir d'une créature, il la soutient puissamment contre l'ordre de la nature, contre les attaques des hommes, contre la fureur et les embûches des ennemis; mais lorsque cet instrument choisi a rempli sa mission, il le brise comme un faible roseau, le réduit en une poudre imperceptible que le vent enlève. Qui opposera des difficultés ou osera dicter des lois au Dieu tout-puissant? Combien se croient indispensables et veulent se maintenir à leur poste contre la volonté de Dieu ! Malheur à eux !... Il maintient les uns dans leur dignité; il permet aux autres de la garder; à d'autres, il la leur ôte selon la profondeur de ses conseils secrets et miséricordieux. Il laisse chacun agir librement et préparer ainsi sa destinée future ; car la liberté est la base de la récompense ou du châtiment. Heureux ceux qui suivent docilement et humblement la sainte volonté de Dieu !...

Thérèse s'humilie sans cesse et à tout propos. Elle se traite elle-même de méchante, pauvre et misérable femme, de vile créature, etc.; elle se donne même comme pécheresse, bien qu'en réalité elle n'eût jamais souillé son âme d'un seul péché véniel de propos délibéré. Elle unissait ainsi une grande innocence à une grande habileté de se faire passer pour volontairement coupable, tout en étant complètement pure de péché.

Sur le point de mourir, elle dit à ses religieuses : « *Ne me prenez pas pour modèle, moi qui ai été la plus grande pécheresse, et qui ai le plus mal gardé la règle et les constitutions. Je vous prie, pour l'amour de Dieu, de les garder parfaitement, et d'obéir à vos supérieurs.* » Ainsi, non seulement elle oubliait les ingratitudes et les persécutions passées ; mais, comme parfaite, elle recommandait la perfection, l'exacte observance, la pleine soumission aux supérieurs de son saint Ordre.

Elle était arrivée à la ville d'Alba de Tormès le 20 septembre 1582. Etant tombée malade, elle supporta avec une invincible patience et une grande consolation de son âme les cruelles douleurs qui, en affligeant son corps, purifiaient de plus en plus son âme, et la rendaient chaque fois plus agréable et digne d'une plus grande récompense devant Dieu.

« *Maintenant, Seigneur, voici l'heure de nous voir ; maintenant il est temps de partir ; à la bonne heure !... Après tout, Seigneur, je suis fille de l'Eglise.* » Elle rend des actions de grâces infinies à Dieu pour ce bienfait inestimable ; et, le 4 octobre, à sept heures du matin, elle se met sur son côté avec un crucifix dans les mains ; alors, ravie en esprit, elle demeure absorbée et perdue en Dieu pendant l'espace de quatorze heures, et elle revient à elle pour rendre son âme à Dieu, à neuf heures du soir, ce même jour, 4 octobre 1582. Ah ! c'est l'amour qui consuma la vie de ce séraphin de la terre. Ce ne fut pas le dard qui la tua, ni la blessure qu'elle porta béante dans son cœur pendant vingt années ; mais ce qui la fit mourir, ce fut le feu du divin amour qui jour et nuit la dévorait intérieurement.

Elle rendit au Seigneur l'âme qu'elle avait reçue de sa bonté, bien plus par la violence du feu du divin amour, que par la force de la maladie. Elle mourut le jour annoncé longtemps à l'avance, fortifiée par les sacrements de l'Eglise, et après avoir exhorté ses enfants en Dieu à la paix, à la charité, à l'observance régulière et à l'obéissance exacte envers les supérieurs légitimes. Son esprit veille sur ses enfants qui suivent fidèlement les traces d'une si sainte Mère.

Elle rendit donc son âme très pure, qui s'envola au ciel sous la forme d'une colombe : avant et après son trépas, on observa de grands prodiges dans le ciel. Jésus, son céleste Epoux, assista à sa mort au milieu de légions d'anges, et un arbre sec, voisin de sa cellule, fleurit tout à coup. Son saint corps, demeuré jusqu'à ce jour sans corruption, et répandant une liqueur dont l'odeur est délicieuse, est honoré avec une pieuse vénération et un grand amour.

Dieu manifesta par des prodiges multipliés le degré sublime de gloire qu'il avait accordé à Thérèse dans le ciel. Plusieurs religieuses, très ferventes et craignant Dieu, virent la beauté de sa gloire. L'une d'elles aperçut, sur la voûte de l'église, dans le chœur et au-dessus de la cellule de Thérèse mourante, une multitude de lumières célestes. Une autre vit Notre-Seigneur, éclatant de lumière et entouré d'une foule innombrable d'anges, debout, auprès de son lit. Une troisième vit beaucoup de saints vêtus de blanc entrer dans sa cellule et l'inonder de clarté. Une quatrième vit, au moment même de son trépas, sortir de sa bouche une colombe très blanche, qui vola droit au ciel. Une autre vit entrer par la fenêtre de sa cellule quelque chose comme l'éclat du cristal.

Son corps inanimé resta très beau et sans aucune ride; resplendissant de blancheur et de grâce, il répandait une odeur très suave, qui se communiquait aux vêtements et aux linges dont elle s'était servie pendant sa maladie.

Avant qu'on la mît au tombeau, le Seigneur opéra de nombreux prodiges pour l'honneur de sa servante. Une sœur, qui était atteinte d'une maladie chronique à la tête et aux yeux, prit la main de la vierge défunte, et la mit sur sa tête et sur ses yeux; à l'instant, elle fut guérie. Une autre, en baisant ses pieds sacrés, recouvra aussitôt l'odorat, qu'elle avait perdu.

Le corps de cette sainte vierge ayant été enfermé sans baume ni aromates dans un cercueil de bois, on l'enterra le lendemain de sa mort dans le chœur d'en bas, entre les deux grilles, pour mieux vénérer et mieux garder ce précieux trésor.

Quelques mois après, les sœurs commencèrent à entendre certains coups dans le tombeau de la Sainte, et à sentir une odeur et un parfum extraordinaires. La même chose fut observée par les séculiers qui venaient se recommander à la Sainte, et en particulier par les ducs d'Albe, qui avaient toujours professé pour elle une affection extrême, et qui la considéraient à bon droit comme leur plus grand et plus précieux trésor.

Neuf mois après la mort de Thérèse, le R. P. Gratien, provincial de l'Ordre, alla visiter le couvent d'Alba de Tormès. Après avoir entendu le rapport des religieuses, il résolut avec elles, mais dans le plus grand secret et sans que les seigneurs ducs le sussent, de déterrer le saint corps. Tout le monde avait la même opinion de sa sainteté. On fut quatre jours avant de le découvrir, parce que les sœurs, en l'enterrant, pour empêcher qu'on ne le donnât au couvent d'Avila, avaient jeté par-dessus une grande quantité de chaux, de terre et de pierres.

Cette circonstance rendit plus évident le miracle de sa conservation, ainsi que de l'huile qu'il distillait, et du parfum qu'il répandait : car plus on approchait de le découvrir, plus aussi devenait sensible et pénétrante cette odeur vraiment céleste.

Le 4 juillet 1583, juste neuf mois après la mort de Thérèse, on découvrit son saint corps. Tout ce qui l'entourait était réduit en pourriture ; mais le corps était entier, conservé et frais comme le jour de la mort : il n'y manquait pas un cheveu ; il répandait un parfum qui réconfortait le cœur, et distillait une huile parfumée, qui embaumait tout à son contact (1).

Tous les assistants se mirent à genoux et louèrent le Seigneur. Le R. P. Gratien coupa au saint corps la main gauche que l'on vénère à Lisbonne. Puis, après l'avoir revêtu d'habits neufs et enveloppé dans un autre linceul, on l'enferma dans un nouveau cercueil et on le redescendit dans la même fosse. Ce ne fut pas sans une profonde affliction des sœurs, mais il n'était pas encore temps de faire de plus grandes démonstrations.

Trois ans après la mort de sainte Thérèse, en 1585, les Prélats de l'Ordre tinrent chapitre à Pastrana, et élurent Provincial de la réforme le R. P. Doria. Dans ce chapitre, le P. Gratien représenta que, pendant que Thérèse de Jésus vivait encore, il avait promis par écrit à D. Alvaro de Mendoza, évêque d'Avila, de transférer le corps de la sainte Mère au couvent de Saint-Joseph d'Avila, lequel était le premier de la réforme des Carmé-

---

(1) C'est, je pense, de ce tombeau que viennent les fragments de pierre qu'on donne comme reliques. J'en possède un, gros comme une noix : malgré les trois papiers qui l'enveloppent, il répand un tel parfum, que tout en est pénétré. Ce parfum, si exquis et si fort, ne ressemble pas à ceux de la terre : je n'en ai remarqué de semblable que dans le crâne de saint Justin, apologiste et martyr, que l'on conserve dans le trésor du couvent. Les religieuses m'ont donné un fragment de ce crâne avec une dent molaire, et je les remercie vivement de ce don précieux.

lites déchaussées : il ajouta que la grande chapelle dudit couvent avait été édifiée par lui à cet effet, et il apporta bon nombre d'autres raisons pour obtenir ce qu'il demandait. Le chapitre y consentit, et chargea les PP. Gratien et Nacianceno d'exécuter cette résolution ; il ajouta même à cet ordre des censures qui devaient empêcher les religieuses du couvent d'Alba de faire aucune résistance.

Au moment où ces ordres étaient signés dans le chapitre de Pastrana, les Carmélites d'Alba entendirent, à l'endroit du tombeau, des coups dont elles ne purent alors comprendre ni deviner la signification : mais plus tard elles connurent que la Sainte les avertissait de leur infortune.

Les PP. Gratien et Nacianceno arrivèrent à Alba le 20 novembre, et notifièrent, avec le plus grand secret, à la Prieure et aux trois sœurs les plus anciennes, les lettres patentes du chapitre; celles-ci, ne pouvant résister aux ordres du Supérieur légitime, procédèrent à la remise du saint corps. A neuf heures du soir, elles le tirèrent du tombeau, exhalant toujours le même parfum et enveloppé de son linceul imbibé de l'huile qu'il distillait. Quelle ne fut pas la douleur de ces bonnes sœurs en se privant du dépôt sacré que le Seigneur leur avait confié !

Le P. Gratien coupa alors le bras gauche qui était sans main, pour le laisser dans le couvent d'Alba de Tormès, et consoler un peu les religieuses. Il fit cette opération aussi facilement que si le bras eût été un peu de pâte molle. C'est ce bras que l'on conserve dans le reliquaire de cristal que l'on voit dans l'église à l'intérieur du tour qui est du côté de l'épître ; c'est probablement celui qui fut cassé quand un jour le démon fit tomber la Sainte.

Cela fait, les Pères enveloppèrent la sainte relique avec la plus grande réserve possible ; puis ils sortirent du couvent plus obéissants que satisfaits : car ils savaient la peine que leur pieux larcin allait causer dans la ville. Pendant ce temps-là, les religieuses, qui ne se doutaient guère de ce qui se passait, récitaient tranquillement matines dans le chœur, excepté la Prieure et les trois plus anciennes, qui étaient présentes à l'exhumation.

La Sainte elle-même les avertit de la perte qu'elles venaient de faire : le chœur se remplit tout à coup d'un parfum si extraordinaire, qu'elles commencèrent à se demander si par hasard on ne leur enlevait pas leur trésor ; elles descendirent à la hâte, et pleurèrent amèrement, quand elles virent qu'il ne leur restait que le bras et une partie du drap ensanglanté.

Le lendemain, 21 novembre, fête de la Présentation de Notre-Dame, les Pères partirent de grand matin, emportant avec eux le saint corps. Le 25, ils arrivèrent à Avila, et furent reçus par les Filles de sainte Thérèse du couvent de Saint-Joseph avec une joie et un bonheur qu'il est plus facile de comprendre que d'exprimer.

Les Carmes avaient pris toutes sortes de précautions pour empêcher les seigneurs ducs d'Alba d'être avertis de ce qu'ils avaient fait : ils craignaient leur douleur et les démarches qu'ils pourraient faire. Mais ce fut en vain. Les Carmélites d'Alba n'osant les avertir de leur infortune, à cause des censures dont les Supérieurs les avaient menacées, une sœur du voile blanc, qui ne se croyait pas liée par cette défense (1), et qui fut, à ce que l'on pense, inspirée de Dieu dans toutes ces circonstances extraordinaires (on croit que ce fut la même qui fit l'extraction du saint Cœur), demanda à la Prieure la permission de faire un pâté et de l'envoyer à la duchesse. La Prieure, ne soupçonnant rien, lui accorda ce qu'elle

---

(1) Telle est la tradition du couvent d'Alba.

demandait. La sœur alors fit avec beaucoup de soin sa pâtisserie, dans laquelle elle plaça un papier où elle racontait à la duchesse tout ce qui s'était passé.

On ne saurait dire la peine que les seigneurs ducs ressentirent pour le vol, *ce grand ennui*, comme ils l'appelaient, qu'on leur avait fait. La duchesse, les cheveux en désordre, et comme folle de douleur, parcourut les rues en criant : « On m'a enlevé sainte Thérèse !... on m'a enlevé sainte Thérèse !... » Ces seigneurs ne pouvaient se consoler, tant ils aimaient la sainte Mère.

Aussitôt ils en donnèrent avis à Rome, avec toutes sortes de précaution, comme l'affaire le demandait, au grand-duc D. Ferdinand Alvarez de Tolède. Celui-ci rendit compte de toute cette affaire au pape Sixte-Quint, auprès duquel il jouissait d'un grand crédit mérité, et il en obtint un Bref qui ordonnait aux Carmes déchaussés de rendre immédiatement le saint corps au couvent d'Alba, ajoutant que si d'autres avaient quelque chose à alléguer contre cette mesure, ils eussent à le manifester. Tout le monde garda le silence.

Comme on doit le supposer, ce Bref fut adressé au Nonce qui le notifia et l'intima aux Prélats de l'Ordre, afin qu'ils fissent la restitution : ils la firent en effet, pour obéir à ces ordres supérieurs.

Voulant éviter les mouvements populaires, ils portaient le saint corps pendant la nuit ; mais la servante de Dieu révélait son passage par le parfum qu'elle répandait, et attirait à sa suite les paysans des régions qu'on traversait. Ceux-ci s'approchaient tout émus des religieux, en leur demandant ce qu'ils portaient, et les Pères, malgré leurs efforts pour cacher leur secret, le voyaient d'autant mieux découvert.

Ils arrivèrent à Alba de Tormès le 23 août, veille de

la Saint-Barthélemy, de l'année 1586. Le corps de sainte Thérèse était ainsi resté neuf mois à Avila. Le clergé et le peuple d'Alba voulaient faire des démonstrations publiques, mais les Pères ne le permirent pas.

Ils remirent le saint trésor aux religieuses du couvent de l'Incarnation d'Alba de Tormès, en présence des seigneurs ducs d'Alba. Le saint corps était debout à la porte régulière, et il se soutenait avec l'appui d'un seul doigt à l'épaule.

Les Pères demandèrent aux religieuses si elles reconnaissaient le corps de leur sainte Mère Thérèse de Jésus, et si elles constataient qu'elles étaient mises en sa possession. Elles répondirent affirmativement; et depuis lors le saint corps est resté sous la garde des filles de sainte Thérèse, les Carmélites déchaussées d'Alba de Tormès.

Heureux couvent, qui renferme dans ses murs sacrés un si vénérable dépôt!... Heureuses religieuses, qui se cachent sous ses ailes! Que l'esprit de Thérèse de Jésus, qui est l'esprit de Dieu, ne les abandonne jamais, et que, en les conservant dans la fidélité parfaite selon la règle de leur saint institut, il les conduise à la gloire du ciel!

Thérèse de Jésus descendit à la fin au tombeau, parce qu'elle était mortelle; mais elle ne quitta pas ce monde sans avoir vu sa réforme érigée canoniquement en province indépendante et avec un gouvernement propre. Trente-deux couvents fondés par une pauvre vierge dans l'espace de quinze années!... Et combien de tribulations elle eut à traverser!... C'est le propre du bien d'être combattu. Les hommes ne persécutent pas le démon, mais Dieu; ils ne rejettent pas les vices, mais les vertus; mais, si le sang des martyrs, selon la belle et énergique expression de Tertullien, est une semence de chrétiens, la contradiction fonde et fait briller les œuvres de Dieu.

Quinze années furent employées à la réforme, et quinze épines se comptent aujourd'hui dans le saint Cœur!...

Thérèse vit, avant sa mort, la Réforme implantée en Portugal et dans les missions de Guinée.

Moins de trois ans après son bienheureux trépas, déjà l'Amérique, l'Italie et Gênes forment quatre provinces avec un supérieur général.

Environ trois ans plus tard, en 1588, les Pères de la Réforme célèbrent un chapitre général à Madrid : il existe alors six provinces avec soixante-dix-huit couvents d'hommes et de femmes.

En 1607, l'Ordre forme deux Congrégations distinctes. En 1604, ce bel arbre planté par la pauvre vierge d'Avila, cette Réforme établie par Thérèse de Jésus s'était fortement enraciné en Espagne, en Portugal, en France, en Italie, en Perse, dans les Flandres, en Amérique, dans les Indes orientales, en Grèce, au Congo, et dans presque tous les royaume du monde.

La réputation de sainteté de Thérèse était devenue tellement publique et universelle, que le Concile de Tarragone, les prélats, le roi, les princes, le royaume représenté dans les Cortès, les grands, les lettrés, toute l'Espagne, comme un seul homme, demanda la béatification de la grande Carmélite. Louis XIII, roi de France, et la reine, nombre de communautés et de personnages illustres unirent leurs demandes pour faire lever de terre l'héroïne chrétienne qui, dans son humilité, fut choisie par le Seigneur pour fonder une si sainte Réforme, principe et modèle de tant d'autres qui bientôt la suivirent.

La caractère de cette réforme ne fut pas de détruire comme Luther, et comme le font encore aujourd'hui ses sectateurs : mais d'améliorer, d'édifier, de purifier, comme firent Thérèse de Jésus, Pierre d'Alcantara, Jacques d'Alcala et tant d'autres qui agissaient au nom du Seigneur. C'est le propre de Dieu de créer et d'édifier, et c'est le propre de l'ennemi de détruire. Jésus ne vint pas pour détruire, mais pour perfectionner. C'est ce qu'a fait parfaitement Thérèse de Jésus, et après elle tant d'autres qui ont suivi son exemple. Malédiction sur les destructeurs de l'œuvre de Dieu! Bénis soient les fidèles serviteurs qui, pleins d'amour, d'humilité et de constance, travaillent sans relâche à la vigne du Seigneur! Ils obtiendront la récompense éternelle.

Toute la gloire de la fille du Roi, tout le mérite et toute la beauté de l'âme résident dans l'intérieur : elle est entourée d'ornements variés, qui sont les actes des vertus chrétiennes. Oh! que l'intérieur de Thérèse était pur, brillant et embrasé d'amour! Que de bonnes œuvres! Que de vertus parfaites! Que d'actes héroïques! Comme tout en elle était pur et marchait droit devant Dieu! C'est ainsi qu'elle combattait les erreurs, extirpait les vices, convertissait les égarés, éclairait les intelligences, élevait les esprits, sanctifiait les âmes et les unissait, avec la suavité d'un intime amour, à son Seigneur et Dieu. Jésus lui avait donné les mérites infinis de son ineffable et sanglante passion; qu'y avait-il d'impossible à Thérèse avec un si riche trésor! C'est ainsi qu'elle perfectionnait ses enfants, éclairait le monde, empêchait les progrès de l'erreur et de l'impiété, montrait la laideur du vice, affirmait l'autorité pontificale, honorait le sacerdoce catholique, faisait resplendir la sainte pauvreté; en un mot, par sa vie, ses exemples et sa doctrine, Thérèse laissa toutes les erreurs vaincues, les passions confondues, les vices enchaînés et la face de la terre renouvelée. O glorieuse Sainte! soyez notre guide et notre protectrice pendant le pèlerinage de cette vie et ne nous abandonnez pas au sortir de ce misérable monde.

On remplit donc à l'égard de Thérèse les formalités nécessaires. Son saint corps demeuré entier, sans corruption et flexible, et répandant une odeur céleste, était un témoin irréfragable de la gloire dont elle jouit dans le paradis. Les miracles qu'elle avait faits pendant sa vie et après sa mort déterminèrent Paul V à la béatifier le 24 avril 1614 ; et, un peu plus tard, Grégoire XV à l'inscrire, le 12 mars 1622, au catalogue des saints.

En 1617, le Pape avait accordé l'office en son honneur à tous les Etats de l'Espagne.

Le 19 juin 1700, l'office et la messe avec préface propre furent concédés aux Carmes déchaussés.

En 1725, on instruisit le procès touchant la transverbération du cœur béni de la Sainte par le dard du Séraphin ; mais l'office commémoratif de ce fait ne fut accordé qu'en 1734, bien que depuis longtemps on rendît un culte particulier à ce cœur percé et qu'on le portât en procession, comme il conste du procès.

Le 21 juillet 1870, Pie IX, à la demande des prélats espagnols réunis à Rome pour le Concile du Vatican, rendit obligatoire l'office des Carmes déchaussés pour tous les domaines espagnols avec rite double de seconde classe (1).

C'est, je crois, en 1598 que le P. Joseph de Jésus-Marie coupa le pied droit de la Sainte, lequel fut, en 1616, porté à Rome et présenté à Sa Sainteté.

Quand on ouvrit le tombeau de la Sainte, on trouva qu'il lui manquait l'œil gauche, quelques côtes et différents morceaux de chair. Pour éviter ces extractions et le démembrement d'un corps si saint et si privilégié, on l'enferma dans une urne à trois clefs, dont l'une est

(1) Pour le diocèse de Salamanque, il est de première classe.

gardée par la noble maison d'Alba, fondatrice et protectrice du couvent; la seconde, par le T. R. Père Général des Carmes déchaussés, et la troisième, par la R. Mère Prieure du couvent d'Alba de Tormès.

Grande est la dévotion qu'Alba, Avila, Salamanque, l'Espagne et le monde entier professent envers sainte Thérèse de Jésus. A qui, en effet, ne ravirait pas le cœur ce Séraphin revêtu d'un corps humain? O Thérèse de Jésus! vous qui avez été le champion de l'Eglise contre les hérésies, l'impiété et la licence; vous qui avez toujours montré tant de zèle pour l'honneur de Jésus, votre céleste Epoux, abaissez sur nous vos regards du haut du ciel, et soyez notre spéciale protectrice! Cultivez et défendez la vigne du Seigneur; cultivez et défendez votre vigne; vos enfants et vos dévots vous rendront un culte d'honneur, que vous présenterez devant le trône du Dieu éternel, du Dieu Très-Haut. Amen.

SECONDE PARTIE

L'EXTRACTION DU CŒUR

Le saint corps de Thérèse de Jésus resta confié aux soins affectueux des sœurs carmélites du couvent de l'Incarnation d'Alba de Tormès, qui l'avaient déjà en grande vénération ; mais elles craignaient de se voir enlever un si riche trésor. Une sœur converse, poussée par une vive inspiration du Seigneur, et à l'insu des autres religieuses, s'en alla, armée d'un couteau, ouvrir le saint cercueil : avec plus d'amour que d'adresse elle fit une brèche dans cette poitrine virginale, et, avec un courage surhumain, elle en arracha ce cœur béni et privilégié, dont la vue et la possession nous réjouissent, et qui fait tant de bien à l'âme.

La sœur se voyant donc entre les mains le cœur de la Sainte, le plaça entre deux plats de bois, et le porta dans sa cellule ; mais les endroits par où elle passa furent arrosés d'un sang vermeil, et une odeur tellement céleste se répandit par toute la maison, que les religieuses accoururent à l'endroit où elle le tenait caché.

Celles-ci, tout effrayées du fait, en rendirent compte aux Supérieurs, qui reprirent sévèrement la converse de son audace : on dit même qu'ils la punirent et l'envoyèrent dans un autre couvent de l'Ordre. La tradition ajoute qu'elle reçut cette pénitence avec grande humilité et patience ; mais tous savaient qu'elle avait été inspirée de Dieu, qui voulait que ce saint cœur fût exposé au monde, et vénéré, comme on le voit aujourd'hui, dans ce pays et dans le couvent d'Alba.

Il n'y eut sans doute qu'une seule religieuse qui par une impulsion spéciale du Saint-Esprit, comme on le croit, arracha de la poitrine de Thérèse son cœur embrasé. Mais, d'après la tradition du couvent, on peut présumer qu'une autre converse et une religieuse de chœur étaient de connivence avec elle ; car on croit qu'elles furent toutes les trois transférées à d'autres couvents en pénitence de cet acte sans exemple ; cette présomption se tire de quelques notes qu'on trouve dans le livre des professes du couvent (1).

L'extraction du saint cœur dut avoir lieu de 1586 à 1588. Ce qui le donne à croire, c'est que ce fut en 1586 que le corps de Thérèse fut transféré d'Avila à Alba ; et, comme on en prenait des reliques, on l'enferma en 1588 dans un cercueil muni de trois clefs. Il s'ensuit que le cœur fut extrait dans les deux années qui séparent 1586 et 1588.

La tradition ajoute d'ailleurs que la sœur agit ainsi afin que, si l'on transportait de nouveau le saint corps à Avila, le cœur de Thérèse restât du moins dans le couvent d'Alba.

Le cœur fut alors placé dans un tube de cristal. Quelques tubes furent successivement rompus : bien

---

(1) Il y avait alors, au couvent d'Alba, deux sœurs converses qui avaient fait leurs vœux le même jour, 19 avril 1573 ; l'une était originaire de Piedrahita et s'appelait Catherine Baptiste ; l'autre, d'Alba, et avait pour nom Marie de Saint-Albert. Le 28 avril de la même année, une sœur de chœur nommée Agnès de la Croix, et née à Fontiveros, fit sa profession ; il paraît qu'elle fut transférée à un autre couvent le même jour que les deux précédentes. La tradition n'indique pas le couvent. Les Supérieurs voulurent, dans leur prudence, couper court à tous les bruits qui se seraient répandus à propos de cette importante affaire.

qu'on ignore la vraie cause de ce phénomène, on présume avec raison que ce fut par l'influence du cœur même, ou par l'abondance des gaz qui s'en exhalaient.

En 1725, on instruisit le procès touchant la blessure ou transverbération du cœur de la Sainte ; et, en 1732, le pape Benoît XIII, en mémoire d'un si grand prodige, accorda à tout l'Ordre du Carmel l'office commémoratif, qu'il fixa au 27 août, et qui plus tard fut étendu à toute l'Espagne.

En 1760, eut lieu la dernière translation du corps de la Sainte, le 15 octobre : ce même jour, on plaça le cœur dans le beau reliquaire où on le voit encore, et qui fut donné par un prince d'Italie. Depuis lors, le bras et le cœur sont restés dans le tour qu'ils occupent à la gauche ou côté de l'épître du maître-autel de l'église ; c'est de ce tour, qui communique avec la chambre basse de la Sainte, qu'on montre le cœur aux fidèles qui désirent le visiter. Avant cette translation, les saintes reliques étaient exposées par le tour de la sacristie.

La poussière déposée dans le fond du vase n'existait pas encore, non plus que les épines ni les autres choses qui nous étonnent aujourd'hui. Les religieuses qui comptent vingt années de clôture ont vu ce cristal bien clair. Avant le dépôt de poussière, on remarqua déjà des épines : la première fut aperçue dans la nuit du 18 au 19 mars 1836. D'après sa lenteur à croître, on peut croire qu'elle remonte à l'année précédente, 1835. A partir de cette époque, on vit se manifester ces autres merveilles qui nous étonnent.

LE RELIQUAIRE

Je vais copier ici la description de ce reliquaire, comme elle se trouve dans le procès qu'on me présenta pour exciter ma dévotion :

« Le reliquaire a la forme d'une arcade romane : il « est d'argent blanc avec ornements dorés. Sur un socle « d'argent haut de deux doigts, sur douze et demi de « long, et sept et demi de large, s'élèvent deux piliers « avec base et corniche d'une hauteur de quinze doigts « y compris la corniche. De cette corniche part un arc « à plein cintre de trois doigts et demi de haut, sur « lequel est fixé un socle haut de deux doigts un quart, « orné de petites têtes de chérubins et de quelques « feuilles en relief ; le tout se termine par une statuette « de sainte Thérèse de Jésus en extase : un ange la « soutient de son bras gauche, tandis que de la main « droite il lui enfonce le dard enflammé dans le cœur : « cette statuette a six doigts de haut.

« En guise de volutes, on a placé de chaque côté un « ange qui tient une banderolle avec légende. Sur la « banderolle de droite, on lit : *Theressa de Jesus,* et sur « celle de gauche : *Jesus de Theressa.*

« Sur la base s'élèvent deux consoles, une de chaque « côté, sur lesquelles sont deux anges agenouillés, qui « tiennent un arc et une flèche, ou un dard et un cœur.

« Les côtés des piliers sont ornés de ramages et de « festons en relief, de même que le socle, et entre ces « ornements paraissent des têtes de chérubins.

« Dans l'intérieur de l'arcade, six têtes de chérubins

« accompagnent le Saint-Esprit. Le revers a la même
« ornementation.

« Le saint cœur de Thérèse de Jésus est enfermé dans
« un cœur de cristal de sept doigts un quart de haut et
« de cinq doigts trois quarts de large. Le sommet porte un
« couronnement d'or émaillé et garni de rubis. Tout
« autour sont percés des trous qui donnent sortie aux
« gaz (si toutefois il y en avait, car avant l'apparition
« des épines, ces trous étaient bouchés avec de la cire),
« et par où peut passer une grosse aiguille. En haut se
« trouve une couronne d'or émaillé avec rubis, d'un
« doigt et un quart de haut, laquelle est surmontée d'un
« Saint-Esprit d'argent, d'un doigt d'épaisseur ; derrière
« cette figurine brille un soleil d'argent doré, dont les
« rayons servent de gloire.

« Le pied du cœur est d'argent avec moulures d'or
« émaillé et trois rangées de rubis qui en font le tour :
« sa hauteur est de quatre doigts un quart. Il est fixé
« par des vis sur le socle d'argent décrit plus haut, et
« qui soutient tout le reliquaire. »

OPÉRATIONS DANS L'EXAMEN DU CŒUR

Ce fut dans la matinée du 29 avril, vers huit heures
un quart, que nous pénétrâmes dans la clôture. Tout
à côté de la fenêtre du trésor, les religieuses avaient
préparé une table recouverte d'une nappe de lin. La
révérende Mère Prieure ouvrit la porte et la grille du
tour où se trouvaient les reliquaires du cœur et du bras
de la Sainte : le P. Santos prit le reliquaire du cœur
et le posa sur la table. Pendant cette opération je

m'agenouillai, j'adorai le Seigneur dans sa Sainte, je demandai sa grâce et son assistance, je me recommandai avec grande ferveur à la lampe ardente et mystique du Carmel, et avec un religieux respect je procédai à l'examen du cœur. Mon âme était vivement touchée; mais le Seigneur me fit la grâce de tenir mon jugement à l'abri de toute prévention et en suspens.

Ma conduite et mes dispositions furent les mêmes dans les cinq ou six visites que j'eus le bonheur de faire au saint cœur; mais, à l'exception de la première, je voulus être seul pour mieux jouir d'une si sainte occupation.

Que de fois et de combien de manières j'examinai le saint cœur! en face, de côté, par devant, par derrière, à la lumière naturelle, à la transparence, en me baissant pour regarder de bas en haut, tandis que d'autres fois je le regardais de haut en bas; tantôt je me servais de la faible lumière d'une bougie, tantôt de lunettes; ou bien je prenais une lentille microscopique, et puis une autre plus forte: je mettais, à la distance convenable, une lentille sur une autre, une moins grande sur une autre de plus grandes dimensions... enfin dans ces différentes épreuves et d'autres encore je passai trois heures ou trois heures et demie. Je ne pouvais me détacher de cette sainte retraite: mon cœur s'était comme uni, attaché au cœur de cette sainte Mère et Docteur, et s'il n'avait pas fallu sortir, j'aurais dit volontiers: « C'est ici le lieu de mon repos pour les siècles des siècles. » Heureuses les âmes qui demeurent à l'abri et sous la direction d'un cœur si privilégié, si aimant et si aimé du Seigneur!

N'ayant pas assez de lumière à l'endroit où se trouvait la table, je plaçai le reliquaire dans l'embrasure de la fenêtre à un seul châssis qui donne dans une cour intérieure et sur la campagne. Là, je pus mieux voir les particularités que le cœur présente. J'en fis autant dans les diverses occasions où j'eus le bonheur de l'examiner. Tout y est remarquable : sa couleur, sa grandeur, sa conservation sans embaumement, sa transverbération, ses épines, ses racines, sa poussière. On y voit partout la main toute-puissante et amoureuse du Seigneur. On dirait que ce cœur est un petit monde. O prodige ! Chaque jour je découvrais de nouvelles choses, et chaque chose excitait de nouveau mon attention et élevait mon esprit au souverain dispensateur de tout bien.

Le saint cœur est soutenu par trois fils métalliques d'une grosseur ordinaire (environ deux millimètres), qui forment crochet sous le sommet ou pointe du cœur ; ils ont leur extrémité fixée dans un couvercle de métal qui couvre l'ouverture supérieure du vase de cristal en forme **exacte de cœur** qui renferme la sainte relique. Ce vase ou **fanal** est fixé sur le piédestal ou soubassement de l'arcade d'argent qui constitue le reliquaire, à l'aide d'autres fils métalliques qui passent à la surface inférieure de l'arcade où ils sont vissés.

Le couvercle, où sont fixés les fils qui tiennent le cœur suspendu, est percé de trous qui permettent aux émanations du cœur de s'échapper : je me trompe ! ces trous ne sont pas ouverts ; ils l'étaient quand on fit en 1725 et en 1726 les informations au sujet de la blessure faite par le dard du Séraphin. Lorsque, le 18 mars 1836, sœur Paule de Jésus remarqua pour la première fois les épines, déjà les trous étaient bouchés avec de la cire, précaution prise contre la poussière ; en effet, le saint cœur paraissait complètement sec et momifié, et ne faisait courir aucun risque au vase de cristal.

Les fils ne compriment point le cœur, ils en suivent les ondulations.

La partie supérieure ou grosse du cœur, qui est la

plus élevée, ne touche pas le couvercle : la pointe ou sommet qui descend jusqu'au fond du vase ne le touche pas non plus : il reste un vide d'un centimètre et demi environ. Cette extrémité du vase de cristal est percée d'un trou par lequel passent les fils qui, vissés à la partie inférieure du reliquaire, soutiennent et fixent le vase, qui, d'ailleurs, est assuré au moyen de l'irradiation qui le termine et tombe au-dessous de l'arc.

Comme les vases qui dans les premiers temps renfermèrent le cœur se rompaient tous, on pensa que ce devait être par l'effet des gaz qui s'échappaient de cette sainte relique ; et, pour y remédier, Don François Salazar, évêque de Salamanque, fit faire le reliquaire actuel avec des trous respiratoires, afin de livrer passage aux émanations du cœur (1). Ensuite, le voyant sec et incorruptible, on boucha avec de la cire les trous respiratoires de la partie supérieure du fanal.

LE CŒUR ET SON ASPECT

Le cœur momifié, tel qu'il se trouve, a environ dix centimètres de haut.

Sa largeur, dans la partie supérieure ou les oreillettes, est de quatre centimètres, et dans la partie inférieure ou sommet, d'environ un centimètre et demi à peu de chose près.

Si l'on considère le saint cœur comme placé dans la

---

(1) Ce détail est fourni par le procès touchant la transverbération : mais comme on y dit que le reliquaire fut donné par un prince d'Italie, on doute entre les deux donateurs. Il semble donc que le Prélat ordonna de le faire, et que le prince en supporta les frais.

poitrine de la séraphique Mère, il a sa pointe ou sommet tourné vers la gauche, avec sa blessure à droite et dans les oreillettes.

Ce cœur est, à proprement parler, indescriptible; il a l'air, en général, écrasé et contracté d'une façon irrégulière. Comme il est, il doit avoir à peu près l'épaisseur d'un doigt de femme ou tout au plus d'un doigt d'homme assez délicat.

Il est sec, aride, étiré; sous la blessure et vers la droite, dans la partie postérieure, il y manque, depuis longtemps déjà, un morceau considérable, coupé de haut en bas. Je dois noter ici que cette brèche est couverte d'une espèce de membrane rugueuse et jaunâtre qui enveloppe d'ailleurs presque tout le cœur, tantôt d'une façon unie et continue, mais irrégulière, tantôt sous forme de filet, laissant voir dans les intervalles la couleur naturelle du viscère.

Cette pellicule ou membrane présente divers plis et fentes qui lui donnent un aspect raboteux. De là s'élèvent, comme des fils ou fibres qui, à première vue, donnent l'idée des petites racines du lierre.

Dans les intervalles ou déchirures de cette membrane, et particulièrement à côté de la blessure, on remarque de grandes taches noirâtres, dans le genre de celles que l'on voit sur les feuilles de tabac en rame mûr et fort que l'on appelle Vuelta-Abajo.

Ces taches sont éparpillées et se montrent en divers points, mais surtout dans la partie antérieure, au-dessus et au-dessous de la blessure et vers la gauche.

Au-dessous et vers le milieu de la blessure, on remarque en descendant une sorte de nuage sanguinolent d'un demi-centimètre de large sur deux ou trois de haut. Il se ramifie et il y a quelque chose de semblable sous la lèvre inférieure de la blessure ainsi qu'en un autre endroit.

En quelques points ces taches ne sont pas aussi foncées et conservent mieux la couleur propre du viscère.

Sur toute la surface du cœur, on remarque, comme répandus ou semés, des morceaux de pellicule ou membrane, lesquels ridés, secs et collés, présentent un aspect irrégulier et indescriptible. Ces rugosités d'un blanc jaunâtre, les taches noirâtres, grises, ou couleur de sang, les petites pierres et la multitude d'espèces de petites racines qui poussent de toutes parts, lui donnent un je ne sais quoi qui absorbe et étonne, surtout si l'on s'arrête à la blessure et au grand nombre d'épines qui l'entourent. C'est une réunion de mystères inexplicables et comme un monde microscopique que le Seigneur livre à la piété des fidèles et aux disputes des savants.

ACCIDENTS A NOTER DANS LE CŒUR MÊME

Cette description du cœur de sainte Thérèse est complète : néanmoins, pour lui donner plus de clarté, je traiterai chaque point en particulier.

COULEUR

Au premier coup d'œil, il est, dans son ensemble, d'un brun marron, dû en grande partie aux rugosités jaune sombre qui apparaissent presque partout. Si on le regarde avec plus d'attention, on voit les différentes couleurs qui y sont réunies, et on les connaît chacune en particulier. C'est une couleur indéfinissable composée de beaucoup de couleurs incohérentes. Il est aussi difficile d'en donner une idée précise, que de peindre d'un seul coup de pinceau la couleur de la terre vue dans son ensemble d'une hauteur convenable. Ici encore on voit la petitesse de notre entendement, et le peu de valeur que d'ordinaire peuvent avoir nos appréciations.

RUGOSITÉS

Elles proviennent de la peau superficielle ou membrane fibreuse qui enveloppait sans doute le cœur; retirée par la dessiccation et déchirée en différents endroits, elle offre un aspect rude et même désagréable. En certains endroits, elle ressemble à un filet ou à un tamis, à cause de ses nombreuses ouvertures. Ces fibres brisées et séparées se dressent et prennent l'apparence de racines avec leurs ramifications, de tiges déliées, ou encore de plantes inconnues.

J'ai dit que cette peau enveloppait probablement le cœur. Mais quand je pense qu'on a coupé autrefois un morceau considérable dans la partie postérieure du viscère, derrière la blessure et de haut en bas, et que cependant la cavité se trouve complètement recouverte de cette membrane, je suis obligé de réformer et de suspendre mon jugement. Cette partie de la membrane est de même couleur et du même genre que le reste; elle a le même aspect et présente les mêmes aspérités. L'enveloppe supérieure ayant été enlevée avec le morceau du cœur dans toute l'étendue de la section qui doit avoir trois centimètres de haut pour le moins, et un centimètre et demi de large, je dois conclure logiquement que la membrane actuelle n'est pas cette enveloppe primitive. Comment, alors, s'est-elle formée? qui a dirigé l'opération? quelle intention y a-t-il en cela? Pour ma part, je confesse ingénument que je n'en sais rien.

Seule la partie antérieure et moyenne se montre dépourvue de ces rugosités membraneuses.

GRAINS OU PIERRES

Sur toute la surface de ce cœur béni, on voit éparpillées ou réunies en groupes des espèces de petites pierres ou particules semblables à des grains de riz. Quelques-unes, regardées à la loupe, paraissent être en réalité du gravier de rivière, et, comme lui, elles sont un peu polies.

D'autres plus ou moins larges ont l'aspect de la membrane dont il a été parlé; mais elles paraissent plus blanches, plus unies et d'ordinaire comme entassées. Il faut noter le groupe de devant, vers la droite (1), et les entassements de la partie basse et postérieure du cœur.

Il faut aussi noter, comme très dignes d'attention, deux ou trois pierres assez grandes et plates qui sont attachées ensemble : elles se trouvent au-dessous et au delà de la lèvre inférieure de la blessure à l'extrême gauche, et elles ont l'apparence d'un silex violacé.

Ces pierres ou grains signifient, paraît-il, des vertus, comme la Sainte le révéla à une religieuse : on a même, à ce propos, composé un dizain que j'ai en ma possession.

---

(1) Je dois faire observer que dans ce groupe, en marquant ce que j'avais devant les yeux, j'ai mis dix petites pierres ou quelque chose de semblable. Or, à la suite d'une révélation faite par la Sainte à une de ses filles, il s'établit une dévotion en forme de dizain, ou chapelet de dix grains, commémoratif de ces dix pierres, qui sont le symbole de dix vertus, selon la même révélation. J'ai un de ces dizains, et j'en parlerai en son temps.

TACHES

Ces taches sont noires, et elles se montrent dans les déchirures de la membrane qui enveloppe le saint cœur. Elles ressemblent aux taches de même couleur que l'on voit sur les feuiles de tabac en rame, de bonne qualité, que l'on appelle à Cuba le *vuelta-abajo*.

De plus, tout près de la blessure, spécialement du côté droit, et au milieu de la lèvre supérieure, cette couleur est plus prononcée, et, comme je le dirai en son lieu, elle ressemble à celle de la carbonisation produite par un feu violent.

D'autres taches moins sombres, que l'on remarque, ont la couleur du tabac en rame, brun foncé et uni : c'est là sans doute la couleur propre du cœur.

SANG

J'appelle ainsi une grande tache d'au moins trois centimètres de long sur un demi-centimètre de large. Elle est en forme d'irradiation. Elle a des raies d'un rouge sombre et d'autres noirâtres, qui se perdent graduellement par ampliation au delà du milieu du cœur et vers la pointe ou sommet.

Cette ramification ou espèce d'écoulement commence à la blessure vis-à-vis et au-dessous de la section centrale de sa lèvre supérieure, et court se perdre dans la direction de l'extrémité inférieure.

Sur toute l'étendue de la lèvre inférieure de la blessure, au-dessous de celle-ci, et particulièrement depuis l'irradiation mentionnée, jusqu'à l'extrémité gauche de la blessure, on remarque les mêmes traces de sang ; mais ce sang est un peu plus foncé que celui dont je viens de parler plus haut.

BLESSURE OU TRANSVERBÉRATION

Ce cœur embrasé de l'amour divin soupirait sans cesse après un plus ardent amour, et désirait être dévoré et consumé par un feu de plus en plus actif. Dieu, qui nous a créés par amour, et qui désire uniquement de voir brûler ce feu du ciel dans nos âmes, accorda à Thérèse ce qu'elle souhaitait si vivement. O doux Jésus de mon âme ! l'amour est votre essence, vous êtes la félicité de l'homme sur la terre et sa récompense dans la gloire pour toute la durée des siècles ; mais les créatures fuient votre saint amour pour s'adonner à des plaisirs vils, bas et impurs qui les dégradent et les enchaînent sous le joug de leur ennemi ! Préservez-nous d'un si grand malheur, ô très doux Jésus ! et enflammez nos âmes du feu ardent de votre divin amour.

Le cœur de Thérèse souffrait de tels incendies d'amour, qu'on la regardait moins comme une femme que comme un séraphin : cet amour allait chaque jour en s'augmentant par les visions et les révélations continuelles que le Seigneur lui accordait pour la fortifier et pour la disposer à des fins plus élevées. Détachant sa main droite de la croix, Jésus-Christ la tendit à Thérèse en lui disant : « Désormais, comme ma véritable Epouse, tu seras passionnée pour mon honneur ; maintenant je suis tout à toi, et tu es toute à moi. » Ainsi le feu du divin amour atteignit en elle une force intolérable à la pauvre nature humaine.

Le cœur ne dit jamais : C'est assez ; et, quelque grands que soient les dons du Seigneur, ils ne sont que des gouttes minimes de son infinité. Aussi, voulant rendre Thérèse encore plus digne d'être son épouse, il l'enrichit d'un amour nouveau, plus élevé et plus fin dans son essence ; attendu que c'est dans l'amour et dans l'humilité qu'est renfermée la perfection des âmes. Dieu la blessa, et avec cette blessure il embrasa son cœur comme le cœur d'un séraphin.

« Je voyais, dit la Sainte, près de moi et à gauche, un ange sous une figure corporelle ; il n'était pas grand, mais d'une petite taille et d'une beauté merveilleuse ; son visage était tellement enflammé, qu'il paraissait être un de ces anges sublimes qu'on croirait tout de feu et qui sont sans doute ceux que l'on appelle Séraphins. Je lui voyais entre les mains un dard en or, long, et dont le fer paraissait se terminer par un peu de feu. Il me sembla qu'il me l'enfonçait dans le cœur à plusieurs reprises, et qu'il m'atteignait aux entrailles. En retirant le dard, je crus qu'il m'enlevait en même temps le cœur, et il me laissa tout embrasée d'un grand amour de Dieu. La douleur qui me faisait proférer ces plaintes était tellement grande, et la suavité que me fait ressentir cette immense douleur est si excessive, qu'on ne désire pas de la voir cesser, et que l'âme ne peut se contenter que de Dieu. Ce n'est pas une douleur corporelle, mais spirituelle, bien que le corps ne laisse pas d'y participer un peu et même beaucoup. C'est un si doux échange de caresses qui a lieu entre l'âme et Dieu, que je supplie sa bonté de vouloir bien le faire goûter à celui qui croira que je mens (1). » O Thérèse ! Dieu veuille me donner aussi cet amour et cet esprit qu'il t'a communiqués ! Tu

---

(1) Vie de la Sainte écrite par elle-même, ch. XXIX, n. 11. Edition de Madrid, 1793.

n'y perdras rien ; et moi, je pourrai servir Dieu en toute fidélité !...

Ainsi blessée au centre de la vie et au plus intime du cœur, par ce dard du Séraphin qui la laissa enflammée du feu du divin amour, la Sainte brûlait de telles ardeurs, qu'elle ne pouvait subsister que par miracle. Comme la lance du soldat de César transperça le Cœur de Jésus, de même le dard du soldat de Jésus transperça le cœur de Thérèse. Ces deux blessures furent faites par l'amour. O amour ! ô amour ! ô amour ! quand transperceras-tu mon cœur ?...

Description de la blessure.

D'après le récit de la Sainte, le Séraphin était debout à sa gauche ; et, en se penchant derrière elle jusqu'à sa droite, il lui enfonça le dard sur le devant de la poitrine et un peu du côté droit.

La blessure ou transverbération se trouve dans la partie supérieure et la plus large du cœur, en ligne horizontale de droite à gauche : elle a pour le moins cinq centimètres de long. Elle s'ouvre au côté droit et un peu en arrière ; puis, courant par devant, elle comprend presque toute la largeur du cœur jusqu'au côté gauche.

C'est dans la partie la plus latérale du cœur que la blessure est la plus ouverte, et, par conséquent, ses lèvres à cet endroit sont plus écartées qu'ailleurs.

Vers le milieu de la plaie, on remarque une brisure à la lèvre supérieure, ce qui fait qu'en ce point aussi elle se trouve un peu plus ouverte.

Dans toute l'extension de la blessure, on remarque des

traces de brûlure, mais surtout dans les deux ruptures mentionnées de la lèvre supérieure qui offrent une apparence de brûlure ou de carbonisation par le moyen d'une braise ou d'un fer rouge.

Les deux lèvres supérieure et inférieure de la plaie ont leurs bords arrondis ou contractés, soit par suite du rétrécissement du cœur causé par la dessiccation, soit par suite de l'action brûlante du dard enflammé du Séraphin. Cela se voit plus clairement dans la partie la plus latérale et dans la plus centrale de la lèvre supérieure, où l'on croit reconnaître d'une façon plus marquée une certaine espèce de carbonisation, produite par l'action brûlante du dard du Séraphin, comme je l'ai dit plus haut.

On voit que la blessure a traversé la substance et les ventricules du cœur, et qu'elle a été faite avec un instrument très subtil, tranchant et large.

Autant que la vue le permet, et eu égard à la grosseur que le cœur a actuellement, la blessure a dû atteindre le centre du cœur et peut-être le dépasser.

Toute blessure faite en ce viscère est mortelle. La grande servante de Dieu aurait dû tomber morte sur-le-champ, et cependant elle vécut encore *vingt années !* Où trouver un miracle plus surprenant ? O puissance de Dieu ! Que vous êtes admirable dans toutes vos œuvres ! En commençant par ce prodigieux privilège et en nous y reposant, sera-t-il étrange que nous fixions particulièrement notre attention sur le fait des épines ?

Trous ou blessures de forme ronde.

En décrivant l'opération que le Séraphin fit avec le dard, sainte Thérèse dit qu'il le lui enfonça plusieurs fois dans le cœur. Or, voici un précieux témoignage à l'appui. Lorsque, en 1725 et 1726, on instruisit la cause de la blessure et qu'on en fit la reconnaissance à l'effet de lui rendre un culte, les docteurs en médecine et chirurgie nommés pour cet objet, examinèrent le cœur blessé de l'Epouse de Jésus. Dans leur rapport scientifique ils certifient que, outre la blessure, principal objet de leurs études, ils ont reconnu sur les deux faces du cœur d'autres ouvertures toutes petites qu'on ne pouvait qualifier, et dont la cause est inconnue.

J'ai moi-même examiné ces trous avec soin. J'en ai trouvé quatre. L'un se voit sur le côté droit du cœur, un peu plus bas que le milieu ; on l'aperçoit en regardant le cœur par devant.

Deux autres trous se montrent sur la face opposée du cœur ; ils sont presque au centre, et séparés d'environ trois millimètres ; l'un est au-dessus de l'autre et en vaut environ le triple.

Le quatrième trou apparaît aussi sur la face postérieure du cœur, vers la pointe ou sommet, et à environ six millimètres de l'extrémité, de sorte qu'il forme là comme un centre.

Ces trous varient d'un à deux millimètres d'ouverture ; ils sont presque cachés sous la membrane fibreuse d'un blanc jaunâtre qui couvre comme un tissu le cœur presque en son entier.

On voit, en outre, sur la face postérieure du cœur quelque chose comme des piqûres d'épingle : elles se trouvent presque vis-à-vis de la plaie et doivent avoir la même origine ; mais il n'est pas possible de les examiner, à cause de cette peau ridée qui les cache. Quand on observe attentivement ces divers trous, on voit que leur cause n'est autre que le dard du Séraphin, et qu'ils offrent les mêmes signes de combustion.

Mais, se demandera-t-on peut-être, pourquoi ces ouvertures sont-elles rondes ? A mon avis, elles ont cette forme, et non celle d'une incision, comme la blessure principale, pour différentes raisons. Premièrement, la Sainte dit que, à la pointe du dard du Séraphin, il y avait un peu de feu, soit comme un fer ardent, ou une braise, ou bien une flamme, ce qui est plus probable et à peu près certain. Le Séraphin est un amour ardent : il devait communiquer à la Sainte un amour divin : or, comme l'amour est un feu, que le feu brûle, et que la flamme est le produit naturel du feu, ce devait être la flamme du feu de l'amour divin que le Séraphin avait à la pointe de son dard. Ainsi donc, ces trous étaient faits par l'introduction répétée de cette flamme d'amour.

Deuxièmement, Dieu opère toujours d'une façon graduelle et parfaite. Le but du Séraphin était d'enflammer de plus en plus le cœur de Thérèse du feu du divin amour. Or, on voit clairement que l'introduction graduelle de la flamme en différents points du cœur le disposait à s'enflammer chaque fois davantage ; et, par conséquent, on remarque que tous les trous n'ont pas la même mesure, et que leur ouverture est différente et inégale.

Troisièmement, cespe tites plaies devaient être une disposition à la grande ouverture que le Seigneur voulait laisser dans le cœur de sa fidèle Epouse Thérèse de Jésus : elles étaient comme les trous des pieds et des mains faits par les clous dans le corps sacré du Sauveur.

Quatrièmement, les petites piqûres que l'on remarque étaient simplement des aiguillons communicatifs de l'amour.

Oh ! l'heureux cœur, qui eut en lui matériellement, les cinq plaies avec lesquelles Jésus, Fils de Dieu et Fils de Marie, a racheté le monde ! O cœur, qui renferme en toi toute la Passion du Seigneur ! Après tant de plaies arriva la transverbération, la grande communication de l'Epoux aimant à l'Epouse fidèle ! Soyez béni, Seigneur Jésus, soyez béni éternellement !

POUSSIÈRE

Je ne crois pas avoir besoin de m'arrêter davantage dans l'explication des blessures ; comme il ne reste aucun doute sur ce point, attendu qu'elles ont reçu la sanction de l'Eglise, et qu'on rend honneur et gloire à Dieu en leur décernant un culte public, ce que je pourrais ajouter serait superflu. Je vais donc m'occuper des épines et des autres particularités qu'on remarque dans le saint cœur et dans le vase de cristal. Je supplie humblement le Seigneur, afin qu'il daigne m'accorder, par l'intercession de sa très fidèle et aimante Epouse Thérèse de Jésus, la lumière et la grâce dont j'ai si grand besoin.

Au fond du vase de cristal qui renferme le saint cœur, on voit un dépôt de fine poussière d'environ une demi-once ou une once, venant, de l'avis des médecins, de l'enveloppe extérieure du cœur, qui se serait désagrégée d'elle-même, et peut-être d'un peu de poussière extérieure qui aurait pu pénétrer quand les trous du couvercle restaient ouverts. Ainsi l'attestent les docteurs Joseph-Etienne Lorenzo, Manuel-Elena Alonso, Dominique Lopez et Ange Villar y Macias, qui attribuent ce désagrégement à la dessiccation naturelle du cœur dans le cours de trois siècles.

Ce sédiment a un aspect irrégulier. Il n'est pas tombé uniformément, mais en agrégats : l'amas le plus considérable est à gauche du cœur, comme on le voit quand on a la blessure en face de soi.

Bien que cette poussière n'empêche pas d'examiner le cœur, ni les racines, ni les épines, toutefois elle ne permet pas de voir clairement ni de s'assurer pratiquement et avec évidence d'où sortent les épines. Si c'est de la poussière elle-même, ce qui ne paraît pas probable, ou bien du cœur, en sa partie cachée dans la poussière, d'où les épines s'élèvent en différentes directions, ce que je tiens pour certain.

En supposant qu'il soit venu du dehors de la poussière à l'époque où les trous respiratoires étaient ouverts, son volume a dû être fort insignifiant, et atteindre à peine un demi-grain. D'un autre côté, les religieuses attestent qu'à l'apparition des épines il n'y avait aucune trace de poussière dans le vase de cristal. Les trous respiratoires étaient bouchés avec de la cire, sur laquelle se trouvait, comme aujourd'hui, attachée une légère étoffe de couleur. Aucune des religieuses qui existent aujourd'hui ne se rappelle avoir vu fermer ou boucher ces ouvertures.

Déjà, le 25 janvier 1726, les docteurs en médecine Blaise Perez de Villaharta et Manuel de Robles constataient que « dans la partie inférieure du vase de cristal apparaissait une très légère vapeur ou pellicule ou ternissure, sans doute à cause que par en bas les gaz qui s'exhalent du cœur ne peuvent se dégager. En haut, on ne voit pas pourquoi les gaz ne sortent pas (1). »

J'observerai ici en passant que les docteurs remarquèrent le brouillard du cristal, en l'attribuant aux gaz ou effluves du cœur, ce que je considère comme certain. S'ils ont noté cette ternissure du vase, semblable au brouillard de l'haleine, tandis qu'ils n'ont rien constaté au sujet du sédiment ou dépôt de poussière, ni touchant les épines ou les racines, ni en ce qui concerne ce qui

---

(1) Avis dans le Procès relatif à la Transverbération.

ressemble à des fils d'archal, c'est un signe certain qu'alors il n'existait rien de tout cela. Or, d'où tout cela est-il sorti, puisqu'ils disent eux-mêmes que le cœur est sec, aride, momifié, incorruptible ?

Proviendrait-il des enveloppes superficielles qui se seraient désagrégées avec le temps? Je ne nierai pas absolument que cela soit ou puisse être ; mais il faut remarquer que la partie obscure, qui donne proprement la couleur du viscère, est unie, et n'offre aucun signe de décomposition ni de dissolution. Elle paraît compacte, et n'offre aucune trace de pulvérisation.

La partie fibreuse, ou la membrane retirée et aride qui couvre presque toute la superficie, est rompue en divers points, et présente une multitude de fibres variées qui se dressent comme autant de racines ou particules à moitié arrachées, semblables à celles qui se forment quand on sépare violemment la chair des os. Les molécules ou parcelles qui, de cette manière, se seraient détachées et déposées au fond, n'auraient jamais eu le caractère de poussière, ni pris cette couleur qu'on remarque dans les résidus contenus au fond du vase.

La couleur de cette enveloppe extérieure et ridée dont je parle est d'un jaune sombre, tandis que la poussière proprement dite garde la couleur d'un cœur sec et écrasé; par conséquent, elle ne peut provenir de cette enveloppe, et il faut lui chercher une autre origine.

Les docteurs Perez et Robles indiquent seulement l'existence d'un brouillard qui, à la façon d'une pellicule, couvre une partie du vase, et en donnent pour cause l'émanation de gaz sortis du cœur : j'adopte leur opinion.

De la superficie du cœur partaient des émanations qui, retenues dans l'intérieur du vase de cristal, en ternissaient la paroi intérieure. Le cours des années augmentait l'épaisseur et le poids de ces pellicules formées de gaz condensés, qui, par leur propre poids, tombaient en s'agglomérant au fond du fanal.

Cette conjecture se change en certitude quand on constate ce qui a lieu aujourd'hui même. Les parois intérieures de la bombe ou cœur de cristal sont tellement chargées de cette poussière, qu'en certains endroits, principalement à côté de la grande épine sans pointe, elle forme des agrégats dont le volume est d'environ un grain.

Si ce sont là des enveloppes tombées du cœur de la Sainte, comment ne sont-elles pas tombées perpendiculairement pour se déposer au fond? Pourquoi ont-elles pris une direction plus ou moins horizontale lorsque aucun vent ne les poussait ni ne pouvait les agiter?

On doit donc conclure que ce ne sont pas des membranes dissoutes, mais des émanations qui, en se répandant dans l'atmosphère ou cavité de la bombille, venaient se déposer sur ses parois intérieures, jusqu'à ce que par leur propre poids, ou par le mouvement qu'on leur donnait en faisant jouer le tour, ou en prenant le reliquaire, elles formèrent l'amas ou dépôt qui couvre le fond du vase, et cache la pointe ou sommet du saint cœur.

Je veux consigner ici une autre réflexion. Cette poussière vient-elle des gaz exhalés sur toute la surface du cœur, ou bien ces émanations sont-elles sorties par la pointe du cœur? N'est-il pas possible qu'il s'y soit ouvert un trou, à la façon du cratère d'un volcan, et que par là se soient écoulés ces gaz, ces émanations, qui, semblables à une lave, se répandirent dans tout l'intérieur du vase pour venir enfin se réunir au fond? Rejetterons-nous cette supposition quand nous aurons examiné la plaie que la Sainte porta ouverte l'espace de vingt années, et quand nous saurons, d'un autre côté, que, il y a vingt ans, il n'existait aucune poussière?

Le volcan fit éruption, et après la lave vinrent les

pierres. Je veux dire que, quand les gaz se furent échappés en plus ou moins grande quantité, les épines se présentèrent, bien qu'alors on ne remarquât aucun sédiment au fond du vase. Cette poussière est comme le voile ou le mystère qui cache l'origine des épines. Tout procède du cœur, mais maintenant l'œil ne peut voir clairement le point de départ des épines.

Auprès, dessous et jusque devant la pointe du cœur, on remarque un autre genre de poussière. Elle n'a pas la même couleur ni le même aspect que le reste. Elle ressemble à du riz fort brun et à moitié moulu, et l'on y voit comme de la grenaille. J'ignore sa provenance, mais je m'imagine qu'elle sera plutôt venue par en bas que par émanation superficielle. C'est de ce point que paraissent sortir et se diriger les épines.

A la surface de la poussière et mêlés avec elle, il y a comme de petits grains de différente grosseur et couleur, noirs, obscurs, blanchâtres, qui ressemblent à d'autres points qu'on voit incrustés sur le cœur.

Comme les épines étaient mon objet principal, et que je ne pouvais voir d'une manière précise leur provenance à cause des différentes agglomérations de la poussière, je me mis à frapper longtemps la bombille, pour essayer d'aplanir la surface du sédiment, et j'employai à cet effet ce tampon qui termine le doigt. Je commençai à frapper la partie la plus vide du vase, afin d'y attirer la poussière agglomérée en d'autres points, et de mieux voir la partie inférieure du cœur : j'espérais ainsi constater avec précision l'origine et le point de départ des épines ; mais, tout en arrivant à un niveau assez parfait, je ne pus atteindre parfaitement mon but. Il resta toujours une irrégularité impossible à détruire : toutefois, elle donne lieu à des hypothèses qui tiennent lieu de certitude.

La poussière accumulée à la pointe extrême du cœur cache indubitablement l'origine des épines. C'est de là qu'elles procèdent, s'élèvent et s'étendent en différentes directions. Le Seigneur a voulu faire de cela un mystère pour humilier notre orgueil, et nous faire comprendre le néant de notre science, le peu de portée de notre vue, la faiblesse de notre raison, la vanité de notre amour-propre. Un peu de poussière pour nous aveugler!... Grand Dieu!...

Outre cette poussière, on voit à la pointe extrême du cœur, vers la gauche, et dans la partie extérieure qui est celle de la blessure, de petits morceaux de filaments blanchâtres qui ressemblent aux découpures d'un fil de chanvre.

De plus, à la pointe du cœur, et à l'endroit où se croisent deux des fils métalliques qui le soutiennent, se trouvent placés d'autres filaments qui ressemblent à des rognures de laine jaune. On croirait qu'ils y ont été mis exprès, tandis que les filaments blanchâtres ont plutôt l'air d'être tombés au hasard.

Puisqu'on ne peut expliquer que par conjecture l'origine de la poussière, comment expliquerions-nous la cause de ces fils laineux, et celle des épines! Aveuglez la raison, enchaînez la volonté; alors vous sentirez et comprendrez le mystère des épines et de toutes ces merveilles que nous signalons dans ce cœur béni.

RACINES OU PETITES BRANCHES

En différents points du saint cœur, on voit très clairement des excroissances semblables aux racines du lierre. Elles ont comme un à quatre millimètres de longueur, ou davantage, avec leurs ramifications respectives. Elles prennent toutes la direction horizontale, avec plus ou moins de tendance à monter ou à baisser.

On remarque aussi en particulier des excroissances qui sortent directement du cœur, tout près de la pointe et à gauche, quand on a en face de soi la grande plaie ou blessure ouverte par le dard du Séraphin. L'une, partant de la pointe, monte en ondulation irrégulière et presque parallèle à cette partie du cœur. Elle se prolonge d'un centimètre et demi à deux centimètres, et présente comme de petites racines qui la font ressembler à un rejeton d'olivier. Sa grosseur est à peu près celle d'une aiguille fine; et sa couleur, celle de la cannelle, mais un peu plus claire.

Je parlerai en particulier de l'excroissance en forme de bâton.

Il y a une autre racine qui se trouve dans la partie postérieure du cœur, et qu'on ne voit pas quand on le regarde du côté de la blessure. Elle pousse vers la pointe du cœur, et peut-être à moins d'un millimètre du fond du vase : elle s'élève comme en touchant le cristal d'une façon irrégulière, et a environ deux centimètres de longueur. Elle a aussi de petites branches ou pédoncules, comme on en voit aux feuilles mortes. Elle n'a pas de pointe ; à sa naissance, elle est d'un blanc pâle, et à son extrémité elle prend assez la couleur de la cannelle.

Ces racines ou branches, comme nous les appelons, donnent au cœur de la Sainte un aspect arboriforme vraiment indéchiffrable. En aucun de ces phénomènes, je ne puis arriver à une explication naturelle; et la science, jusqu'ici, n'a pas encore donné la solution de pareilles difficultés. A plus forte raison ne pourra-t-elle pas expliquer le nouveau prodige des merveilleuses épines. Mais il est certain que la main qui a eu la science et le pouvoir de faire l'une de ces merveilles, les possède également pour faire l'autre, et que pour le tout il n'est besoin que d'une même et identique explication.

En voyant ces racines ou petites branches, il vous vient une sorte d'idée inspirée. On se demande si, dans le combat que soutient la religion, les Filles de cette très sainte Mère resteront fermes ; oui, on se demande si quelques communautés, ou un grand nombre, ou souffriront beaucoup, ou conserveront la vie mortifiée, ou périront complètement, selon qu'est l'esprit dont elles tâchent d'être pénétrées. Soyons tous fidèles à Jésus, le divin Epoux de nos âmes, observons avec fidélité les saintes Règles que nous avons professées, mourons au monde, imitons de point en point chacun notre saint Fondateur, et le Seigneur que nous avons choisi pour héritage nous délivrera de toute perdition.

BATON

J'appelle ainsi une tige isolée qui ne ressemble ni à une épine ni à une branche, et qui a l'air d'un bâton irrégulier et tortu. On dirait une de ces pousses furtives, qui partent d'auprès du tronc d'un arbre, et qui n'ont d'autre motif, pour ainsi dire, que de montrer l'abondance ou l'exubérance de la vie. Ce bâton se voit vers l'extrémité du cœur, à gauche, et un peu au-dessus de la petite branche. On n'y voit point ces sortes de pédoncules que laissent les feuilles tombées : il n'est ni droit ni fin comme les épines, mais il donne proprement l'idée d'un bâton. Il croît et s'étend horizontalement jusqu'à toucher la grande épine sans pointe.

N'est-il pas le vrai symbole du sentier tortueux que nous suivons malheureusement? Si nous ne sommes pas attentifs et diligents à marcher en la présence de Dieu, il sera pour nous comme cette verge vigilante que vit le prophète Jérémie (I, 11); il nous menacera d'un dur châtiment, afin que nous marchions comme il convient dans le chemin de la loi de Dieu et de ses saints conseils que nous avons embrassés en professant la religion catholique et surtout en entrant dans un ordre religieux. Suivons Jésus plutôt avec un amour filial qu'avec une crainte servile.

FILS D'ARCHAL

Lorsqu'on regarde le saint Cœur du côté de la blessure, on remarque une sorte de fil d'archal long et aplati, semblable à ceux qu'on appelle, je crois, *fillettes*. Il se trouve du côté droit : il part de l'avant, se dirige en arrière et s'élève bien au-dessus de la grande épine inclinée. Il croît d'une façon très irrégulière : sa grosseur est celle d'une épingle fine, et sa couleur, celle du platine terne : il est aplati, et, avant le milieu, il présente un nœud, comme il s'en forme quand un fil métallique se tord et ne se déroule pas bien.

A côté de ce fil, et entre lui et le cœur, il sort une autre pointe du même genre. Les religieuses affirment que d'abord ces fils n'existaient pas; que du moins elles ne les avaient jamais remarqués, et que certainement on y remarque un accroissement notable selon les époques.

Outre ces fils d'archal, le 18 mai, mardi de la Pentecôte, à quatre heures et demie du soir environ, je remarquai pour la première fois, à côté d'autres épines très fines, une petite pointe noire : on ne la voit point en regardant en face; mais en baissant fort la tête, et en regardant en haut, on la remarque parfaitement : elle a un millimètre et demi ou deux millimètres de longueur.

Elle est plus au centre que les deux autres épines que je découvris ce jour-là, et elle est éloignée de ces épines à peu près du double de la distance qui les sépare elles-mêmes. Toutes les trois, pointe et épines, sortent de la poussière derrière le cœur, et l'on sait qu'elles viennent de la masse commune ou de la pointe, comme nous le dirons plus loin.

Qu'est-ce donc que ces espèces de fils d'archal ? D'où viennent-ils ? Les Filles de sainte Thérèse assurent qu'elles ont vu le fanal sans ces productions (et quand même elles ne l'auraient pas vu ainsi, peu importe) ; que le grand fil a un accroissement plus marqué, qu'elles ont vu sortir le petit, et qu'elles ne savent pas d'où ils peuvent provenir.

Ainsi, de même qu'il y a quelque chose qui ressemble à des pierres, à des racines, à des bâtons, à des épines, à du sang, à de la poussière..., pourquoi ne pourrait-il pas, de la même façon et sous la même influence, naître quelque chose qui ressemble à des fils d'archal ? Vous nierez ceci, et vous accorderez cela ? Et pour quelle raison ?

On me répondra que ce sont peut-être les deux bouts d'un fil plus fin qui servirait à attacher et à assujettir ceux qui tiennent suspendu le cœur de la sainte Mère. Cela ne peut être, parce que sous la sainte Relique on voit les fils courbés en crochets et soutenant le cœur ; l'extrémité supérieure est soudée au couvercle.

Mais ces fils ne pourraient-ils pas venir du tube inférieur par où passent d'autres fils plus gros, lesquels, vissés au-dessous du reliquaire, maintiennent le cœur de cristal et le fixent au milieu de l'arcade ? Pas davantage. Ils n'auraient pu se détacher pour sortir et s'allonger à leur gré.

De plus, le fil tordu reste toujours dans cet état, à moins qu'une force extérieure ne le déroule, et qu'on n'en fixe l'extrémité : car c'est en le fixant seulement qu'on arrivera à le faire rester droit. Or, qui l'a détaché? Comment s'est-il allongé? Comment s'élève-t-il? Comment se soutient-il?

A côté du grand fil apparaît une autre pointe de même genre et de même couleur. D'où vient-elle? Est-ce l'autre bout du même fil? N'est-elle pas fixée et assurée en la partie inférieure du tube sur lequel repose le cœur de cristal? Toute supposition paraît impossible.

Les deux bouts du fil se seraient détachés, ils seraient sortis et se seraient placés en haut en cherchant l'air et la liberté? Et comment? Qui a fait cela?

On peut donc affirmer, je pense, que ces espèces de fils aplatis ne sont pas des fils d'archal, mais une de ces grandes merveilles que le Seigneur se plaît à opérer dans ce cœur béni. O mon Dieu! qui comprendra vos œuvres? Celui qui voudra scruter la majesté sera écrasé par la gloire!

ÉPINES

Nous arrivons à la vraie question, dont tout ce qui a été dit jusqu'ici n'est que le préambule : question bien difficile, immense, insoluble, si on la considère au point de vue humain : elle est même plus confuse que celles qui ont été examinées jusqu'ici, si l'on veut la soumettre à un examen analytique selon les principes de la science, et en donner une explication satisfaisante. Ici le jugement s'obscurcit, et la raison devient muette. Ici, plus on veut voir, moins on voit peut-être, et plus on ferme les yeux de l'entendement pour ouvrir ceux du cœur sensible aux merveilles du Seigneur, plus on reçoit la lumière par torrents ; lumière qu'on trouve plus splendide que celle de mille soleils et de milliers d'intelligences humaines.

Si Abraham espéra contre toute espérance, dans le prodige que nous analysons, nous nous sentons poussés à croire contre tout ce que nous voyons, même en tenant compte des données de la science : puisque, en nous appuyant sur cette science même, nous ne pouvons comprendre comment cette production, dans l'ordre et le gouvernement ordinaires de la Providence, soit explicable pour l'observateur.

Toutes les lois naturelles que nous connaissons et qui devraient concourir avec plus ou moins d'efficacité à l'éruption, à la conservation et au développement des épines, paraissent ici éliminées et supprimées ; je dis plus, contrariées, dans l'apparition et l'existence du fait qui m'occupe.

C'est avec raison que MM. Elena et Sanchez, appelés à apprécier ce phénomène selon les principes et les lois de la science et de la nature, affirmèrent, d'une façon qui les honore, que la « science ne peut expliquer d'une manière satisfaisante l'apparition et le développement des excroissances, et que, en conséquence, jugeant pieusement et ne trouvant pas d'explication naturelle et scientifique, ils n'hésitaient pas à qualifier le fait de *surnaturel* ou *prodigieux* (1). »

Non, ces épines, qu'elles naissent de la poussière ou sortent du cœur, ne sont pas l'effet de lois naturelles connues : elles ne sont pas sujettes à une explication scientifique : elles surpassent et confondent toutes les idées les plus avancées de l'esprit humain. L'examen anatomique, l'analyse à discrétion demandée par les docteurs Etienne Lorenzo et Villar (2) produirait seulement trois résultats :

---

(1) Avis des docteurs Elena et Sanchez du 23 juillet 1872 et du 31 août 1873.
(2) Avis du 31 août 1873-21 janvier 1874.

1° Elle détruirait ce cœur si aimant et si aimé du Seigneur, et dans lequel il daigne opérer tant et de si grandes merveilles.

2° Elle laisserait le fait sans explication scientifique et satisfaisante, puisque le docteur Villar lui-même dit que « les sciences se déclareront peut-être impuissantes pour cet objet. »

3° Elle mortifierait sans doute l'amour-propre des docteurs qui seraient contraints d'avouer leur insuffisance, et troublerait leur conscience par des remords, quand ils songeraient qu'ils ont détruit une relique si vénérable. De plus elle affligerait vivement les fidèles et les jetterait dans la désolation, en les privant d'un trésor qui leur est si cher, et qu'ils regardent comme un dépôt que Dieu leur a confié.

Il faut donc que tous nous baissions le front et bénissions le Seigneur toujours grand et admirable en ses saints et dans ses œuvres, et que nous adorions en silence les inexplicables prodiges dont son infinie bonté nous rend les spectateurs immédiats. Ranimons notre foi débile, purifions notre esprit et notre intention; et, en marchant toujours en la présence et dans la sainte crainte de Dieu, chantons ses louanges sur la terre, pour mériter de les répéter dans la gloire.

Que notre examen diligent suive n'importe quelle voie : au bout nous trouverons toujours la limite de la science et même, j'ose le dire, la limite de la nature. Or, quand la science, malgré ses efforts, n'est pas satisfaite, et que la nature elle-même se déclare incompétente, est-il étrange alors que, pour découvrir la cause, nous regardions au-dessus de la nature et au-dessus de la science?

Je vois un fait manifeste qui paraît en dehors de toutes les conditions qui auraient dû concourir à le produire.

Je vois un fait que je considère comme supérieur à

toutes les lois existantes, et que la science ne peut expliquer.

Ces déductions seront-elles déraisonnables? Ici il y a plus que du hasard; ici, il y a quelque chose qui dépasse les forces de la nature, quelque chose que l'esprit humain ne peut pénétrer, quelque chose qui confond et rabaisse la science. Serai-je téméraire d'abriter dans mon cœur l'idée qui s'élève dans mon entendement, à savoir qu'ici il y a quelque chose de surnaturel, quelque chose de prodigieux?

Ne serait-ce pas là une cloche immense résonnant par tout l'univers, mais que les hommes ne voudraient pas entendre? Malheur aux hommes qui sont dans ce cas!

Epoque où l'on remarqua les épines.

Il est hors de doute que ces épines n'existaient pas d'abord. Comme nous l'avons vu, les docteurs qui, en 1725 et 1726, examinèrent le saint cœur à l'effet de reconnaître la blessure et de donner leur avis autorisé, constatèrent seulement l'existence d'un brouillard, taie ou ternissure du cristal, mais ils ne disent rien au sujet des épines, bien qu'un pareil phénomène eût peut-être plus attiré leur attention que la plaie elle-même qu'ils avaient mission d'examiner.

Beaucoup de personnes avaient vu et vénéré ce cœur béni, et personne ne dit un mot touchant pareille chose. Les épines n'avaient pas encore vu le jour; les temps et les moments que le Père Eternel réservait dans sa puissance n'étaient pas encore arrivés; l'heure n'avait pas encore sonné, où l'Epoux céleste des âmes, Jésus-Christ, voulait livrer à l'examen de l'univers le monde microscopique de sa fidèle Epouse Thérèse, le séraphin du Carmel.

Mais voici venir des temps d'épreuve, des temps de tribulation, des temps d'amertume pour les fils de l'Eglise, pour l'Epouse de Jésus, et du cœur de la Servante du Seigneur naissent des épines.

Des épines!... Des clous!... je ne sais : mais les voilà, nous avons besoin de très gros clous et d'épines très pénétrantes pour nous tirer de la léthargie dans laquelle nous vivons, et pour nous arrêter dans le chemin de l'ingratitude et des mauvaises mœurs dans lequel nous courons en aveugles. Qui fixera nos pieds sur la pierre, et qui nous ouvrira les trous du rocher pour nous y réfugier et vivre dans une paix assurée?

Laissons parler les faits, plus éloquents sans doute que mes paroles. Les vénérables religieuses qui, à la date du 5 juin 1870, composaient la respectable et fervente communauté des Carmélites déchaussées de la Réforme de sainte Thérèse de Jésus, dans le couvent de l'Incarnation d'Alba de Tormès, signèrent une relation qu'elles remirent à leur Révérend Père Général ; elles y affirmèrent à l'unanimité, ce que confirme ensuite l'expérience de nombreux témoins, « que les épines « étaient alors au nombre de trois, et qu'on croyait en « entrevoir une autre au côté droit du saint cœur; mais, « ajoutent-elles, on ne peut encore l'affirmer. Ces épines « paraissent naître de la partie inférieure du saint cœur, « et elles s'élèvent vers le haut. Deux de ces épines furent « aperçues la première fois par une religieuse morte « depuis et appelée Paula de Jésus; ce fut la veille de « notre Père saint Joseph, après les matines de minuit, « en l'année 1836; le jour suivant, fête du saint Patriarche, « elles furent vues par toutes les religieuses qui vivaient « alors, et dont deux vivent encore.

« Ces deux premières épines sont de chaque côté du saint

« cœur. En 1836, quand on commença à les voir, elles
« étaient fort petites, et l'on pouvait à peine les distinguer.
« Depuis elles ont crû de façon qu'elles ont déjà plus de
« deux pouces de haut : de quoi nous toutes qui vivons
« sommes les témoins oculaires.

« Quant à la troisième épine, nous avons commencé à
« l'apercevoir le 27 août 1864, c'est le jour où nous
« célébrons la fête de la Transverbération du cœur de
« notre sainte Mère Thérèse de Jésus. Quand nous com-
« mençâmes à voir cette troisième épine, elle était très
« petite, comme la pointe d'une épingle, et maintenant
« elle a déjà environ un pouce de haut. D'avoir vu naître
« et croître cette troisième épine, nous sommes toutes
« témoins, nous qui signons ici. Marie-Thérèse de Jésus,
« prieure (1). »

C'est en ces termes, et avec cette religieuse simplicité
que racontent ce qu'elles ont vu les vénérables Carmélites
qui conservent et honorent dans leur sainte retraite
une si précieuse relique. Pouvons-nous douter de leur
véracité? Et de quel droit? Quel intérêt ont-elles en cela?
Voilà tout ce qu'il y a, et rien de plus. A quoi bon
chercher à voir ce qui n'y est pas? Prenons la chose telle
qu'elle se présente, et examinons-la selon la portée de
notre courte vue.

1° Il est bien établi que d'abord les épines n'existaient
pas.

2° On signale des épines seules, sans sédiment, et
sorties de la partie inférieure du saint cœur.

---

(1) Maria Candelas de Sainte-Thérèse, sous-prieure et Clavière. — Maria des Douleurs de Jésus de Nazareth, Clavière. — Anne-Raphaëla du Cœur de Marie, Clavière. — Maria-Carmel de Saint-Augustin. — Marie-Thérèse du Carmel. — Marie-Joseph du Cœur de Jésus. — Andréa de Saint-Jean l'Evangéliste. — Maria-Manuela du Très Saint Sacrement. — Marie-Antoinette de Saint-Jean de la Croix. — Prisca de Jésus. — Marie-Thérèse de Saint-Thomas. — Josepha-Ignatia du Cœur de Jésus. — Thérèse-Marie des Saints-Rois. — Paula du Sauveur. — Josepha-Maria du Très Saint Sacrement. — Antoinette de Jésus-Marie.

3° On en signale à un certain moment de très petites et de très fines.

4° Elles vivent, et dans le long espace de trente-quatre ans (ce qui fait aujourd'hui trente-neuf et probablement quarante), elles croissent jusqu'à atteindre la longueur de deux pouces et une épaisseur d'un millimètre. (Aujourd'hui les proportions sont différentes.)

5° Deux autres naissent et croissent à différentes époques.

6° La troisième épine, remarquée pour la première fois le 27 août 1864, comme la pointe d'une épingle, atteint en juin 1870 une grandeur d'un pouce environ.

7° La croissance et le développement ainsi que l'intensité de la couleur qu'elle prend, sont continus, quoique très lents et progressifs.

8° On conclut de là qu'il y a un nourricier mystérieux, une action incessante, jamais interrompue et inexplicable.

9° Cette merveille vient nous surprendre, après que, en 1725 et 1726, différents docteurs en médecine et chirurgie avaient déclaré devant le greffier ecclésiastique que le saint cœur était entièrement sec, aride, momifié, incorruptible.

10° Il s'ensuit que la science ne peut expliquer ce prodige. Gloire à Dieu! Heureuses les religieuses qui gardent cette vénérable relique, et qui lui rendent un culte perpétuel!

Nous sommes au 22 mai, samedi des Quatre-Temps de la très sainte Trinité, dont on célèbre la fête demain. J'interromps ce travail pour dire les vêpres de ce grand mystère en la fête duquel j'eus l'ineffable bonheur de célébrer pour la première fois le saint sacrifice (1). J'ouvre le Diurnal, et le premier passage qui me tombe

---

(1) Ce fut en 1862 à Paris, dans la chapelle de la maison centrale des Filles de la Charité, où eut lieu l'apparition de la Médaille miraculeuse.

sous les yeux, c'est le Capitule tiré de l'Epître de saint Paul aux Romains (XI, 33) : « O profondeur des trésors de la sagesse et de la science de Dieu ! Que ses jugements sont incompréhensibles et ses voies impénétrables ! »

C'est la vérité, et par conséquent, « bénissons le Père et le Fils avec le Saint-Esprit ; louons-le et exaltons-le dans les siècles. Béni soit Dieu, Créateur et gouverneur de toutes choses ; la très sainte et indivisible Trinité, maintenant et toujours, et dans les siècles infinis des siècles. Amen. Ainsi soit-il. »

Reconnaissance des épines par les autorités scientifiques.

Lorsque, à l'origine, les vénérables religieuses eurent donné avis de ce prodige au R. Père Général, celui-ci leur ordonna avec beaucoup de prudence de l'enterrer, comme on dit, et de laisser passer le fait sans bruit ni ostentation. Mais Dieu, qui voulait glorifier sa fidèle Epouse et Servante Thérèse de Jésus, et rappeler au monde, par son moyen, la nécessité absolue du repentir, de la mortification et de la pénitence, ou bien du châtiment, s'empara de cette affaire, et rendit le prodige tellement public et notoire, que le monde entier est plein de sa renommée, et qu'il s'étonne, non sans raison, d'une merveille si persévérante, si répétée et si significative.

Pour mieux établir ce prodige, des savants renommés, docteurs et professeurs en médecine et chirurgie, examinent attentivement à la lumière de la science, à la lumière de la raison, et à la brillante clarté du soleil, le Cœur béni de sainte Thérèse ; et, qu'ils confessent ou nient le prodige, tous reconnaissent le fait ; leurs appréciations conspirent à confirmer la même vérité, celle d'un fait admirable dont la vraie cause demeure inaccessible à la science.

Ce n'est pas l'homme, en effet, mais Dieu qui distribue la lumière, meut la langue et dirige la main, afin que, l'homme agissant librement, Dieu arrive cependant à ses fins. O homme! ne reconnais-tu pas ton impuissance et ta nullité? Ne vois-tu pas que tu es l'instrument de la très haute Providence de Dieu, qui conduit toutes choses à des fins mystérieuses, mais pleines de gloire pour lui et de miséricorde pour l'homme? O homme! observe, adore et garde le silence!

PREMIER AVIS DES DOCTEURS

Pour suivre l'ordre historique, voici d'abord l'avis des docteurs Manuel-Elena Alonso et Dominique-Sanchez Lopez, professeurs en médecine et chirurgie, émis en juillet 1872 et en août 1873. Selon les indications que j'ai pu avoir, leurs appréciations, quoique portant deux dates, n'en font qu'une. Je vais en donner, d'après le bruit public, les principaux éléments.

Les docteurs font une description très détaillée du saint cœur, selon qu'il résulte de leur examen. Ils sont d'avis que la poussière qui se trouve au fond du vase de cristal dans lequel se conserve le cœur, n'est autre chose que des résidus de la membrane extérieure désagrégée; que les épines naissent de cette poussière; que ces épines sont au nombre de quatre, deux à droite et deux à gauche. Ils donnent la mesure que devaient alors avoir les épines; et ils font remarquer que l'une d'elles était épointée, pour avoir, pensent-ils, touché la face intérieure du fanal. Ils reconnaissent que le viscère ou cœur est aride et sec; et ils ajoutent que le bras de la Sainte, qui s'est trouvé dans les mêmes circonstances que le cœur, n'a rien éprouvé ni ne présente rien de semblable. Enfin ils résument leur avis en disant que, pour eux, la science est incapable d'expliquer d'une manière satisfaisante l'apparition et le développement des excroissances que nous appelons épines, et qu'en consultant leur sens religieux ils n'hésitent pas à qualifier le fait de *surnaturel* et *prodigieux*.

Tel est, en substance, le jugement des deux docteurs, jugement qui, par sa simplicité, sa franchise et la logique de sa conclusion, les honore beaucoup. Cependant je vais faire remarquer divers points sur lesquels je ne suis pas complètement d'accord avec ces Messieurs.

1° Ils disent que la poussière vient des enveloppes désagrégées du cœur.

2° Que les épines naissent de cette poussière.

Au chapitre intitulé *Poussière*, je parle de ces deux affirmations, et je crois en avoir clairement démontré la fausseté.

3° Ils disent qu'il y a quatre épines, et qu'il y en a deux à droite et deux à gauche.

Cela non plus n'est pas complètement exact, comme je vais l'expliquer. Il est vrai qu'alors ils n'avaient distingué que quatre épines, mais non pas deux de chaque côté. Pour parler exactement, il faut dire que toutes procèdent d'un même tronc, d'une même source, d'une même racine. Je m'occuperai de ce point en détail.

4° Ils signalent une épine épointée sans doute pour avoir touché la face intérieure du fanal.

Bien ; mais ce n'est pas le frottement résultant de la croissance qui en est cause : cette épine a perdu sa pointe en se courbant dans le fond du vase pour s'élever.

5° Au sujet de la couleur et des rugosités, on peut voir ce qui a été dit dans les chapitres : « Le cœur et son aspect. — Accidents. — Couleur. — Rugosités. — Grains. — Taches. — Sang. »

La couleur des épines est comme celle de la cannelle belle et claire, au moins quand je l'ai observée.

8° L'observation concernant le bras est excellente.

9° La conséquence est légitime, soit que les épines sortent de la poussière, soit qu'elles proviennent du cœur.

10° Ils reconnaissent un état d'aridité, de sécheresse bien marquée dans le viscère dont il s'agit, et dans la poussière du fanal, au point de rendre ces substances incapables d'aucune production.

Nous sommes du même avis. La droiture est un don de Dieu, et ceux qui en font bon usage reçoivent certainement du Seigneur de nouvelles grâces en temps opportun.

SECOND AVIS DES DOCTEURS

Dans une matière si importante, il était opportun et même nécessaire de ne pas laisser la décision à une enquête qui, toute fondée qu'elle était, serait susceptible d'erreur ou de passion. Pour éviter cet inconvénient, et marcher sur un terrain ferme et sûr, le vénéré Prélat du diocèse nomma conjointement avec les docteurs susdits, M. Joseph Estevan Lorenzo, docteur, professeur et cathédratique de la faculté de médecine à l'université de Salamanque.

Ils se constituèrent donc en commission dans le trésor de la Sainte, au couvent de l'Incarnation d'Alba de Tormès, en présence de l'autorité ecclésiastique compétente : puis chacun des docteurs donna son avis séparément. J'ai parlé de celui des docteurs Elena et Sanchez; je vais parler également de l'avis de M. Estevan

Lorenzo émis en août 1873 ; selon qu'il est de notoriété publique, en voici les appréciations :

Il donne, comme les autres, une description du cœur, d'après l'examen qu'il en a fait au moyen d'une bonne loupe : il reconnaît l'état de dessiccation et de momification du cœur ; il pense que le sédiment est formé des particules détachées de la surface du cœur, et de la poussière qui est entrée par les trous ouverts pendant tant d'années. Il ajoute que, dans ce sédiment et comme nées de lui, on voit, indépendantes du cœur, ces productions que nous appelons épines, et qui ont toutes les apparences de productions naturelles ; que cela n'a rien de surnaturel ni d'extraordinaire ; qu'une sentence erronée, malgré la bonne intention, donnerait lieu à des censures qui pourraient servir de prétexte pour rabaisser et même pour nier les vrais miracles ; enfin, qu'on ne peut douter de la nature végétale des excroissances, et qu'on ne peut définir à quel genre elles appartiennent, tant qu'on ne les extrait pas du vase pour les analyser et connaître ainsi la vérité.

Telle est en résumé l'opinion du docteur Estevan Lorenzo. Dans ses appréciations, il y a nombre de points qui méritent une mention spéciale. Je les noterai en les réfutant ou en les approuvant avec une liberté franche et entière, et en présence de Dieu.

J'observerai, premièrement, que, pour une erreur commise en émettant un avis sur un sujet quelconque, on n'est pas le moins du monde autorisé à rabaisser ni surtout à « nier les vrais miracles opérés en tout temps ». S'il y a de vrais miracles dont il n'est pas permis de douter, pourquoi prendrait-on prétexte pour les nier de ce que les opinions diffèrent sur un fait en tous points admirable ?

Si en tout temps il y a eu de vrais miracles, pourquoi

n'y en aurait-il pas aujourd'hui ? Pourquoi ne s'en produirait-il pas dans un cœur qui aima tant son Dieu, dans le cœur béni de la grande Servante de Dieu sainte Thérèse de Jésus ?

A quoi bon la raison et le discernement, à quoi bon la critique, les règles établies, et l'autorité compétente, sinon pour distinguer le bien du mal, le vrai du faux ?

Les principes et les déductions n'aboutissent à rien quand on veut, d'une poussière, toujours inconsistante et improductive, faire pousser les épines, chose absolument et complètement impossible.

La conséquence que tire le docteur de ce que la naissance des épines est naturelle et régulière est, me semble-t-il, également illégitime ; car de ce point même qu'il donne et établit comme certain et évident, il déduit avec certitude et évidence qu'il ne peut fixer et définir la vraie cause qui explique naturellement la singularité du phénomène.

De la décomposition (en prenant en considération tout cet ensemble) il n'est pas possible qu'il se produise aucun être organisé, régulier, qualifiable et répété, et surtout pouvant se reproduire. La décomposition, la destruction ne donne ni ne peut rien donner de soi dans ces circonstances données. La décomposition ne compose pas, et la destruction n'édifie pas. Il est facile de s'en convaincre en voyant la marche et le gouvernement de l'homme en ce monde.

Si de la décomposition, ou corruption, ou destruction d'un être quelconque, il se produit naturellement quelque excroissance d'aspect végétatif, ce sera toujours une sorte de moisissure, une mousse plus ou moins visible, qui, examinée au microscope, présentera un aspect plus ou moins arboriforme, mais irrégulier, inqualifiable, sans forme déterminée, sans vie, sans fécondité, sans puissance de conservation, sans faculté de se maintenir, par suite du manque complet des substances ou sucs absolument indispensables à toute vie, quelle qu'elle soit, comme les épines en ont une.

La sécheresse même que constate l'examen exclut et rend tout à fait impossible la production végétale.

La sécheresse, surtout quand elle se résout en poussière, et la végétation s'excluent mutuellement : elles sont antithétiques, opposées, contraires : elles ne peuvent subsister simultanément en un même corps et en un même point.

La sécheresse réduit en poussière, et la poussière accuse une parfaite sécheresse.

La végétation annonce l'humidité, et l'humidité peut produire la végétation.

Vouloir unir ces deux choses, c'est vouloir l'impossible, selon les lois de la nature et les principes de la science : c'est vouloir un véritable miracle. D'où l'on peut inférer qu'en fuyant en ce cas le surnaturel et l'extraordinaire, nous nous trouvons en présence d'un autre extraordinaire et surnaturel.

Les épines sont régulières, constantes, uniformes, organisées, avec vie propre, avec faculté de reproduction, subsistant depuis quarante ans avec fraîcheur et vigueur, en produisant chaque jour de nouvelles, et de la même manière, pour la honte et la confusion de l'homme. Comment et d'où cela vient-il ? Avouons le prodige, et nous nous en tirerons mieux et plus honorablement.

« Mais, m'objectera-t-on, qui sait si dans la nature il n'y a pas des secrets et des forces cachées qui puissent produire de pareilles excroissances ? »

Je réponds : 1° La nature n'est qu'une servante aveugle et muette du Très-Haut, qui travaille constamment selon les lois qu'il lui a imposées.

2° La force et la puissance qu'on remarque dans la nature n'appartiennent pas à la nature, mais sont l'effet nécessaire de ces lois imposées par Dieu lui-même, qui y déroge, les supprime ou les contrarie selon son bon plaisir, et ces actes sont ce que nous appelons miracles.

3° En considérant un fait scientifiquement, l'homme n'a pas besoin de recourir à des forces occultes pour expliquer ce qu'il ne comprend pas. C'est un labyrinthe d'où nous ne pourrions pas sortir. Si vous parlez de *lois occultes*, vous ne les connaissez pas. Si vous ne les connaissez pas, comment en parlez-vous, en leur attribuant un pouvoir et une efficacité supérieurs aux lois ordinaires selon lesquelles la nature opère constamment? Laissez ce que vous ne savez pas, et bornez-vous à ce que vous voyez. Le comprenez-vous? Alors expliquez-le. Vous n'y entendez rien? Confessez votre petitesse et votre ignorance en ce point, et reconnaissez la main du Dieu Très-Haut, auteur de si grandes merveilles. Il est certain que l'homme ne pénètre pas toute la nature, et qu'il peut y avoir des lois naturelles cachées pour lui; mais il très certain que ces lois naturelles encore inconnues ne peuvent être contraires à celles qui sont connues, parce que les unes et les autres ont le même auteur, qui est Dieu.

4° Ainsi, quand même il y aurait des lois cachées, on ne doit pas en faire mention, quand les lois ordinaires et connues suffisent pour former un jugement. Nous ne sommes pas alors appelés à examiner ce qui est caché et hors de l'analyse de l'homme, mais ce que Dieu a mis sous nos yeux, ce qui est à notre portée, ce qui est de notre domaine, ce qui est compris dans le cercle de la science humaine mais basée sur des règles fixes et d'éternelle vérité.

5° La nature n'a par elle-même aucune force pour

produire, pas même en recevant de la main de l'homme le travail ; et le grain qui doit fermenter et se multiplier, si Dieu ne lui donne sa bénédiction, comme nous le voyons et l'expérimentons continuellement, nous n'oserions jamais dire qu'il ait la puissance de donner des productions si singulières, si belles, si admirables, si vivantes, si fécondes, si prodigieuses, quand la réunion de toutes les circonstances nous fournit un grave motif pour dire que les lois naturelles n'atteignent pas jusque-là.

6° La prétention que manifeste le Docteur de « sortir du vase de cristal le cœur privilégié de la Sainte pour l'analyser à loisir afin de tirer au clair la vérité », ne me paraît sous aucun rapport admissible, ni émise sérieusement.

On voudrait trouver la cause et l'explication du phénomène entre les pellicules des épines, si pellicules il y a?

On voudrait la trouver au travers ou le long de leurs fibres, si elles en ont?

On voudrait la trouver dans la partie ligneuse qu'elles possèdent peut-être?

On voudrait la trouver dans les proportions des substances qui entrent dans la composition des épines?

On voudrait la trouver dans les trous imperceptibles des tubes capillaires qui peuvent se rencontrer dans ces excroissances?

On voudrait la trouver dans la force de résistance qu'elles offriraient, dans leur saveur et dans leurs propriétés chimiques, dans leur vertu médicinale, dans leur connexion avec d'autres productions qui ont avec elles quelque trace de ressemblance?

Je crois qu'on ne rencontrerait pas ici la cause et l'explication du phénomène. Quelque soin qu'on mît à analyser les pellicules, les fibres, la partie ligneuse, les substances qui entrent dans la composition des épines, nous serions toujours confondus dans cet examen par l'état de momification et de dessiccation du cœur, par l'aridité du sédiment et de la poussière, toutes choses qui repoussent naturellement l'idée de végétation, absolument impossible dans ces conditions ; et, par conséquent, on ne saurait à quel genre de végétaux rattacher les épines, ni, par cette voie, trouver la vérité.

Qu'on établisse les principes de la science, en conservant et respectant le fait ; qu'on fasse des observations et des raisonnements : quand la raison et la science auront parcouru leur vaste sphère, et se trouveront sur les confins du monde qui les domine, sans avoir atteint la solution du problème, alors il sera plus honorable pour cette même science de dire franchement : « *Le doigt de Dieu est ici*, je ne saisis pas son opération ; quelle qu'elle soit, béni soit le Seigneur ! louanges éternelles à Dieu ! »

Seconde observation. — On avait constaté une dessiccation et une momification du viscère telles, qu'il tombait en poussière.

Par conséquent le cœur et la poussière sont complètement improductifs.

Troisième observation. — Le docteur affirme que la poussière s'est détachée du cœur, conséquence nécessaire de la destruction. Voyez le chapitre qui traite de la *Poussière*.

Quatrième observation. — Le docteur affirme l'introduction de la poussière extérieure en quantité influente sur la végétation.

Qu'on lise avec attention le chapitre indiqué.

Cinquième observation. — Le docteur affirme l'ouverture des trous respiratoires durant de nombreuses années.

Cela peut être ; cependant les Mères Carmélites, même

les plus anciennes, ne se souviennent pas de les avoir vus ouverts. D'ailleurs, quand même il en eût été ainsi, pourvu qu'ils fussent bouchés (et ils l'étaient) quand on aperçut pour la première fois les épines, ces trous n'occasionnent aucune difficulté touchant le caractère miraculeux du fait qui nous occupe.

Sixième observation. — Le docteur affirme que les épines naissent du sédiment, entièrement indépendant du saint cœur.

Les religieuses du couvent assurent que les épines se présentèrent et furent remarquées, avant même qu'on observât aucun dépôt de poussière. Je parlerai plus loin de cette circonstance.

Septième observation. — Quant à l'épine tortueuse, je la place parmi les racines ou petites branches, ou, mieux encore, je la désigne par le nom de *bâton*.

Huitième observation. — Les épines paraissent de véritables épines : elles sont droites, unies, et d'une composition, d'une origine et d'un développement tout particuliers, uniques et sans exemple.

Tout cela suffit pour démontrer que le jugement que j'analyse n'offre, à proprement parler, aucune difficulté. Les assertions mêmes avec lesquelles on attaque les avis opposés, servent peut-être à les mieux établir. Béni soit le Seigneur qui, avec tant de sagesse, d'amour et de douceur, dirige tout à sa gloire et au bien temporel et éternel des pauvres humains !

TROISIÈME AVIS DES DOCTEURS

Comme il y avait deux avis opposés, dont l'un reconnaissait simplement et sans détour, en jugeant pieusement, quelque chose de surnaturel et de prodigieux dans l'apparition et l'accroissement des épines; tandis que l'autre voyait dans les excroissances toutes les apparences de productions naturelles, et ne doutait pas de leur nature végétale, il convenait qu'un autre docteur émît aussi son avis sur cette question, et l'on nomma à ce propos D. Angel-Villar y Marcias, docteur en médecine et pharmacie, et licencié ès sciences de l'Université de Salamanque. Ce docteur, acceptant la commission, se rendit à Alba de Tormès, visita et examina le saint cœur, et, en janvier 1874, donna son avis, qui, selon les renseignements que je possède, contient ce qui suit :

Il fait la description du cœur, qu'il a examiné avec de bonnes loupes : il en reconnaît l'état de dessiccation ; il s'occupe du sédiment, qu'il dit être séparé du cœur au fond du vase de cristal, et qui paraît provenir des pellicules qui ont dû se détacher du cœur, et peut-être de la poussière qui existe dans toute l'atmosphère ; il croit que c'est de ce sédiment que proviennent les excroissances en question et qu'il énumère. Il conclut en disant que, pour résoudre la question, il faudrait avoir une histoire des diverses époques et des précautions prises lorsqu'on mit le cœur dans les vases où il a séjourné, puisque, selon la relation des religieuses, quelques-uns se brisèrent, et cela peut-être par la dilatation des gaz qui s'y formaient : et finalement il opine pour l'étude analytique, à cause des difficultés qu'il prétend y avoir d'étudier le cœur ainsi enfermé : de cette façon, et avec d'autres détails on pourrait peut-être apprécier ce phénomène toujours remarquable, bien qu'alors même la science pourrait encore se déclarer incompétente.

Continuant mon travail, je ferai quelques observations sur cet avis du docteur.

1° Il demande l'histoire détaillée de la sainte relique, des époques qu'elle a traversées, et des diverses précautions prises au sujet du cœur et des vases où il a été enfermé : il l'a, cette histoire, dans le procès-verbal dressé dans le premier tiers du siècle dernier, quand on s'occupa de la glorieuse transverbération du cœur de la séraphique Thérèse de Jésus. Je crois que cette notice détaillée lui sert médiocrement, à l'effet d'émettre son avis sur les épines qui ont poussé plus d'un siècle après, et dont on s'occupe aujourd'hui.

2° Je pense que la rupture des vases antérieurs, quelle qu'en fût la cause, n'a aucune importance, non plus que la conservation du vase actuel, qu'elle qu'en soit la raison, attendu que tout cela n'influe nullement sur la production vraiment merveilleuse dont nous parlons.

3° Il établit la dessiccation du cœur, l'indépendance des épines nées de la poussière, la provenance du sédiment, le nombre des épines qu'il a observées : tout cela a déjà été discuté.

4° Dans mon humble avis personnel signé le 27 novembre 1873, et inséré dans le procès instruit, dans cet avis, dis-je, formé à la simple inspection quelque peu superficielle du viscère en question et des phénomènes qui s'y observent, je tiens compte de ces différentes particularités qu'il indique, et d'autres encore ; et j'en déduis qu'elles ne peuvent avoir aucune influence sur les productions qu'on remarque dans le fanal. Dans les réflexions précédentes, j'ai indiqué quelques-unes de ces particularités, et, en lieu opportun, j'espère, Dieu aidant, en intercaler d'autres.

5° Supposé les conditions que demande le docteur, il ne s'ensuivrait rien, car il se borne à dire que *peut-être il serait permis d'analyser un phénomène toujours remarquable,* et aussitôt après ce doute il ajoute cette espèce d'affirmation : « *Et je dis peut-être, parce qu'il peut arriver que les sciences se déclarent impuissantes »* à donner une explication satisfaisante.

6° Etant données les circonstances du saint cœur et tout ce qui le concerne, et même admis l'avis du docteur Villar, on peut affirmer sans ambages ni détours que l'apparition dans le fanal de ce qu'on appelle les épines et des autres excroissances qu'on y remarque, continue d'être une énigme pour la science.

OPINION PARTICULIÈRE QUE JE PRÉSENTAI A L'ILLUSTRISSIME
SEIGNEUR ÉVÊQUE DE SALAMANQUE LE 27 NOVEMBRE 1873

Comme l'objet de ce livre est de mettre sous les yeux l'ensemble de ce qui a été remarqué jusqu'aujourd'hui au sujet du cœur de sainte Thérèse et principalement au sujet des épines qui en procèdent, je transcrirai avec quelque modification ce que j'ai eu occasion de consigner dans mon avis particulier du 27 novembre 1873. J'ai reconnu dans cette pièce quelques inexactitudes causées par un examen superficiel et par le défaut de lumière; j'éliminerai et modifierai ces passages selon qu'il sera opportun. Je laisserai subsister le reste, au risque même de me répéter; parce que la forme différente que j'emploie peut aider à mieux fixer les faits et à mieux étudier la question des épines.

Quant à ces épines, la botanique n'a pas l'idée de semblables productions; l'état dans lequel elles se présentent et se maintiennent depuis quarante ans déjà, est entièrement anormal. C'est un mystère que la science n'explique pas; et cette obscurité même de la science, ce silence qu'elle est contrainte de garder, jette la lumière et parle en faveur du prodige. Comme tout cela alimente la piété et élève l'esprit!

Observations.

1ʳᵉ Le saint cœur momifié et sec, parfaitement sec, selon les docteurs, est dans un vase de cristal hermétiquement fermé, et dans une position verticale : la pointe ou sommet du cœur correspond au fond du vase sans le toucher.

2ᵉ D'après ce qu'affirment les religieuses du couvent de Carmélites déchaussées dans lequel on garde le cœur, la poussière qui existe aujourd'hui au fond du vase s'est réunie et déposée depuis vingt ans en cet endroit ; elles affirment également que celles qui ont vingt ans de vocation religieuse ont vu le fanal sans aucun sédiment, du moins qui méritât ce nom et à plus forte raison le nom de dépôt.

3ᵉ Ainsi le cœur et la poussière se conservent en parfait état de sécheresse et libres de toute influence humide, immédiate et directe. Du reste, la fenêtre du trésor s'ouvre à peu près au midi.

4ᵉ On voit naître et s'élever de la poussière *quinze* (1) productions ou excroissances zoologiques en forme d'épines, avec beaucoup de variété pour le plus ou moins de temps de leur éruption, lesquelles vivent et se développent, et se maintiennent d'une couleur de cannelle foncée et unie.

5ᵉ Tout reste aride et sec, sous la même pression atmosphérique : et néanmoins les épines se sont non seulement conservées, mais multipliées considérablement ; elles se fortifient, et prennent différentes directions ; tout cela, selon les lois de la nature, accuse un certain degré d'humidité, quelque cause

---

(1) Ici je mets *quinze* épines, qui sont celles que j'ai remarquées au mois de mai de cette année 1875 ; car en novembre 1873, je n'ai pu en distinguer que *trois*, bien qu'on me dît qu'il y en avait *quatre* au moins.

externe et matérielle influente, qui certainement n'existe pas ici.

6° Le cœur, soutenu en l'air par des fils métalliques qui l'entourent de haut en bas et le tiennent suspendu au couvercle, ne touche pas le fond du vase.

7° La poussière déposée au fond du fanal cache en partie l'extrémité du cœur.

8° On voit les épines sortir toutes de la partie gauche du cœur lorsqu'on a en face de soi la blessure : elles paraissent provenir de la pointe dans sa partie plus latérale.

9° Les épines ont de la fermeté et de la résistance tant en elles-mêmes que dans leur racine.

10° J'eus beau secouer et frapper pendant longtemps le vase de cristal dans sa partie la plus vide de poussière, afin d'attirer cette poussière et d'y établir une espèce d'équilibre : les épines ne se brisèrent ni ne s'inclinèrent ; je ne les vis pas même remuer, comme il eût dû, ce semble, arriver.

11° Les épines, outre l'impossibilité de leur végétation dans une simple poussière aride et inconsistante, n'auraient pu d'aucune façon résister à cette rude épreuve, au moins les fines : elles seraient tombées, ou se seraient inclinées davantage, ou bien elles auraient fait quelque mouvement ; quant aux plus fines, elles se seraient certainement brisées.

J'omets d'autres observations plus ou moins claires qu'on trouvera semées dans les chapitres précédents ou dans ceux qui vont suivre.

Principes.

Pour ne pas marcher à la légère, et, d'autre part, pour fortifier ce que j'ai avancé, je vais poser quelques principes dont l'application résoudra sans peine les difficultés. Appuyée sur ces principes admis par tout le monde, la sentence ne souffre point d'appel.

1ᵉʳ principe. — La sécheresse est, de soi, improductive d'une façon naturelle. L'expérience de chaque jour nous montre que, faute d'eau, tout périt.

2ᵉ — Donc, sans humidité il n'y a pas de végétation naturelle possible. Les laboureurs peuvent rendre compte de cette vérité.

3ᵉ — Les mêmes causes produisent les mêmes effets dans les mêmes circonstances.

4ᵉ — L'air, dans l'économie actuelle de la Providence, est une condition nécessaire pour la vie, même dans le règne végétal.

5ᵉ — Un être subsiste tant qu'il a sa sève ou les substances nutritives qui lui conviennent, selon sa nature et sa condition.

6ᵉ — *Ex nihilo nihil fit.* Rien ne se fait de rien. Cela veut dire, que ni les anges, ni les hommes, ni la nature, quand ils manquent de matériaux, ne peuvent rien produire. La création appartient proprement et exclusivement à Dieu.

7ᵉ — *Parum pro nihilo reputatur.* Peu et rien sont la même chose. C'est-à-dire qu'avec peu de nourriture on ne peut entretenir la vie ; qu'avec quelques pincées de terre on ne peut planter et faire vivre un arbre : qu'avec quelques grains de sable on ne peut bâtir une maison ; qu'avec quelques gouttes d'eau on ne peut arroser un jardin, et qu'avec un léger souffle on ne peut conserver une longue vie. C'est pour cela qu'on dit que peu est réputé pour rien.

8ᵉ — Ce que la science de l'homme n'explique pas d'une manière satisfaisante, a son explication naturelle en Dieu.

9ᵉ — Ce qui est en dehors et au-dessus des lois naturelles, tombe naturellement sous la loi suprême de la sainte volonté de Dieu.

10ᵉ — Quand dans une créature on ne trouve aucune raison d'être, et qu'elle manque de toute condition nécessaire à sa manière d'être, on doit reconnaître une intervention surnaturelle.

Avec ces principes on trouvera la racine et l'origine des épines, comme on l'a vu dans les différents points que nous avons traités, et comme on le verra plus loin. Attachons-nous à ces principes, et la lumière ne nous manquera pas.

Réflexions.

Il eût peut-être mieux valu appeler ces *réflexions amplification* ou application des principes ; mais, comme on ne leur donne pas une forme fixe et continue, et que, d'un autre côté, on veut donner matière au raisonnement de chacun, on a préféré leur donner ce nom et la forme correspondante. Il importe que les principes se gravent, et il importe que chacun puisse et sache faire les applications opportunes. Alors tout paraît revêtu du sentiment personnel, tout reste assimilé, les doutes disparaissent, et l'action est fixe dans l'individu.

Oh ! si nous savions infiltrer ainsi en nous la sainte loi de Dieu et les maximes évangéliques ! Oh ! si nous savions nous assimiler le pain de vie, la doctrine de Jésus-Christ et les vertus qu'il a pratiquées sur la terre !

1ʳᵉ réflexion. — D'un objet complètement aride et sans trace perceptible d'humidité, comme la chair d'un cœur momifié et sec, qui est privé de vie et hermétiquement enfermé depuis trois cents ans, il ne peut sortir naturellement aucune production végétale.

2ᵉ — Pour qu'il y ait production végétale ou zoologique, il faut, comme condition *sine qua non*, une humidité plus ou moins directe, et en plus ou moins grande quantité : sans cela, point d'excroissances d'aucun genre.

3ᵉ — En supposant même qu'il y ait eu force productive par un certain degré d'humidité indirecte et éloignée provenant de la rivière Tormès, la vitalité des deux premières épines, ou de la production zoologique formée en premier lieu il y a quarante ans, l'aurait absorbée complètement, et aurait épuisé les sucs nutritifs qui auraient pu exister dans la poussière. Bien loin d'en être ainsi, non seulement les premières excroissances se sont maintenues, mais elles se sont même développées, et, à des époques différentes et éloignées, il est sorti jusqu'à *quinze* productions de la même espèce, qui gardent la même forme et conservent la même couleur, tandis que le vase se trouve toujours dans les mêmes conditions.

4ᵉ — Oui, c'est bien *quinze* épines, et non pas une ou deux, qu'on remarque au fond du vase, et qui sont nées à différentes époques : elles sont de différentes grandeurs, et ont leur direction propre.

D'où cela vient-il ? Comment se nourrissent ces épines ? Quels aliments ou quels sucs nutritifs peuvent-elles trouver dans une poussière insignifiante, impalpable, inconsistante, aride ; ou dans un cœur sec, momifié ; ces deux choses étant à l'abri de toute influence atmosphérique durant le long espace de presque trois siècles ? Et pourtant elles vivent, subsistent, croissent et se développent.

5ᵉ — En admettant à l'intérieur du vase un certain degré d'humidité capable de produire une fermentation végétative, il faudrait la chercher dans le cœur, qui est un corps compact, organique, susceptible de la conserver ; mais non dans la poussière qui, d'où qu'elle vienne, manque, par sa propre nature, de toute humidité, condition absolument nécessaire à la végétation considérée au point de vue de la science. Or, la poussière est telle, parce qu'elle n'a pas d'humidité, et que, si elle en avait, elle formerait une pâte plus ou moins consistante : ou bien encore, ses particules pourraient adhérer entre elles comme celles du cœur momifié, et alors la poussière se trouverait, comme le cœur, privée de toute vertu végétative.

6e — Dans une poussière aride, sèche et inconsistante, enfermée hermétiquement dans une bombille de cristal, on ne doit supposer ni admettre aucune humidité, air, ou solidité. Sans humidité, la végétation zoologique ou autre n'a aucune raison d'être ; comme sans air atmosphérique il n'y a pas raison de vie : et enfin, sans solidité dans la base, aucun corps ne peut rester debout, faute d'équilibre convenable.

7e — Si l'on répond que dans cette poussière il pourrait y avoir des germes détachés du cœur où du sang qui s'y trouve desséché, je demanderai : Quand sont sorties les épines ou les premières productions par le développement de ces prétendus germes ? Pourquoi les autres n'ont-elles pas poussé avant de tomber du cœur ? Comment se fait-il que, pour pousser, elles aient attendu qu'elles fussent détachées de la masse du cœur momifié ? Et si dans le cœur ou masse commune elles n'avaient ni humidité ni force végétative, comment ont-elles pu l'avoir en tombant à l'état de poudre très fine, impondérable, aride et sèche ?

8e — Si l'on objecte que l'influence de l'atmosphère, rendue un peu humide par le voisinage de la rivière Tormès, a pu donner une certaine impulsion à la fermentation des germes déjà libres et détachés de la masse, comment ont-ils reçu cette même influence lorsqu'ils étaient encore adhérents au cœur ? Quand les premiers germes furent tombés, les autres seraient restés découverts à la surface du cœur, et auraient reçu la même impression de l'atmosphère humide : comment donc ne se sont-ils pas développés dans la masse commune ? Et comment se sont-ils produits dans la poussière, à des époques distinctes, toujours sous la même influence atmosphérique, tant sous le rapport de la lumière et de la chaleur que sous celui de l'humidité et du froid ?

9ᵉ — Dira-t-on que les germes ont été introduits depuis ? Et par qui ? Quand ? Où les a-t-on recueillis ? Toute hypothèse de ce genre est inadmissible.

10ᵉ — On voit toutes les épines partir d'un même point, d'un même centre, d'un même tronc ; toutes obéissent à une même impulsion, toutes reconnaissent un principe et obéissent à une cause unique, féconde, constamment féconde.

11ᵉ — S'il y avait eu une cause physique, une racine, une semence, comment en trois cents ans n'a-t-elle donné aucun produit ? La même cause existant toujours, comment attend-elle de si longs et si irréguliers espaces de temps pour donner de nouvelles épines ? Comment ces épines, sortant d'un même point, prennent-elles des directions opposées, à la façon des rayons du soleil ? Comment s'élèvent-elles et se développent-elles ? Qui les soutient ? Qui les alimente ? Qui les écarte ? Quelle racine existe-t-il dans cette poussière ? Quelle semence a pénétré le vase ? Comment et à quelle époque ?

12ᵉ — Dans les conditions susdites, une semence quelconque ne peut naturellement naître, encore moins se conserver, croître, se développer ; à plus forte raison, d'autres germes ne peuvent se produire dans une simple poussière qui s'est détachée d'elle-même d'une masse ou viscère qui, pendant l'espace de trois cents ans, est resté à l'abri de tout contact humide et de toute influence qui aurait pu nuire à la conservation de ce dépôt vénérable.

13ᵉ — Dira-t-on que par l'effet de la production zoologique les atomes ont pu s'unir ensemble et former une nouvelle masse qui, avec quelque humidité, a donné lieu à la fermentation de la semence? A cela je réponds :

1° Les atomes ne peuvent naturellement adhérer entre eux, ni former un corps compact, sans humidité préalable; mais ils peuvent se joindre sans cohésion, et, par conséquent, sans former une masse solide, compacte et productive : il n'y aurait alors qu'une masse apparente, fictive, instable, inconsistante, incapable de donner ou de soutenir aucune production.

2° *A parte ante* : l'adhésion ou union des molécules serait momifiée, entièrement aride, et, par cela même, improductive, impuissante, fermée à toute excroissance végétale, comme il arrive pour le cœur et pour le bras.

A parte post : l'adhésion des poussières ou molécules au moyen de l'humidité formerait un nouveau corps, une nouvelle masse, qui certainement n'existe pas.

14ᵉ — Le sédiment, qu'il soit formé d'enveloppes détachées de la surface du cœur; de gaz ou d'effluves émanés de ce viscère par évaporation et ensuite condensés sur la paroi interne de la bombille; ou de résidus lancés par le sommet du cœur à la façon de la lave d'un volcan, il est certain qu'il remplit le fond du vase, mais en restant de soi improductif, comme le sont les ruines d'un édifice écroulé.

15ᵉ — Les trois grandes épines ne sont pas vertes comme il semble qu'elles devraient l'être, mais gris-rougeâtre, d'une couleur de cannelle, et, par conséquent, elles ont l'apparence d'épines desséchées. La troisième aussi a cette apparence, et la quatrième, un peu ; mais les autres paraissent blanchâtres, avec leur pointe de couleur cannelle : cette couleur rougeâtre, elles la prendront sans aucun doute par la suite et d'une teinte très fine dans toute leur longueur, mais pour le moment elle ne paraît pas très clairement.

16e — La poussière qui couvre et remplit le fond du vase ne forme pas un dépôt uni et égal, mais irrégulier et en manière de petits monceaux ; elle est plus agglomérée à la gauche qu'à la droite. On ne voit ni la pointe du cœur, ni l'origine des épines.

17e — Peu importe de savoir si ces excroissances ou épines appartiennent à la famille des ronces, des champignons, ou autres ; peu importe la classification que la science leur donnerait : ce qui importe avant tout, comme le secret total de la question, c'est de savoir : 1º S'il est possible, sans humidité, d'avoir la végétation naturelle et spontanée ; 2º Si elle est possible, dans les conditions de sécheresse, d'aridité, de pulvérisation, de clôture où se trouve le cœur de sainte Thérèse de Jésus. A cela je réponds sans hésiter, qu'elle n'est pas possible sans une action surnaturelle.

18e — On dit que d'abord les gaz émanés du cœur brisaient les vases de cristal, que c'est pour cette raison qu'on l'a enfermé dans cette bombille munie de trous respiratoires, et que, depuis lors, le vase ne s'est plus rompu et les épines ont poussé.

Je réponds : 1º Bien que la rupture des vases antérieurs à celui-ci soit certaine, on en ignore la véritable cause.

2º Je ne nie pas que des gaz émanés du cœur, s'il en possédait, et dilatés par l'action atmosphérique, n'aient pu briser les vases dans lesquels il était enfermé : mais cela ne suffit pas pour expliquer naturellement le phénomène des épines. Du reste, je puis attester et j'atteste que sans air ni gaz internes se dilatant, différents vases de cristal et de commun usage à table, et complètement ouverts à l'influence de l'air, se sont brisés spontanément, sans qu'on pût expliquer ce phénomène par un passage brusque d'une température élevée à une autre opposée. C'est ce que j'ai vu à différentes reprises dans des maisons de Filles de la Charité, en des saisons et altitudes diverses : parfois j'entendis moi-même le bruit produit par la solution de continuité des parois du vase.

3° Comment ces gaz ou cet air, si longtemps comprimés, et enfermés dans le cœur, ne se sont-ils pas dilatés de manière à le déchirer? Comment ont-ils brisé le vase de cristal après être sortis du cœur, bien que dans le vase ils fussent plus à leur aise que dans le cœur? Cette rupture du vase ne doit donc point être attribuée à aucun des gaz émanés du cœur, mais à d'autres causes atmosphériques inconnues, s'il y en a; et, s'il n'y en a pas, elle doit être rapportée à une disposition secrète de la Providence.

4° Si l'on admettait la fracture par l'air ou par des gaz internes, il faudrait admettre également quelque degré d'humidité que Messieurs les docteurs reconnaissent ne pas exister dans le cœur, et par conséquent une nouvelle difficulté. Comment, avec cette humidité, la plante n'a-t-elle pas poussé quand la semence était dans le cœur? Pourquoi pousse-t-elle quand cette semence tombée dans la poussière manque absolument de toute trace d'humidité?

5° On dit que les ouvertures laissées dans le couvercle ont pu donner passage aux semences de ces productions zoologiques.

Absolument parlant, il est possible, quand il existe

des trous, que quelque semence s'introduise ; mais cela est impossible d'une impossibilité morale et rationnelle. D'où sont sorties ces semences ? Comment se sont-elles présentées à de si grandes distances les unes des autres ? Et toujours la même semence, donnant la même tige, semblable à une épine, sans feuilles, sans fleurs, sans branches, sans racines visibles, sans aucune de ces choses qui accompagnent toute végétation ? Comment se conservent-elles depuis tant d'années, et comment se développent-elles, dépourvues toujours de tout ce qui est inhérent aux productions végétales de cette classe ? Comment les deux plus grandes ne se sont-elles pas desséchées et détruites depuis l'année 1836 ou plutôt 1835, où elles ont apparu ? Quelle est cette plante ?

Supposons que ces semences sont venues de la campagne : elles ont volé à travers les airs, elles ont parcouru la ville, elles sont entrées dans l'église du couvent, elles ont pénétré dans la tour, cherché l'endroit où se trouve le reliquaire du cœur, et découvert les trous respiratoires ; elles se sont introduites dans le vase, ont passé par-dessus le cœur excorié, sans s'y arrêter, sont descendues jusqu'à la poussière et s'y sont enfoncées ou non ; puis sans sève aucune et se contentant de celle qu'elles portaient, elles ont donc produit la fermentation, le développement spontané du germe et l'excroissance zoologique.

Et elles ont donné précisément cette production si rare, qui ressemble à une épine allongée et sèche ! et non une, ni deux, ni trois, mais quinze ! et à des époques si espacées ! Et le phénomène s'est reproduit dans ces diverses reprises ! Et toujours la même semence, toujours la même forme, toujours la même couleur, toujours indiquant la même provenance, sans jamais sortir du cœur à l'air, mais s'enfonçant dans la poussière pour s'élever ensuite !

Et comment pousse cette espèce de semences, répétées tant de fois, et à des époques si éloignées ? Pourquoi ne se sont-elles pas déposées, même une seule fois, dans le reliquaire du bras qui occupe l'autre moitié du même tour ? Cela démontre qu'il n'y a pas seulement impossibilité morale, mais encore impossibilité rationnelle, pour l'introduction de semblables semences.

Et quelle est cette semence ? Est-elle femelle ou mâle ? Comment a-t-elle précisément cette couleur de cannelle, semblable à la couleur ou aspect général du cœur, et non à la verte ou à aucune autre ? Comment les épines sont-elles seules, longues, fines, et, à leur extrémité, semblables aux pointes d'une fourchette ? Où est l'origine de cette plante dont on ne trouve pas de trace ?

Conséquence.

Vu avec beaucoup d'attention et de soin, à différentes reprises, et sous une lumière abondante, le cœur momifié, sec et aride de sainte Thérèse de Jésus, ce cœur enfermé hermétiquement dans un vase de cristal qui le préserve de toute influence atmosphérique directe ;

Vu le sédiment en forme de poussière sèche et aride, qu'il provienne de membranes désagrégées, de gaz condensés, ou de résidus dégagés et qui se trouvent déposés au fond du vase ;

Vu que le tout, parfaitement garanti de l'air, se trouve également à l'abri de l'humidité et de la chaleur, selon que le temps et le local le permettent ;

Vu l'apparition à l'intérieur du vase de *quinze* excroissances zoologiques en forme *d'épines sèches* de plus ou moins grande dimension, selon qu'elles ont poussé en des temps distincts et fort séparés, le cœur momifié et la poussière n'étant pas d'eux-mêmes une matière disposée *immédiatement* pour la production végétative ;

Vu le manque d'humidité indispensable pour la fermentation de la semence qui devait donner un produit végétal ;

Vu la privation (probable) de l'air nécessaire à la production de la plante et à sa conservation ;

Vu que ni l'air, ni la semence, ni l'humidité, ni la chaleur n'ont (probablement) concouru à la production quinze fois répétée, à des époques distantes et très séparées, et que par conséquent il n'y avait dans le vase ni les substances ni les sucs nécessaires à la végétation ;

Vu que l'existence simultanée des épines ou excroissances zoologiques, qui ont apparu à diverses époques, a dû et doit nécessairement, selon les lois naturelles, absorber et épuiser les substances propres et assorties à leur nature pour leur conservation et leur développement ;

Vu que cette continuelle absorption aurait dû épuiser les sucs à peu près nuls qu'il a pu y avoir à la rigueur à l'intérieur du vase, et que, par conséquent, les excroissances auraient dû se dessécher, se rider et mourir ;

Vu qu'au lieu de vérifier en elles-mêmes cette loi immuable de la nature, les épines se multiplient pendant l'espace de quarante années, et se conservent toutes avec des grandeurs différentes et avec la vigueur qu'elles avaient à leur origine ;

Vu l'impossibilité pour l'homme de fournir avec son industrie la semence, l'humidité, la chaleur et l'air convenables pour la production végétale zoologique en question ;

Vu l'avis des docteurs quant aux circonstances et conditions dans lesquelles se trouvent les épines de son cœur béni ;

Considérant que la science n'a pas donné jusqu'ici

d'explication satisfaisante au sujet de l'apparition et de la conservation des *quinze* épines, des racines et des autres phénomènes qu'on remarque dans le cœur privilégié de ce séraphique et mystique Docteur sainte Thérèse de Jésus, lequel cœur est si religieusement gardé et honoré dans le couvent modèle de l'Incarnation de la ville d'Alba de Tormès ;

Et enfin, considérant tous les antécédents portés dans cet écrit, et appuyés sur le motif qu'ils offrent et dont je laisse la gravité et l'importance au critérium des savants, en la soumettant au jugement et à la décision de la sainte Eglise, je suis d'avis :

1° Que les excroissances appelées épines sortent et toutes du cœur de sainte Thérèse de Jésus conservé dans une bombille de cristal fermée ;

2° Que les épines sortent toutes du sommet ou pointe en son côté gauche, lorsqu'on a en face la blessure faite par le Séraphin ;

3° Que toutes et chacune des choses qui concourent à ce fait sont admirables, et que les épines, attendu l'ensemble des caractères que dans ces circonstances données elles présentent dans leur apparition, conservation et croissance, dépassent les lois de la nature, sont prodigieuses, miraculeuses, et œuvre spéciale de la main du Seigneur.

Telle est mon opinion particulière au sujet des épines ou excroissances et des autres phénomènes que l'on remarque dans le reliquaire où se trouve enfermé le cœur blessé de sainte Thérèse de Jésus à Alba de Tormès : après avoir examiné les avis des docteurs et les objections qui m'ont été présentées contre le caractère surnaturel des faits en question, j'ai tâché de répondre aux difficutés avec des observations et sans discuter ; je suis même descendu quelquefois à des explications qui peuvent passer pour superflues.

Je présente ces réflexions sans caractère officiel et sans appareil scientifique, et seulement en manière de notes qui m'aident à donner une grande idée du Séraphin humain appelé Thérèse de Jésus, et une idée infiniment plus grande du Dieu Très-Haut et notre Seigneur, qui laisse tomber sur la terre de telles étincelles de sa puissance, de son amour et de sa gloire.

J'adore les hauts desseins de Dieu dans ces puissantes manifestations de la bonté ineffable et avec toute l'effusion de mon âme je confesserai combien le Seigneur est grand dans ses saints, et combien il est magnifique et sage dans toutes ses œuvres. Béni soit-il. Béni et loué soit éternellement notre divin Rédempteur Jésus.

Salamanque, le 27 novembre 1873.

Nemesio CARDELLACH.

Apparition ou découverte des épines.

On appelle épines des excroissances ou productions spontanées, en forme d'épines, que l'on remarque dans la bombille de cristal qui renferme le béni Cœur de sainte Thérèse de Jésus, et qu'on voit sortir et s'élever de la poussière déposée au fond. Il n'est pas question de ces épines dans le procès instruit en 1725 au sujet de la transverbération, bien qu'on y fasse mention d'une légère vapeur, taie ou ternissure qui couvrait en partie la paroi intérieure du fanal. Une chose aussi remarquable que les épines n'aurait pas passé inaperçue : donc, nous devons être persuadés qu'elles n'existaient pas alors.

A cette époque-là, le Seigneur voulut faire connaître la blessure produite par le dard du séraphin du ciel dans le cœur du séraphin de la terre, la sainte Mère Thérèse de Jésus, pour que l'amour de Dieu se ranimât dans le monde. Cet appel suffirait dans les desseins de Dieu pour produire un semblable résultat, et enflammer les cœurs de vifs désirs du ciel et de l'éternité glorieuse ; mais les hommes ne surent pas en profiter. Le monde continua de tourner, les choses n'interrompirent pas leur cours ordinaire, les hommes ne cessèrent pas de fomenter leurs passions et de satisfaire leurs vices, ni la terre entière de poursuivre Dieu de sa haine et de ses blasphèmes. O folie inconcevable! Le monde court sans frein vers un abîme qu'il ne connaît pas. L'homme se précipite aveuglément à sa perte, et ne veut pas revenir à lui : il ne tient aucun compte des cris qu'on lui adresse, ni des pierres qu'on lui jette, ni de la houlette dont on le menace. Pauvre homme! Où vas-tu ? Que deviendras-tu ?

Le mal s'est développé, il a pris des proportions gigantesques, tous désespèrent du remède. Heureusement que la miséricorde de Dieu n'a pas encore fermé son sein, et que la source du salut éternel n'est pas tarie. Dieu est prêt à guérir le monde : mais, comme les hommes n'ont pas voulu profiter de l'invitation de son amour, il prétend qu'ils se reconnaissent et s'humilient par la force d'une crainte salutaire : il veut qu'ils se retirent ainsi du mal : il veut qu'ils rentrent dans le sentier du bien par la résurrection de leur foi et la pratique des bonnes œuvres.

Les épines qui poussent au bas du cœur béni et qui l'entourent sont une menace perpétuelle de grands châtiments, après un vif appel à un ardent amour. Promesses et menaces, espérances et châtiments, ciel et enfer : telle est la conduite qu'observe continuellement le Seigneur dans le saint Evangile.

En haut, dans la partie intéressante, dans le centre du cœur se trouve la grande blessure d'amour, toujours

ouverte et appelant les âmes au salut. Elles refusent!...
En bas se montrent à propos les épines dont on nous menace, si comme des brebis égarées nous ne retournons pas au bercail à l'appel du Souverain Pasteur. O Jésus très clément! Mille grâces vous soient rendues pour votre bonté ineffable! Ayez pitié de nous!

I

DÉCOUVERTE DES ÉPINES

Le Seigneur fait tout avec nombre, poids et mesure, et dispose tout en temps opportun. Dieu ne se trompe ni ne peut se tromper en ce qu'il fait. Toutes choses vieillissent comme un vêtement, et les hommes changent et se meuvent en tous sens comme les feuilles des arbres : mais vous, Seigneur, vous êtes toujours le même et vous demeurez dans les siècles des siècles. Soyez béni!

C'était aux jours néfastes de l'année 1836. L'impiété avait levé la tête. Bien des milliers d'âmes consacrées à Dieu avaient été arrachées à leur religieuse et chère retraite, et, comme des colombes dispersées, elles allaient par toutes les nations cherchant une branche solitaire pour y poser leur pied mal assuré.

Que de vies tranchées dans leurs précieuses années! Que de temples du Seigneur renversés au souffle de l'ouragan révolutionnaire! Que de sang et de larmes!

Là est le doigt de Dieu. Les hommes de tout état et de toute condition avaient fermé l'oreille aux appels clairs et pénétrants de l'amour de Dieu. Les haines, la torche de la discorde, les massacres, la destruction et les calamités publiques vinrent ensuite. Le Seigneur se sert des hommes pour châtier les hommes ; mais il ne laisse pas impunie la verge dont il se sert : indigné ensuite contre elle, il la jette sans pitié dans le feu terrible qui ne s'éteindra jamais.

Quand l'orage fut passé, la veille de Saint-Joseph, après les matines qu'on dit à minuit (la nuit du 18 au 19 de mars 1836), sœur Paule de Jésus visita le Cœur de sainte Thérèse, et remarqua, avec grand étonnement, les deux premières épines, qui sont, en effet, les plus développées, les plus longues et les plus épaisses. « Elles étaient très petites quand on les aperçut, dit la relation, mais aujourd'hui (5 juin 1870) elles ont déjà plus de deux pouces de haut. » Cette croissance lente, quoique progressive, indique que les épines remonteraient à l'année précédente, 1835. Quelle coïncidence !

Après un semblant de calme vinrent pour l'Eglise de nouveaux jours de deuil et de tempête : et, le 27 août 1864, jour où les religieuses célèbrent la fête commémorative de la transverbération du Cœur de la séraphique Thérèse, qui a mérité le titre de Docteur, elles distinguèrent pour la première fois une troisième épine. Nous lisons dans la relation indiquée : « Cette troisième épine, alors très petite, était comme la pointe d'une épingle, et maintenant elle a déjà environ un pouce de haut.

Les Mères Carmélites parlent d'une quatrième qu'elles auraient remarquée ; mais elles n'en paraissent pas sûres. Peu importe. MM. Elena et Sanchez et les autres docteurs signalent son existence et sa hauteur d'environ cinq millimètres.

M. Estevan semble indiquer qu'il en existait d'autres au temps où il fit son observation ; de plus, il en mentionne d'autres de figure arboriforme : comme les épines n'ont pas cette forme, je pense qu'il veut parler de celles que j'appelle racines ou petites branches.

Le *trois mai,* fête de l'invention de la sainte Croix, j'entrai pour la seconde fois dans le camarin ou trésor de la Sainte. Je plaçai le reliquaire dans l'embrasure de la fenêtre ; et, non seulement je me confirmai dans la vérité des quatre épines, mais, de plus, j'en distinguai clairement une autre, sortant presque de la racine ou extrémité de la grande épine pointue. C'est une épine poussant sur une autre. Elle a la grosseur de la troisième épine et la même couleur. Elle pousse et croît horizontalement vers le côté gauche du cœur. Sa forme est crochue, et elle s'avance par-dessus la poussière, qui la recouvre presque, et dans laquelle elle paraît cacher sa pointe. On ne la voit point dans la partie antérieure, mais dans la partie postérieure du cœur, et à moitié de l'espace qui sépare le sommet du cœur et le fond du vase.

Sa découverte fut due au hasard. Je projetai le foyer de soleil, rassemblé par la lentille, sous le sommet du cœur, espérant voir, entre les fils qui le soutiennent, descendre quelqu'une des épines : il me parut, en effet, qu'il en était ainsi ; mais mon attention fut attirée par cette épine poussant sur une autre, et qui peut avoir au moins trois à quatre millimètres de longueur.

De nouveau je dirigeai la lumière solaire au-dessous du cœur, et toujours elle me fit distinguer la même couleur rougeâtre des grandes épines entre la couleur noirâtre des fils qui soutiennent la sainte Relique. Toutefois je ne me fiai pas à ma propre vue, qui aurait pu facilement me tromper.

Je priai la Révérende Mère prieure et deux autres religieuses, qui assistaient voilées à cet examen, de bien regarder, à l'aide de la loupe, tant au-dessus du cœur que vers la base de la grande épine pointue. Elles crurent, comme moi, apercevoir, entre les fils, l'épine descendant au-dessous du cœur, et elles affirmèrent aussi l'existence de cette épine qui, à la façon d'un rejeton, poussait sur une autre.

Lors de ma première visite, le vingt-neuf avril de cette année, je m'étais arrêté à l'aspect général du saint Cœur, à sa blessure, aux épines déjà connues, aux dimensions approximatives de toutes ces choses, au sédiment, aux fils, etc., et tout cela me servait à rendre de continuelles louanges au Seigneur. La découverte de l'épine crochue excita autant ma curiosité, et je pris congé des sœurs en leur annonçant pour bientôt une troisième visite, si elles me la permettaient. Cette visite eut lieu en effet; et en voici le détail.

Sept mai. — Je portai le reliquaire dans le trésor d'en haut, afin d'avoir plus de lumière, et, au moyen de la lentille, je projetai le foyer solaire sous la pointe du cœur : je me confirmai davantage dans mon opinion qu'une épine sortie de la pointe du cœur descendait entre les fils : mais je ne le puis assurer.

Je faisais parcourir à la lumière concentrée la poussière du fond du vase, mais inutilement. Je me fixai sur les grandes épines pour examiner leur couleur, et je notai deux choses : 1° Que leur couleur est celle de la cannelle, forte, belle, unie, fine et soutenue; 2° que les deux grandes épines ne sont pas rondes, mais anguleuses de haut en bas; ou plutôt de la base à la pointe, à la façon des clous. Si je m'en souviens bien, elles perdent cette forme vers l'extrémité aiguë.

J'observai aussi que la troisième épine, sans être épointée, n'a pas de pointe; mais que vers son extrémité elle a comme des barbes de plume, à la façon des flèches, ce qui serait peut-être une pellicule ouverte et étendue à l'air; sa couleur est la même que celle des premières épines.

En mettant le vase dans différentes positions et en regardant dans des directions distinctes, surtout en interposant le vase entre ma vue et le pur azur du ciel et en regardant ensuite comme de côté, autant que la construction du reliquaire le permettait, je distinguai clairement *cinq* épines nouvelles. J'en éprouvai une vive impression et je rendis grâces au Seigneur.

Pour bannir toute espèce de doute, j'appelai la Mère prieure, et je lui indiquai le point où elle devait fixer son attention : elle regarda, et, à la grande joie de son âme, elle trouva aussi les cinq épines. Deux autres religieuses eurent le même bonheur.

Je me demandai toutefois si ce n'étaient pas des raies dans le cristal, car leur grande finesse n'était pas de nature à me rassurer; mais, en changeant le reliquaire de position, je me convainquis que c'étaient bien des épines. Je ne cessais de bénir Dieu, auteur de si grandes merveilles.

Treize mai, jeudi. — Je répétai mon examen : à bien des reprises, je regardai et observai tout avec la plus grande attention, et je ne vis rien de nouveau; mais je me confirmai dans mes remarques précédentes.

Je dois rapporter ici un incident qui attira vivement mon attention. Etabli dans l'embrasure et sur l'appui de la fenêtre du Trésor supérieur, j'examinais avec le plus grand intérêt les épines, et je m'efforçais de distinguer avec plus de clarté leur origine. Il me sembla entendre... (pourquoi ne pas dire ce que je pense) pour moi, je suis certain que j'entendis sonner le cristal comme frappé par un grain de sable, ou avec la tête d'une épingle. Je me retournai et je cherchai si je n'avais pas endommagé le vase.

« Est-ce le petit coup ? » demanda une religieuse. — « Oui, Madame », répondis-je. » J'ai craint d'avoir cassé le cristal. « Ce n'est pas cela », reprit-elle. « Parfois, quand nous prions, ces coups sont tellement multipliés, qu'ils nous troublent quasi. Mais ce qui appela bien davantage l'attention de la Communauté, ce furent les coups entendus dans le Tombeau de la Sainte. Ils furent de même nombre que les hommes qui entrèrent, depuis, dans le Trésor, pour faire l'inventaire de tout. »

Mieux informé au sujet des coups que l'on entendit dans le Tombeau de la sainte Mère, à l'époque dont je parle, je vais raconter ce qui se passa, selon une relation tout à fait digne de foi que j'ai entre les mains.

« Quelque temps avant la révolution (de Septembre), dit la relation, on entendait, dans le chœur, craquer les verres des tableaux encadrés, particulièrement un jour que nous étions là deux ou trois religieuses. Nous allâmes ensemble voir si le verre s'était brisé, mais il n'y avait rien. D'autres fois c'étaient les vitres du chœur qui faisaient entendre des bruits comme ceux que vous avez entendus en haut dans le trésor. La religieuse, âgée de soixante-quinze ans, qui est maintenant malade, simple comme un enfant et sujet d'édification pour le couvent, fut celle qui entendit, pendant l'oraison de communauté, et elle seulement, comme des hommes qui marchaient dans le chœur, et qui faisaient du bruit avec leurs talons. Elle demanda : « Qui vient par ici ? » et nous lui répondîmes toutes : « Mais il n'y a personne !... » et les choses en restèrent là.

« Quant aux coups entendus dans le tombeau, voici ce qu'il en est. Quelque temps après la Révolution, la Mère Prieure se trouvant, après la récitation des Matines, dans le trésor d'en haut, à onze heures du soir, se demandait tout affligée et toute tremblante si l'on nous chasserait du couvent : elle entendit un coup vigoureux dans le tombeau de la Sainte, ce qui la jeta dans une grande terreur. Mais, pensant que c'était une illusion, elle resta jusqu'au troisième coup : alors elle descendit à la hâte tout épouvantée. Elle vint à ma cellule, où je venais de rentrer. Quand je la vis pleurer et être si affectée, je lui demandai ce qu'elle avait. « Ah! ma mère, me dit-elle, ils vont nous chasser... J'ai entendu trois grands coups dans le tombeau de la Sainte. » Quoique effrayée moi-même, je lui dis pour la rassurer : « Non, ma mère, la Sainte veut plutôt nous dire de ne pas craindre, et qu'elle est là pour nous protéger. »

« Après cet incident, deux autres religieuses, à une date que je n'ai pas retenue, entendirent sept coups frappés dans le tombeau, et elles en furent aussi effrayées. Or, quand les hommes de la Révolution entrèrent dans la clôture pour faire l'inventaire (certes nous eûmes grand'peur ce jour-là, car nous ne savions pourquoi ils venaient), nous observâmes qu'ils étaient dix. C'était précisément le nombre des coups entendus dans le tombeau : les trois premiers avec les sept autres. Voilà en résumé ce qui se passa dans cette circonstance. »

J'ai aussi entendu raconter qu'on avait entendu un mouvement dans le tombeau de la sainte Mère, comme celui d'un corps qui changerait de position, et qui se tournerait d'un côté sur l'autre. C'est toujours Dieu qui opère les miracles, et toujours les hommes ferment volontairement les yeux à la lumière.

Les petits coups dont j'ai parlé furent pour moi au nombre de cinq. Les jours précédents, ils n'avaient pas attiré mon attention, lorsqu'ils se produisirent. Voulaient-ils signifier les cinq épines qui s'étaient montrées? Ou bien voulaient-ils peut-être rappeler qu'il était l'heure du silence et de l'oraison, et la Sainte nous avertissait-elle, de cette manière, d'être plus recueillies et de mieux observer la sainte Règle? Je fis part de cette pensée aux religieuses, mais elles m'assurèrent qu'en d'autres occasions, elles entendaient aussi ces coups, et n'en comprenaient pas la signification.

Cette séance dura de quatre heures à cinq heures et demie.

Pour en revenir à ma découverte, le changement de position du vase de cristal démontre clairement l'existence de ces nouvelles épines.

Une autre preuve, c'est qu'on les voit sortir de la poussière les unes après les autres.

Enfin si c'étaient des raies dans le cristal, elles paraîtraient noires par l'effet de la poussière : mais elles sont unies, blanchâtres et brillantes, indépendantes les unes des autres, se croisant ou non, selon le point de vue sous lequel on les regarde.

Dix-huit mai. — Ce jour-là j'allai prendre congé de la Sainte, car le lendemain, dix-neuf, je devais partir pour la mission de Cantalapiedra. J'entrai pour la dernière fois dans cette religieuse retraite; je baisai, comme les autres fois, les briques de la cellule où vécut et mourut la Sainte, et que les religieuses ont convertie en oratoire; je montai au Camarin ou trésor, et, avec une nouvelle ardeur, je repris l'examen du cœur béni.

Comme je connaissais parfaitement ce qu'il y avait dans le reliquaire, je m'en occupai sur-le-champ et sans perdre de temps. Je me confirmais dans ce que je savais, je vérifiais mes notes, et chaque fois la conviction le respect et l'amour pénétraient plus avant dans mon cœur. Je ne cessais de bénir le saint nom de Dieu.

Avec la lentille je projetais la lumière du soleil tantôt sur un point, tantôt sur un autre : tout à coup mon attention se porta sur quelques lignes brillantes et blanchâtres que je crus apercevoir. Un cri de joyeuse surprise s'échappa de ma poitrine. « Qu'y a-t-il ? » demandèrent les filles de Thérèse. « Voyez, voyez ici... Regardez bien fixement et avec grande attention. »

Elles se mirent à observer, et, comme moi, elles virent

clairement un nouveau groupe. *Cinq épines de plus!*...

Elles se trouvent à la partie postérieure du cœur, et sortant toujours de la poussière. Du sommet de la pointe du cœur semble sortir une forêt d'épines!... Dieu saint! quel mystère renferment tant d'épines!...

Parmi ces épines se trouve la noire que j'ai placée entre les fils ; mais elle a la forme d'une épine, bien qu'elle n'ait pas la couleur des autres. Quand on la regarde en face, elle ne paraît qu'un point noir : mais en baissant la tête et en regardant en haut, on la voit sortir de la poussière, courir horizontalement jusqu'à la surface intérieure du vase, et se courber alors pour monter.

Je remarquai aussi plus bas que la grande épine pointue, et, je crois, tout contre la bombille, comme un segment d'arc noir, que je présume être l'effet produit par la vue de l'épaisseur du cristal. Ce pourrait être autre chose; mais je n'ai pu acquérir aucune certitude, ni aucune présomption fondée. Tant de choses nouvelles pour moi me remplissaient d'étonnement et de bonheur.

Ce jour-là j'entendis de nouveau les petits coups dans le cristal. Ils furent au nombre de cinq, comme les nouvelles épines que je venais de découvrir.

Au sortir du trésor, pendant que je portais serré contre mon cœur le cœur de la séraphique Thérèse de Jésus, je fus impressionné par un sixième coup dans le cristal. « La Sainte est très polie, dit une religieuse ; elle vous témoigne sa reconnaissance en vous disant adieu. »
— « Béni soit le Seigneur! Que la Sainte nous protège, que le Seigneur nous bénisse, et fasse descendre aussi en nous l'esprit qu'il communiqua à sa fidèle servante et Epouse bien-aimée. »

Je déposai avec beaucoup de respect le reliquaire dans son tour, je baisai cet endroit sacré, je pris congé de la Sainte ainsi que de ses pauvres religieuses et filles, si empressées et si heureuses, et, le cœur et l'esprit remplis de saintes impressions, je sortis de cette enceinte sacrée qui m'a ravi l'âme. Heureux celui qui pourrait y fixer son séjour !

Que peuvent signifier ces onze épines indiquées et découvertes par moi ?

Je ne le sais. Je sais seulement que, au mois de mai 1875 où nous sommes, il y a sept ans et huit mois qu'eut lieu une révolution épouvantable, hautement impie et destructrice de tout ce qui existait, guerre infernale, satanique, qui a démoralisé et corrompu, jusqu'au dernier recoin, l'Espagne et le monde, qui a perverti les esprits, et soulevé les citoyens contre les autorités, les ouvriers contre les propriétaires, les fils contre leurs pères, les frères contre leurs frères, les pauvres contre les riches, tous enfin contre l'amour ineffable de Dieu, contre sa grandeur, sa majesté et son pouvoir infinis. O aveuglement ! ô folie ! Miséricorde, Seigneur, miséricorde !

Vu le lent accroissement des épines, nous pouvons croire que les premières de ces onze dernières commencèrent à paraître au début du changement politique qui renversa le trône de la reine Isabelle et la jeta sur la plage étrangère : changement politique qui a bouleversé l'Europe et le monde. L'année 1868 sera à jamais et tristement célèbre. Les dernières épines ont poussé dès lors, parce que depuis cette époque le feu vomi par l'abîme a toujours été vif et flamboyant. Qu'on médite bien sur ce sujet, et qu'on voie où nous sommes et où nous allons.

II

NOMBRE DES ÉPINES

Sans compter les excroissances que j'appelle fils d'archal, ni celles que je désigne sous le nom de racines ou de petites branches, et en n'énumérant que celles qui ont la forme et qui méritent le nom d'épines, on en trouve *quinze*. Comme je l'ai dit, elles ne se sont pas présentées toutes à la fois, mais elles sont sorties en divers temps, et elles se développent par une action mystérieuse, qui n'est pas du domaine de la science. Il y a un œil qui voit tout, une intelligence qui a tout calculé et prévu, et une main infiniment puissante qui exécute et dirige tout vers des fins sublimes. Seigneur, qui pourra pénétrer vos desseins ?...

De ces quinze épines trois furent découvertes et signalées avec précision par les religieuses. La quatrième fut indiquée par elles, et déterminée par les docteurs qu'on avait chargés d'examiner le cœur, et de faire un rapport d'après leurs observations.

Les onze autres ont été découvertes, signalées et déterminées par moi, de la manière et dans les jours sus-indiqués.

III

SITUATION ET GRANDEUR DES ÉPINES

Comme le premier coup d'œil qu'on jette sur le cœur porte sur la partie antérieure où se trouve la blessure, de là vient que la droite ou la gauche dépendent de la manière de voir de chacun. Quant à moi, quand je dis la droite ou la gauche du cœur, il faut comprendre que l'on a devant soi la blessure. Je ne veux jamais indiquer ainsi ma gauche ou ma droite, mais la gauche ou la droite du Cœur béni de ce Séraphin de la terre que l'on appelle sainte Thérèse de Jésus.

1836. — Dans la nuit du 18 au 19 mars, après matines, sœur Paule de Jésus fut la première qui vit les deux grandes épines qui se dirigent de chaque côté du saint cœur. Elle laissa en mourant une note écrite de sa main et que j'ai lue moi-même. Elle dit que, affligée de la persécution de l'Eglise, et de l'expulsion qui menaçait les religieuses, il lui arriva de regarder le saint cœur et de prier la Sainte, et qu'alors elle remarqua ces deux premières épines. Deux des sœurs qui les virent en 1836 vivent encore, et l'une d'elles est la Mère Prieure actuelle.

1870. — En cette année elles remirent une relation au T. S. Père Général, et elles affirment que les épines ont plus de deux pouces de haut.

1864. — La troisième épine fut remarquée le 27 août de cette année, et elle était comme la pointe d'une épingle; mais en 1870, où les sœurs firent leur rapport, elle avait environ un pouce de haut. Selon le même rapport, il leur semblait en apercevoir une autre, mais elles ne le donnaient pas comme certain.

1873. — Les Docteurs Elena, Sanchez et Estevan Lorenzo donnent à l'épine de droite cinquante-neuf millimètres; à celle de gauche sans pointe cinquante-trois millimètres, à la troisième, dix-huit millimètres, et à la quatrième, cinq millimètres.

1875. *Vingt-neuf avril.* — Les mesures que je vais donner ne sont pas certaines, mais approximatives. Le vase de cristal qui enferme ces épines ne permet pas de les mesurer exactement.

La grande épine avec pointe, que l'on voit au côté droit de la blessure, sort du côté gauche en arrière du cœur, passe par derrière, en effleurant peut-être la courbe que forme le sommet du cœur, s'élève à environ trente-six ou trente-huit degrés, et va presque toucher avec sa pointe la paroi ou face intérieure du fanal.

On la voit sortir à environ deux ou trois millimètres du fond du vase. Sa grosseur est également de deux à trois millimètres à la base ou racine ; mais plus loin elle s'amincit pour se terminer en pointe. Sa longueur est d'environ six centimètres.

En projetant sur cette épine les rayons du soleil que la lentille concentrait, j'observai qu'elle n'était pas ronde, mais que, dans le sens de la longueur, elle présentait des fibres ou arêtes. Avec plus d'attention encore, je me convainquis qu'elle avait une forme carrée comme celle des clous, mais avec moins d'exactitude. Les religieuses qui étaient présentes éprouvèrent la même impression. On remarque aussi cette forme dans la grande épine de droite.

La couleur de cette épine, qui est la même que celle de l'autre grande épine et de la troisième, est celle de la cannelle, forte, suivie, claire et belle.

Trois mai. — Ce jour-là, je découvris que de cette même épine, à deux ou trois millimètres de hauteur, et en direction horizontale vers la droite, il sort, en façon de crochet, une autre épine robuste et, à ce qu'il semble, courte, bien qu'on n'en voie pas la pointe. Je pense qu'elle cache sa pointe dans la poussière. Son épaisseur est, pour le moins, celle d'une grosse épingle, et égale à celle de la troisième épine : elle a la couleur du tronc d'où elle sort. Sa longueur paraît être de trois à quatre millimètres.

Ayant la blessure en face, on ne remarque pas d'autre épine du côté droit. Mais c'est de ce côté que l'attention est attirée par ce que j'appelle les *fils d'archal,* et qui peut-être sont autre chose. Les religieuses assurent que d'abord on ne les voyait pas, et qu'ils doivent croître comme les épines.

L'un d'eux est petit, et a en longueur deux à trois millimètres ou quatre. Le plus grand est fort long : il monte en serpentant, se retire en arrière, passe derrière la grande épine inclinée, remonte toujours d'une façon irrégulière, et va toucher la paroi du vase de cristal.

L'autre grande épine, remarquée en même temps que la première, est obtuse ou épointée. Elle occupe la gauche du cœur, et monte parallèlement à la bombille. A très-peu de chose près, elle a la même grosseur et la même couleur que la première. Toutefois, il est possible qu'elle soit un peu plus forte, et c'est mon avis. Sa longueur est à peu près de cinq centimètres et demi, et son inclinaison d'environ quarante-cinq degrés.

Mais pourquoi est-elle sans pointe? Les docteurs pensent qu'elle s'est brisée quand, en croissant, elle a frotté contre la paroi ou face intérieure du fanal. Ce n'est pas mon avis. Si, en montant, elle avait touché le cristal, elle aurait changé de direction, et rien de plus. Je pense donc qu'il y a une autre cause qui lui a fait perdre sa pointe.

Les épines ne sont pas plantées dans le cristal ni soutenues par la poussière. Celle-ci, à sa naissance, descendait, s'allongeait, et, rencontrant la paroi de cristal, elle dut s'infléchir ou prendre une courbure plus forcée, et c'est dans cette violence qu'elle perdit sa pointe.

Toutes les épines, grandes ou petites, grosses ou minces, sont très droites, parfaitement droites, au moins celles des deux groupes que j'ai découverts; et si les grosses ont perdu une partie de leur rectitude, elles le doivent à leur prolongation jusqu'au cristal.

Cette seconde épine sort dans la partie antérieure et à gauche du cœur, entre le sommet de ce viscère et la bombille, à environ deux millimètres de la paroi.

La troisième épine sort un peu en arrière de la seconde, et un peu plus près de la pointe du cœur; elle a de deux et demi à trois centimètres de haut. Sa force est celle d'une grosse épingle commune : elle a la même couleur que les précédentes.

Il y a ceci de particulier dans cette épine, que l'extrémité possède vers la gauche, et à environ deux ou trois millimètres de la pointe, quelque chose comme des barbes de plume, mais de même couleur que l'épine. On dirait une pellicule ouverte et déployée en aile, qui lui donne l'air d'une flèche.

En suivant l'ordre de découverte, j'arrive à la quatrième. Pour la voir, il faut retourner le reliquaire et regarder le saint cœur par la partie opposée. Elle prend racine du côté droit qui correspond au côté gauche, et sort presque à la base de la grande épine décrite en premier lieu. Elle monte en s'inclinant vers la paroi de la bombille, qu'elle arrive presque à toucher. On la voit sortir entre le pied de la grande et le fond du vase. Sa couleur est un peu faible, mais elle commence à prendre le rouge cannelle. Elle peut avoir deux centimètres de long, et une inclinaison de quarante-huit degrés. Elle est grosse comme une fine aiguille à broder.

Sept mai — Ici, ce n'est pas une épine, mais un groupe que j'ai à faire remarquer : il se trouve dans la partie antérieure du cœur. Tout à l'heure j'en indiquerai un autre dans la partie postérieure. Tous les deux sont à gauche, quand on a en face la transverbération.

Ce premier groupe se compose de cinq épines. Elles sont, comme celles de l'autre, minces et fines, à peu près comme un fil de toile d'araignée, principalement celles qui sont en arrière du groupe. Elles ressemblent aux arêtes des petits poissons qui viennent de naître. On a quelque peine à les trouver. Toutes sont droites, blanchâtres et brillantes. La couleur des plus grandes est blanchâtre aussi, mais à leur extrémité ou pointe elles prennent une couleur roussâtre de cannelle.

La plus longue de ce groupe peut avoir trois centimètres. Elle sort vers la pointe du cœur dans sa partie la plus basse et à une distance de deux à trois millimètres. Son inclinaison est d'environ vingt-huit degrés : elle se dirige droit vers la gauche, dépasse l'épine sans pointe, et touche presque le cristal.

Entre l'extrémité inférieure de cette épine et la bombille, presque à moitié de la distance et de deux à trois millimètres plus bas, sort une autre épine qui peut avoir d'un centimètre et demi à deux centimètres. Elle s'élève droite en croisant la première.

Un peu en arrière de cette épine, entre elle et la première qu'elles ne parviennent pas à croiser, naissent deux autres épines à égale distance entre elles : elles s'élèvent droites et parallèles, et il semble que la plus voisine du cristal ait un demi millimètre de plus que l'autre.

Un peu plus au centre, vers la racine de la première, et à un, deux ou trois millimètres plus bas, s'élève droite également une cinquième petite épine d'environ trois à quatre millimètres de longueur. Sa pointe dépasse un peu la première épine, et la croise un peu plus haut que la racine.

La naissance de ces épines se trouve presque sur la même ligne horizontale et à la même hauteur que la naissance des fils dont j'ai parlé.

Cette racine, qui, à la façon d'un petit bâton, sort du côté du sommet du cœur dans sa partie gauche, et court horizontalement vers le cristal, passe par-dessus toutes ces épines.

Dix-huit mai. — Pour ce groupe il faut tourner le reliquaire et regarder le cœur dans la partie opposée à la blessure. Quand donc celle-ci est cachée, on voit entièrement la longue épine pointue, qui se dirige vers la gauche du cœur, tandis qu'auparavant elle en occupait la droite. Par conséquent, le contraire a lieu pour l'épine sans pointe.

J'ai déjà dit que la quatrième épine sort tout près de la base de la grande épine pointue : elle s'incline vers la droite du cœur, tel que nous l'avons maintenant devant nous, et atteint presque le cristal, entre lequel et la grande épine sans pointe nous le voyons s'élever.

Ce que j'appelle racine ou branche, d'aspect arboriforme, naît à un millimètre du cristal, et monte droit en croisant la quatrième épine : cette excroissance atteint au moins la hauteur de deux centimètres. A sa naissance, elle est blanchâtre ; mais ensuite elle prend une couleur fine de cannelle, propre à ces productions et commune à toutes.

A partir de l'endroit d'où sortent la grande épine pointue et la quatrième, on remarque comme un segment d'arc noir, dont j'ignore la nature. Il peut appartenir au cristal.

Vers l'extrémité de cet arc qui se trouve dans le fond même, sortent deux minces épines très fines et presque invisibles. Elles courent comme la grande, droit vers le cristal, à gauche, mais avec une direction si basse, que certainement la plus grande n'atteint pas trente degrés, tandis que l'autre en marque à peu près vingt-cinq. La plus grande monte plus haut que l'autre : mais elle reste au-dessous de la grande épine pointue, du parallélisme de laquelle elle s'écarte beaucoup, de même que la seconde se sépare beaucoup de la première. A leur naissance elles paraissent comme des pointes, et toutes deux sortent d'un à deux millimètres au-dessous de la base de la grande épine. Elles paraissent blanchâtres, et leur extrémité prend déjà la couleur roussâtre de la cannelle.

Entre la racine ou base de ces épines et la paroi gauche de la bombille lorsqu'on a devant soi la partie postérieure du cœur, sortent deux autres épines qui peuvent avoir quatre millimètres. Elles naissent et croissent parallèles, avec une inclinaison d'environ soixante-dix degrés.

Entre elles il peut y avoir une distance d'un millimètre.

Dans l'espace qui sépare ces deux épines et le segment d'arc noir dont j'ai parlé, un peu du côté des épines en question, et sous la plus basse des deux épines précédentes, fines, longues et penchées, à environ deux millimètres plus bas, on voit en face de soi un point noir. Je baisse la tête pour l'examiner, et je trouve que c'est une épine noire, plus noire que les fils dont j'ai parlé. Elle peut avoir trois millimètres, et l'on y remarque une courbure qui vient sans doute de ce qu'elle a touché le cristal avant de prendre la direction ascendante.

Dans cette position du saint cœur, ce qui paraît un fil d'archal a un autre aspect que lorsqu'on le regarde de l'autre côté.

Les petites épines de ce groupe sont tellement fines qu'elles se rendent imperceptibles. Selon que la lumière les frappe, on leur voit un certain brillant et une certaine couleur, à la façon d'un cheveu blanc.

IV

ORIGINE DES ÉPINES

Je commencerai par établir que les épines offrent toujours un phénomène admirable et prodigieux. Qu'elles descendent du cœur et s'y nourrissent, ou bien qu'elles poussent dans la poussière et y trouvent la sève qui leur convient, toujours le fait des épines reste admirable et une énigme pour la science.

Là tout est cœur : le viscère, les racines, les petites branches, les épines et la poussière sont cœur. C'est sainte Thérèse qu'on voit dans la bombille de cristal.

Si le cœur est sec, aride, momifié et incorruptible, la poussière est de même sèche, aride et inconsistante, même plus que ce viscère si privilégié.

Si le cœur ne peut de lui-même, tel que le décrivent les docteurs, donner aucun produit végétatif : la poussière, inorganique comme elle est, inféconde d'elle-même, ne peut non plus produire de végétation.

Or, les épines, de même que les racines ou petites branches, reconnaissent une origine que la science n'a pu préciser.

Eh bien, d'où procèdent-elles ?

Nous allons l'examiner. Les religieuses affirment qu'en 1836, quand pour la première fois elles aperçurent les épines, déjà les trous respiratoires dans le couvercle du cœur de cristal étaient bouchés avec de la cire, et que sur ce couvercle il y avait un petit voile décoloré que l'on conserve toujours.

Elles affirment que lorsqu'on s'aperçut de l'existence des épines, il y avait longtemps que les trous respiratoires ménagés pour la sortie des gaz émanés du saint cœur avaient été fermés, qu'il n'y avait aucun résidu au fond de la bombille, et qu'on remarquait seulement comme une légère ternissure sur la paroi de cristal.

Elles affirment donc que tout le dépôt de poussière réuni au fond du vase ou attaché à ses parois, est postérieur à la découverte des premières épines, et que, par conséquent, il ne peut avoir d'influence ni sur leur principe ni sur leur conservation.

Elles affirment aussi que, en même temps que les épines croissaient en longueur, elles se développaient aussi en épaisseur, quoique ce second développement soit plus lent en proportion que le premier.

Il n'est donc pas possible que le sédiment ait influé en rien sur la naissance et la conservation des épines, au moins des premières.

Il sera beaucoup plus impossible que la poussière extérieure entre pour quelque chose dans cette production végétative, attendu qu'avant qu'elle ait commencé, les trous étaient déjà bouchés, et que la poussière ne pouvait entrer dans la bombille de cristal.

Supposé même la possibilité de cette introduction, elle aurait eu lieu en un degré infinitésimal, et par conséquent cette poussière aurait été privée de toute influence dans le développement d'un germe, quel qu'il fût.

Je dois donc conclure que les épines, de même que les racines ou petites branches, n'ont pas leur origine dans le sédiment ou poussière, et qu'elles sortent du saint cœur.

Mais d'où procèdent-elles ?

Maintenant il y a un dépôt de résidus très notable, soit qu'il provienne d'enveloppes détachées de la surface, à la façon des ruines d'un édifice vieilli, soit qu'il vienne des gaz ou effluves émanant du cœur, soit enfin qu'en manière de lave ces résidus aient été lancés par un cratère ouvert dans le sommet du cœur.

Il est certain que le sédiment existe ; et, quelle que soit son origine, il empêche de voir clairement le sommet ou pointe du cœur. Il monte, s'élève et couvre la pointe du cœur, empêchant la vue de pénétrer plus loin et de s'assurer de la vérité.

Sous la pointe ou sommet on remarque un *amas* ou agglomération de poussière qui diffère un peu du reste quant à la couleur. Tandis que le sédiment paraît être formé de résidus du cœur, ce que j'appelle *amas* est d'une couleur semblable à celle de la pâte de riz très brun et à demi moulu.

Il y a un groupe comme de filaments ou de rognures de laine ou de chanvre, adhérant au sommet du cœur sur lequel il s'établit, et s'appuyant sur l'amas dont je viens de parler.

Or, les épines ont toutes cette direction, toutes procèdent

de ce point, toutes poussent de là, et, prenant différentes inclinaisons, elles se prolongent, croissent et acquièrent une couleur et une vigueur respectives.

Que l'on observe bien, et l'on verra que toutes les épines sortent et s'élèvent de la poussière en ce point qui est du côté gauche du cœur, quand on a devant soi la blessure.

Celles de la partie postérieure s'élèvent également de cet endroit.

Le sommet, l'extrémité de la pointe du cœur, en sa partie gauche et latérale, est l'origine, la source, la racine, le semence de ces épines.

Je me trompe : les épines procèdent du cœur par l'endroit indiqué; mais le germe se trouve dans la volonté de Dieu. Y a-t-il sur la terre des semences d'aucune sorte qui puissent donner de semblables productions?

Personne ne pourrait signaler aucun végétal de cette espèce, ni qui lui ressemblât en rien. Il ne lui ressemblerait ni dans sa naissance, ni dans sa croissance, ni dans son développement, ni dans sa conservation, ni dans sa couleur primitive, ni dans le changement si notable et progressif de cette même couleur, ni dans son manque de raison d'être, ni dans l'absence des conditions nécessaires à la vie.

En un mot les épines qui m'occupent sont une plante unique dans le monde, elles sont une véritable énigme et un mystère que, depuis quarante ans, la main très sage et toute-puissante de Dieu offre à l'examen du monde.

Donc les épines, selon mon opinion formée par l'examen attentif de l'ensemble, sortent de la pointe ou sommet du cœur en sa partie gauche latérale.

Peuvent-elles sortir de la poussière avec entière indépendance du cœur? Peuvent-elles subsister sans y être adhérentes? Peuvent-elles avoir assez de racine et d'aliment dans la poussière?... Non, Seigneur. Aucun genre de végétal ne peut naître, ni croître, ni continuer à vivre dans la poussière, dans une pure poussière.

Et pourquoi?... Parce que, de soi, la poussière est plus sèche et plus aride que le cœur, lequel, d'après le compte-rendu des docteurs, est sec, aride, momifié et improductif.

Parce que la poussière étant désunie et sans cohésion, ne forme pas une masse compacte sur laquelle puissent s'appuyer, se soutenir et vivre aucunes excroissances et moins encore aucunes productions comme celles dont il s'agit.

Attendu que les épines ne sont pas perpendiculaires, mais croissent avec plus ou moins d'inclinaison, au point qu'il y a une épine qui n'élève sa pointe qu'à une hauteur de vingt-six ou vingt-huit degrés, et attendu qu'on en voit s'élever comme du cristal même et sans l'appui de la poussière, il est complètement impossible qu'elles se maintinssent debout, et surtout dans l'inclinaison qu'elles tiennent, si elles poussaient de la poussière, qui est toujours légère, toujours sans consistance, toujours sans force aucune.

Donc les épines ne sont pas nées de la poussière, qui est toujours inféconde de sa nature, mais du saint cœur, dans lequel elles ont établi, assujetti et fixé leur racine par la main même de Dieu.

De plus, le reliquaire a été bien des fois tiré de sa place : on l'a porté, et il a éprouvé différentes secousses soit imprévues ou forcées, soit volontaires. Si les épines naissaient de la poussière, sèche, aride, inorganique, inconsistante, sans union ni liaison entre ses molécules, ce qui ne peut jamais exister dans la poussière : et si le sédiment qui se trouve dans le fanal est bien de la poussière, comme l'ont qualifié les docteurs experts, et comme il est réellement, comment et pour quelle raison ont-elles poussé et subsistent-elles ? Comment se maintiennent-elles ? Comment ont-elles pu ne pas se ployer, se briser ou tomber dans les diverses et fréquentes secousses qu'elles ont éprouvées ? Cela mérite beaucoup plus d'attention que leur sortie du cœur.

Si les épines sortent du cœur, leur consistance s'explique en partie ; si nous les supposons s'élevant immédiatement de la poussière, sans liaison avec le cœur ; nous ne trouvons plus d'explication possible.

Je dois donc conclure que les épines procèdent du cœur sec, aride, momifié, improductif, de la sainte Mère Thérèse de Jésus.

Autre réflexion ou preuve de cette origine. Avant d'apercevoir les deux derniers groupes, alors que je ne connaissais que les quatre épines, et ce que j'appelle racines, et que je désirais en trouver l'origine dans le cœur, ou plutôt que j'en cherchais l'origine, je restai de trois à cinq minutes à frapper, avec l'extrémité ou dernière phalange de l'index, du doigt du milieu et du doigt annulaire de la main droite, la bombille de cristal en sa partie la moins pleine, afin d'y attirer quelques résidus, de faire disparaître les amas, de rétablir une espèce d'équilibre et de faciliter ainsi une vue plus claire de ce qu'il y a sous le sommet du béni cœur de sainte Thérèse de Jésus ; mais ce que je pus obtenir ne fut nullement satisfaisant.

L'endroit le plus vide de la bombille se trouve, maintenant encore, à la droite de la blessure. Pendant que je frappais, la surface du sédiment devint assez unie ; des parois du fanal il tomba un peu de poussière ; d'autres agglomérations se formèrent et demeurèrent attachées aux parois et il semble que tout l'ensemble inorganique se comporta comme il arrive d'ordinaire en pareil cas :

mais nous ne remarquâmes rien de nouveau ni dans les épines ni dans les racines.

Pendant l'examen, le cœur se déplaçait, les excroissances se mouvaient un peu, la poussière s'affaissait, mais il n'y eut aucun accident à regretter. Les bonnes Filles de Thérèse de Jésus craignaient que quelque épine ne se brisât; mais la moindre idée de ce genre ne me vint à l'esprit. C'est ainsi que j'achevai mon épreuve, et, pleinement satisfait, je laissai la sainte relique.

Je conclus également de cette dernière observation que les épines n'ont pas, et qu'il est impossible qu'elles aient leur siège dans la poussière, mais plutôt qu'elles l'ont dans le béni cœur de la séraphique Thérèse de Jésus. Avec tant de coups et tant de mouvement, les épines auraient dû nécessairement, si elles naissaient de la poussière, souffrir quelque secousse, prendre quelque inclinaison, s'élever ou s'abaisser davantage : mais non, Seigneur, les épines sont restées comme auparavant. Qu'est-ce que cela indique! Qu'elles ont un fonds, une base, un appui, une fermeté que l'on ne pourrait aucunement demander à une simple poussière, de quelque nature qu'elle fût.

Quatre jours après cette épreuve, le 7 du beau mois de mai, je vais de nouveau examiner la sainte Relique, et, après une longue application, je découvre un nouveau groupe de cinq épines. Elles sont très fines, comme les arêtes les plus fines des petits poissons. Quelques-unes étaient longues, d'autres plus courtes. Aucune ne s'était brisée, malgré tant de mouvement et tant de secousses.

Arrive le 18 mai : je vais une dernière fois contempler ce béni cœur, et demander la protection de la Sainte: après un long espace de temps, je fais avec surprise la découverte d'un nouveau groupe de cinq épines. Deux d'entre elles sont fort longues, et toutes tellement fines, qu'elles sont presque imperceptibles. Il faut beaucoup d'attention pour les distinguer. Je n'ai aucun doute sur leur existence.

Mais comment ni celles-ci ni celles-là ne se sont-elles brisées? D'où leur vient tant de dureté et de résistance? Cela ne parle-t-il pas assez en faveur de mon opinion, et ne démontre-t-il pas qu'elles n'ont leur origine et leur provenance ni dans le sédiment ni dans la poussière, mais dans le cœur même? Quelle est donc la nature de ces épines presque invisibles par leur finesse, bien qu'elles aient de deux à trois centimètres de longueur, quand, malgré toutes ces secousses et tous ces coups, elles restent debout, fermes, inclinées, droites et entières?

On conclut de là aussi que les épines sont fortement assujetties, attachées, ancrées dans le cœur béni de Thérèse de Jésus. Elles n'ont, ni ne peuvent avoir d'autre origine. Si on les y laisse, tout s'explique; si on les en retire, elles n'ont plus ni explication ni raison d'être.

Il est vrai que quand Dieu veut, tous les airs se fondent en déluge. De même qu'il a fait pousser du cœur de la Sainte ces excroissances que nous appelons les épines et qui font l'objet de mon étude, il a pu également les faire lever de la poussière. Pour Dieu, l'un est aussi facile que l'autre. Mais, supposé leur origine du cœur même, la piété peut découvrir dans cette circonstance un appel pour le monde endormi. Il s'offre dans ce fait, aux yeux de l'observateur, quelque chose comme une végétation naturelle dans un cœur humain, mais dépourvu de vie: c'est-à-dire qu'on y voit la vie greffée sur la mort: c'est-à-dire que le cœur des saints vit dans l'éternité. Dieu montre sa sagesse et sa puissance dans des productions si communes, dans un cœur sec et aride. Ici il confond les sages du siècle, ici il rapetisse la science des hommes, et, avec des épines simples et nues, il étonne et tient dans l'attente l'univers entier, de même qu'avec quelques grains de poussière il aveugle l'intelligence humaine. Grand Dieu! que vous êtes splendide, sage, puissant, magnifique et miséricordieux dans toutes vos œuvres! Moi, pauvre et vile créature, je vous loue et vous bénis dans tous vos actes, j'adore vos insondables desseins, et je m'abandonne sans réserve à votre souveraine volonté. Soyez béni, Seigneur! Que toute créature vous loue et vous glorifie dans les siècles éternels! Amen.

Mais quelle peut être la nature des épines? Je n'en sais rien. L'aspect des plus grandes est végétal; celui des petites me paraît être animal.

Les deux plus grandes ont un aspect végétal sans aucun doute. Elles ressemblent aux épines de certains buissons ou de ronces qui les ont très longues, mais non de la dimension ni de la couleur brun rougeâtre qu'on remarque en celles-là. Les petites ressemblent à des poils très fins, à de petites arêtes de poisson presque invisibles; mais à leur extrémité on remarque qu'elles prennent la couleur des premières. On conclut de là qu'elles sont toutes de même espèce.

L'identité d'origine appuie cette même supposition.

Cependant, il m'est venu quelquefois cette pensée: Seraient-ce des fibres du cœur lui-même prolongées par l'action divine? Serait-ce une création nouvelle?

J'avoue que je l'ignore; mais il est certain qu'elles paraissent dures et fermes, et qu'elles résistent parfaitement aux diverses secousses qu'elles ont éprouvées. Du reste, quelle qu'en soit l'origine, la provenance et la nature, il est certain qu'elles sont un phénomène admirable pour tous, savants et ignorants.

En tout ce que j'ai dit, comme il est facile de le voir, je ne tire que des conséquences légitimes, naturelles et nécessaires, de prémisses claires et solidement établies, après avoir examiné scientifiquement, autant qu'il est possible, le saint Cœur. C'est une opinion personnelle appuyée sur des preuves qui paraissent irrécusables. Qu'on démontre d'une façon évidente que je me suis trompé, qu'on indique un autre chemin plus sûr, qu'on me présente une solution meilleure et mieux fondée, à l'instant je renonce à mon opinion particulière.

Pourquoi les épines, en sortant de la poussière, prennent-elles une direction ascendante ? Elles ne procèdent pas de la poussière, c'est un fait démontré, mais elles naissent du cœur. La poussière ne produit rien. On les voit presque toucher le fond du vase : d'où pousseraient-elles donc ? De quelle semence germerait cette production ? Mais d'où est venue cette semence elle-même ? Qui l'a apportée ? Comment, par mille circuits et à travers mille difficultés, est-elle venue se déposer dans la poussière de la bombille et à une telle profondeur ?

Non, les épines ne sortent pas de la poussière : elles sortent du cœur même. Mais, en s'avançant en ligne droite descendante, elles arrivent sans doute à toucher le fond du cristal : alors, ne pouvant passer outre, la pointe se glisse dans la direction qui lui est donnée sous ce voile de poussière, elle s'élève et s'élance dans cette même direction, et l'épine parvient à une hauteur proportionnée à l'impulsion qu'elle a reçue. Cette hauteur dépend de l'ouverture de l'angle que l'épine mesure, ou de la courbure qu'elle prend en se ployant pour monter. C'est dans cette opération, sans aucun doute, que la grande épine obtuse a perdu sa pointe. Voilà donc qui prouve encore que les épines doivent sortir du cœur, et non de la poussière.

Si elles étaient nées de la poussière, elles n'auraient pas où s'appuyer, ni de quoi se nourrir, et, de toute nécessité, elles tomberaient et mourraient, mais elles vivent, croissent, se développent, demeurent; bien plus, elles donnent naissance, en manière de rejeton et en forme de crochet, à d'autres épines; comme nous le voyons parfois dans les végétaux que nous offre la nature. C'est ce qu'on remarque dans la grande épine aiguë qui sort à la gauche et passe à la droite du saint Cœur.

On sait parfaitement que la poussière ne peut donner des productions végétatives; on sait que la poussière ne peut s'organiser d'elle-même, ni rien donner de son chef; on sait que la poussière ne peut germer d'excroissance d'aucune sorte; on sait que la poussière ne peut croître, ni se multiplier, ni se développer en aucun sens; et l'on sait également que tout ce qu'elle peut, c'est d'augmenter de volume par l'agrégation de parties au moyen de l'humidité. Ici, nous ne voyons pas d'humidité (les docteurs chargés d'examiner le saint Cœur l'attestent eux-mêmes), qui puisse produire cette agrégation de parties, ni, par conséquent, produire d'augmentation de volume. Eh bien, si l'on ne trouve pas là ce qui était possible, comment y trouvera-t-on ce qui est de tout point impossible, excepté par miracle? Donc, tout concourt à me démontrer que les épines procèdent du cœur.

Voyez comme Dieu est le Dieu des merveilles. Il ne lui coûte rien de donner la vie ou de l'ôter. De la terre il forme le corps, du néant il crée l'esprit, et voilà l'homme constitué. Il lui inspire le souffle et il vit; il le lui retire, et il meurt. Maintenant il lui donne une vie raisonnable, ensuite il l'élève à la vie éternelle parmi les anges. Il le fait descendre au tombeau, et le ressuscite. Il le fait mourir dans la vie, et le fait vivre dans la mort. Le Cœur de Thérèse de Jésus, pendant sa vie, devait naturellement être mort par la blessure; et maintenant, mort depuis trois cents ans, il semble montrer une nouvelle vie par les épines... Seigneur, qui pourrait mettre des bornes à votre puissance, et comprendre vos insondables desseins !...

Difficulté.

Madrid, 5 août 1875. — Ayant mis sous les yeux d'un prêtre respectable le fac-simile ou dessin du cœur béni de la Sainte, il le regardait, l'examinait et m'interrogeait ; et, de mon côté, je prenais plaisir à lui donner de chaque chose en particulier les explications convenables.

Tout est merveille dans le saint Cœur ; mais il ne s'occupait que des épines. Or, il a donné, franchement et simplement, aux excroissances dont il s'agit, mais sous forme de remarque et d'objection, une explication qui paraît assez naturelle et convenable. C'est l'unique difficulté à première vue, et acceptable que j'aie entendue, et j'avoue que les docteurs ne l'avaient pas présentée, et qu'elle ne m'était pas encore venue à l'esprit. En l'entendant, je fus d'abord surpris, mais aussitôt je m'aperçus aussi... à première vue, que, bien qu'elle eût une apparence fort simple, et satisfaisante, elle manquait cependant d'un fondement solide. Je ne répliquai rien, mais l'idée resta déposée dans mon esprit.

Je sortis pour retourner chez moi tout en songeant à la question, et les solutions se présentaient en foule. « Cela ne peut être... cela ne peut être... non, Monsieur... ce n'est pas cela... » Je continuais mon chemin : l'objection et les explications allaient avec moi. Je vais exposer la difficulté comme elle m'a été présentée.

« Il y a une espèce de polypes dont la vie se passe à tisser, et, mieux encore, à construire leur maison ; de telle sorte qu'ils avancent en chemin autant que la maison avance en construction. J'ai vu un de leurs ouvrages, long à peu près d'un pied, et tellement mince dans toute sa longueur qu'il ressemblait à un crin de cheval. Ces polypes marchent en déposant la matière, et par conséquent s'élèvent d'autant. Ne pourrait-il pas y avoir ici quelque chose de semblable?... »

Cette réflexion a une apparence fort belle, fort naturelle, et tout d'abord elle me surprit; mais aussitôt je crus voir la solution : toutefois je la dissimulai et nous continuâmes. Je fis observer à mon interlocuteur que les épines n'étaient pas coniques, mais comme cannelées, et il reprit : « Ressemblent-elles à des faisceaux de baguettes? » — « Oui, Monsieur : elles ont des fibres qui courent de la base à la pointe. » — « Alors, cela signifie que ce ne sont pas de ces polypes ou animalcules solitaires, mais de ceux qui travaillent par groupes. » Cette observation m'intrigua aussi, mais sur-le-champ j'en vis la solution. « Et les médecins, que disent-ils? » me demanda-t-il encore. « Les uns disent qu'il n'y a pas moyen pour la science de donner l'explication de ce phénomène, et, jugeant pieusement, ils n'hésitent pas à le qualifier de surnaturel; un autre le déclare naturel et d'essence végétale, sans déterminer le genre; et le dernier réserve sa décision, faute de données suffisantes : de sorte que la science ne donne point d'explication positive, et reconnaît tacitement la merveille. » — « C'est clair. » — « Ils ajoutent que pour juger avec certitude, il faut sortir les épines, et en faire l'analyse. » — « C'est certain. Si on ne les tire pas du vase, et si on ne les analyse pas, on ne peut rien savoir de précis. » — « Monsieur, au lieu de cela, nous avons l'examen et les preuves extérieures; au lieu de cela, nous avons les théories de la science; et, à défaut d'explication satisfaisante, ou qui oblige à suspendre le jugement, il faut bien avouer que le fait est au-dessus de la science. »

— « Bien. » — « Du reste, avec l'examen même, les docteurs ne trouveront pas le miracle, mais l'organisation de la plante, les parties qui la constituent, la famille à laquelle elle appartient ; donc, par cet examen seul, ils ne pourraient jamais dire : c'est ou ce n'est pas un prodige. Dieu peut donner n'importe quelle apparence, n'importe quelle composition, à l'œuvre de ses mains, selon son bon plaisir. Ainsi nous voyons que pour secourir ses serviteurs il a fait pousser incontinent des raisins sur des arbres, ce qui est tout à fait irrégulier, en se mettant au point de vue de la nature et de la science. » — « Certainement. »

Telle fut notre conversation. J'emportai donc le trait que j'avais reçu, et, chemin faisant, la difficulté demeurait fixée dans mon esprit, mais sans m'inquiéter.

Aujourd'hui, grâce à Dieu, un prêtre distingué m'a présenté une objection très simple, une saillie fort naturelle, qui tout d'abord fait plaisir ; une difficulté de valeur, et qu'il faut résoudre. Je n'aime pas du tout qu'on parle pour parler, ni qu'on affirme ou qu'on nie par système ou par caprice. J'espère que le Seigneur me donnera sa lumière pour détruire cette objection et démolir cette petite forteresse.

Les zoophytes sont des insectes-plantes d'une grande variété. Ceux qui se rapportent le plus au cas qui nous occupe sont ceux qu'on désigne sous le nom de *polypes ;* ils se divisent principalement en trois ordres : les polypes charneux, les polypes gélatineux et les polypes à polypier.

1° Les polypes charneux restent fixes comme des plantes, ou sont entraînés par le courant des eaux.

2° Les polypes gélatineux se reproduisent par petits œufs, et vivent toujours dans l'eau douce. Ils ont coutume de former ces taches vertes qu'on voit d'ordinaire dans les eaux stagnantes.

3° Les polypes à polypier étaient considérés par les

anciens comme des plantes marines. Ils vivent ordinairement réunis en grand nombre, de sorte qu'ils arrivent à former une grande masse compacte, calcaire ou cornée. Quelquefois ils affectent des formes arborisées, qui leur servent d'appui ou plutôt d'habitation. Sous un certain rapport, ils ressemblent aux araignées, qui, avec la substance qu'elles tirent de leur intérieur, et par leur propre industrie, fabriquent la demeure où elles vivent, et qui leur sert de filet pour prendre les insectes dont elles se nourrissent. Ces agglomérations de polypes peuvent être assez considérables pour former des bancs sous-marins et même des îles habitables.

Tous les genres de polypes qu'on connaît sont aquatiques, et ne peuvent vivre sans humidité. La majeure partie résident dans la mer, où ils sont attachés aux rochers, aux huîtres, aux moules ou aux troncs d'arbres enfouis sous l'eau. Quand on tire de l'eau ces objets, les polypes qui y sont adhérents prennent l'aspect d'une mousse plus ou moins développée, d'une couleur plus ou moins verte, jaune, rouge, grise : ils se dessèchent et meurent.

On a observé que ces taches ou plaques semblables à une mousse verdâtre, s'il arrive que les eaux du marais s'évaporent ou s'écoulent, restent sèches et attachées au fond, où elles demeurent indéfiniment dans cet état; et que si, après un long temps, des mois et même des années, l'eau vient à les tremper de nouveau, elles recouvrent la vie.

Mais laissons cet objet de côté, et occupons-nous seulement du *corallium* de Lam. Quelques naturalistes pensaient que le corail était le résultat du travail de ces animalcules, mais aujourd'hui on le classe communément parmi les végétaux. Cette substance est très dure et d'un rouge magnifique. Elle est attachée sous les rochers qui s'étendent ou s'avancent dans la mer. On la pêche en jetant dans l'eau un engin composé de barres de fer qui se croisent horizontalement : quand on les retire, la plante reste accrochée entre les barres.

En supposant même que le corail ne soit pas une plante, mais l'ouvrage d'un zoophyte, nous ne pourrions en tirer d'autre conséquence que de louer et de bénir Dieu, dont l'infinie sagesse et la puissance sans limites se servent d'êtres presque inqualifiables pour produire des œuvres aussi estimées que le corail.

On remarque les différents *tubulaires*, mais quel que soit leur travail, il ne revient pas à notre sujet. Que les polypes soient indivis et forment leur tube jaunâtre de deux pouces; qu'ils aillent par groupes, et construisent leur édifice en manière de faisceau de baguettes, il en résultera toujours qu'ils n'ont rien à faire dans notre cas.

On remarque les *pennatules* : « La tige, dit Cuvier, est cartilagineuse, libre, couverte d'une écorce charneuse, laquelle, en sa partie supérieure, possède des branches disposées comme des barbes de plume aplaties, et qui sont elles-mêmes comme des barbes, mais seulement d'un côté, entre lesquelles sortent les polypes. » Cette description m'a rappelé l'épine que nous appelons la troisième, et c'est pour cela que je l'ai transcrite. On voit, par conséquent, que ces petits animaux, ainsi que toute leur parenté, sont essentiellement aquatiques, et ne peuvent s'établir dans le cœur sec et aride de la sainte Mère.

On remarque les *animalcules infusoires*. Ils sont microscopiques, et proviennent de la décomposition ou fermentation de quelque matière. Ils vivent dans les infusions, dans quelques humeurs, et dans divers liquides, par exemple dans le vinaigre. Ils sont rotifères ou homogènes et se divisent en différents genres. Nous ne devons pas non plus nous occuper de ceux-ci; ils ne peuvent se séparer de leur élément, qui certainement n'est pas le cœur sec et momifié d'un séraphin humain.

Nous voyons donc que l'origine, l'élément et la vie de ces êtres et de toutes leurs tâches assignées par le Créateur, c'est l'humidité à un degré plus ou moins grand, sous des formes fixées, dans tel ou tel état. Nous ne pouvons les en séparer, ni les en retirer sans leur ôter la vie. Donc aucun de tous ces animalcules ne peut se trouver dans les excroissances qui nous occupent.

« Mais si les épines ne sont pas l'œuvre de ceux-là, ne serait-il pas possible que d'autres du même genre eussent, par quelque moyen, pénétré dans le cœur, pour s'y établir et y travailler?... » Cette objection me plaît, et je vais tâcher de résoudre toutes celles qu'elle renferme.

1º Comme je l'ai indiqué, tous les animalcules du genre des zoophytes, parmi lesquels figurent les polypes sous deux classes, et les infusoires, sont essentiellement aquatiques, et sans eau ils ne peuvent subsister. Il n'est donc pas question de ceux-ci.

2º Il est possible qu'il existe quelque genre de ces animalcules avec des propriétés adaptées à leur manière d'être, sur la terre et dans les espaces de l'air. Avec sa puissance et sa sagesse infinies, Dieu peut facilement créer de semblables êtres.

3º Bien que ces êtres soient possibles pour Dieu, néanmoins ils n'existent pas, et l'on n'en a aucune idée ; et, dans tous les règnes de la nature, on ne connaît aucun produit tel que les épines en question.

4º Les animalcules terrestres que l'on connaît procèdent tout à l'inverse des animalcules marins ou aquatiques. Ceux de la mer construisent, tandis que ceux de la terre généralement détruisent. Ceux de la mer couvrent les rochers, les algues, les moules et les autres objets qu'ils rencontrent, d'une enveloppe verdâtre et florescente semblable à la mousse ou à la moisissure. En grandes agglomérations, ils forment d'immenses dépôts calcaires ou cornés, qui donnent lieu à des bancs, à des récifs, à des îles habitables. Et en supposant le corail produit par un polype, nous avons là un beau travail industriel sous-marin. Tous sont des ouvriers constructeurs de différent mérite. C'est là et de cette manière qu'ils accomplissent leur mission en ce monde. Hélas! que ne sommes-nous aussi fidèles à remplir la tâche que le Seigneur a daigné nous imposer! C'est dommage que, par abus de liberté morale que ces petits êtres n'ont pas, nous manquons souvent à nos devoirs.

Passons à la terre, et nous y trouverons une façon d'agir opposée. L'artison, le taret, la teigne et leurs semblables ont pour office la destruction, et il est certain qu'ils l'accomplissent à merveille au grand dépit de l'homme qu'ils mortifient. On nous citera, sans doute, l'abeille qui forme ses cellules symétriques de cire, dans lesquelles elle dépose son doux miel; on nous citera l'araignée qui tisse et file sa fine toile où elle saisira sa proie; on nous citera le ver à soie qui élabore le cocon où il s'enferme, et qui plus tard formera le vêtement le plus pompeux de l'homme; et nous voyons encore d'autres produits de même genre : mais qu'est-ce que tout cela a de commun avec les épines du cœur du Séraphin du Carmel?

5° S'il existe quelque classe, quelque genre, quelque individu de ceux que nous supposons introduits dans la bombille de cristal qui renferme le saint Cœur, où se tient-il?... A quel type appartient-il? De quel pays est-il venu? Y en a-t-il un seul ou plusieurs? Quelle est leur organisation? Quels sont leurs usages? leurs instincts? Comment et de quoi vivent-ils?...

6° Quel sera ce petit être qui, en faisant des travaux si

remarquables, n'a jamais été connu? Cet animalcule constructeur sera peut-être une espèce nouvelle? La minéralogie ne le connaît pas; la botanique ne le signale pas; la zoologie n'en donne aucune idée, et la géologie n'indique aucune trace de cette petite bête. D'où est-elle donc sortie?

7° Et en admettant l'existence de ces êtres, quelle est leur vie? Comment se conservent-ils? Comment se reproduisent-ils? Comment travaillent-ils? Qui les dirige? Comment ne trouve-t-on nulle part aucun signe, aucune trace, aucun vestige de semblables ouvriers?

8° Il y a quarante ans que les épines poussent toutes, paraît-il, d'un même point, prennent différentes directions, et atteignent jusqu'à trois centimètres, en conservant une finesse incroyable, avec une couleur blanchâtre, tandis qu'au pied elles prennent déjà une couleur de cannelle très-délicate. Or, ces épines croissent, se développent et se colorent, et elles emploient quarante ans pour atteindre une longueur de six centimètres et un diamètre de trois à quatre millimètres; en même temps elle perdent leur couleur claire et blanchâtre, pour prendre le rouge cannelle fort, vif, fin, beau et sans égal. Serait-ce le produit de quelque animalcule?

9° Mais qui sait?... me répondra-t-on. Nous ne connaissons pas toutes les forces de la nature ni toute l'étendue de la création. Tout n'est pas découvert. Il y a encore bien des secrets pour l'homme! — C'est certain: mais ce langage est si vague, qu'il ne mérite pas de fixer l'attention. Nous avons déjà touché cette difficulté. Nous continuerons nos réflexions. Nous ne devons jamais nous appuyer sur des suppositions chimériques. La science sur ce point est suffisamment étendue, et, grâces à Dieu, l'homme, avec son industrie et aidé du secours divin, est arrivé à découvrir des êtres si petits, appelés *monades*, que, avec un bon microscope, ils semblent n'être qu'un point indivisible et beaucoup moindre que la pointe d'une épingle très fine et très délicate. Voilà ce que l'homme a vu et examiné; et, jusqu'à ce jour, il n'aurait pas découvert, dans le règne végétal, de productions semblables à ces étonnantes épines, ni, dans le règne animal, d'insectes aussi industrieux que ceux qui les ont fabriquées? Peut-on admettre une pareille supposition?... Aucunement. Donc ces animalcules n'existent point, et la difficulté proposée tombe en même temps.

10° Continuons notre étude et nos réponses. Les épines sortent tellement fines, qu'elles sont à peine visibles, même quand on fait bien attention, et leur grosseur paraît complètement égale de bas en haut. Serait-ce le produit d'un insecte, d'un animalcule invisible et solitaire? Ensuite elles se développent avec proportion dans toute leur longueur, elles grandissent, et sont plus fortes à la racine qu'à la pointe; en même temps elles prennent une nouvelle et plus belle couleur. Serait-ce le même animalcule qui vécût tant d'années, et se trouvât en même temps en haut et en bas et dans tous les points intermédiaires?... O merveille incompréhensible!...

11° Ou bien, le premier ouvrier étant mort, aurait-il laissé des fils et des successeurs qui, pénétrés de l'idée du premier architecte, n'ont pas voulu reculer, mais, nuit et jour sans cesser, ont poursuivi l'ouvrage commencé?

12° Comment ont-ils posé de petits cordons ou filaments tout le long des épines, comme on le remarque dans les grandes, de façon qu'ils diminuent et disparaissent à la pointe de l'épine? Comment l'ensemble de l'excroissance est-il couvert d'une pellicule unie, de couleur vive, soutenue, rouge sombre, tandis qu'au commencement l'épine était blanchâtre? Quels sont donc ces ouvriers? D'où sont-ils sortis! Qui les a instruits? Comment se sont-ils pourvus de matière, de couleur et d'outils?... Et en restant toujours invisibles?...

13° Et la grande épine épointée? Qui leur a brisé la colonne à ces bons architectes? Comment l'ont-ils laissée ainsi? N'ont-ils su la séparer! N'en ont-ils pas connu le défaut? Ils la prolongent, l'épaississent et la laissent obtuse? Qu'est ce que cela signifie?

14° Dira-t-on que c'est l'œuvre d'un groupe? Non, car on a vu cette épine sortir de même que la première. Au commencement elles étaient fines, et, avec le temps, elles ont augmenté en épaisseur à mesure qu'elles se développaient en longueur. Si d'abord elles furent le produit d'un animalcule, comment ensuite un groupe entier s'en est-il chargé? Et si un groupe travaille, ces petits êtres feront, comme à l'ordinaire, chacun son petit tube : par conséquent, le faisceau grandira tout d'une pièce. Eh bien, expliquez maintenant comment les épines sont plus minces à l'extrémité qu'à la base. Dites-nous aussi pourquoi, étant fines et longues de deux à trois centimètres, elles ont partout la même grosseur, tandis qu'avec le temps elles deviennent plus épaisses à la base qu'à la pointe?

15° Actuellement on voit dans l'intérieur du fanal des épines fort grosses et d'autres très fines. Selon l'objection qui m'a été présentée, les fines seraient l'œuvre d'un seul animalcule; et les grandes, d'un groupe de ces ouvriers invisibles. Il y aurait donc deux classes d'ouvriers dans ce vase? Les solitaires auraient le mérite de commencer le travail, et les groupes celui de l'achever. Est-ce qu'on ne voit pas clairement qu'ici la supposition ne peut prendre aucune couleur de vraisemblance?

16° Et la troisième épine? Elle paraît être une *pennatule,* selon la description de Cuvier : mais ce naturaliste parle de l'animal et non de son travail. De plus, la pennatule est aquatique, et ici, outre le manque absolu d'humidité, nous avons un produit d'apparence végétale, avec tout l'aspect extérieur des autres épines. Mais cette espèce de barbes ne constituera-t-elle pas une différence ? Non, Monsieur : c'est une simple particularité, comme il peut s'en trouver dans une chose ou dans une personne. L'extrémité s'ouvre et se déploie en forme d'aile. Dans tout le reste, cette épine conserve la même constitution et procède de la même origine que les autres.

17° Et les branches ? Il y a aussi des polypes qui affectent cette forme, mais dans la mer. Ils sont pareils, mais leurs travaux sont différents. Est-ce une autre classe d'ouvriers ? Quels sont-ils et d'où sont-ils venus, ô homme! et précisément dans le cœur de sainte Thérèse ?

18° Et le bâton qui du cœur traverse le vide jusqu'au cristal de la bombille, comment s'est-il formé ?

19° Si toutes les merveilles qu'on remarque dans le fanal sont des *détritus,* des *superfluités,* ou le fruit du travail de ces divers animalcules, solitaire ou groupés, comment leur œuvre ne reste-elle pas fixe et constante ? Le développement implique la vitalité, et la matière inerte manque de vie : comment donc cette œuvre, qui serait une matière inerte, se développerait-elle comme si elle était vivante, et cela pendant le long espace de quarante ans? Comment s'élancent-elles dans des directions distinctes et opposées, en prenant une inclinaison impossible à une construction de l'art, et ainsi se fortifient et s'étendent?... Et comment se fait-il que d'une de ces productions il en pousse une autre de même genre dans le sens horizontal, comme on le voit dans la grande épine pointue ? Pour parler sérieusement, et en s'appuyant sur la science et l'expérience, ni les hommes, ni les animaux que nous connaissons aujourd'hui, ne pourraient en faire autant.

J'en conclus donc que dans cette œuvre il n'intervient aucun animalcule constructeur. Le cœur si privilégié de sainte Thérèse de Jésus est comme en dehors des lois communes et ordinaires des autres cœurs. Le plus simple et le plus naturel, c'est de penser et de croire que la science de l'homme avec tant d'efforts n'arrive pas à une explication satisfaisante, et qu'en fin de compte elle doit s'avouer *impuissante à l'objet*.

Valence, 18 août 1875. — J'ai écrit à l'honorable prêtre qui m'avait fait observer qu'il pourrait bien exister certains animalcules dont le travail aurait eu pour résultat les épines, et je lui ai dit que je croyais la difficulté résolue. Ce Monsieur, après avoir lu avec intérêt ma réponse, insiste dans les termes suivants :

« Pour ce qui est de mon observation, je ne l'ai pas faite par voie d'*objection*, mais seulement de *suggestion*. Je persiste dans ce que je vous ai dit, qu'aucun docteur ne peut prononcer sur le caractère naturel ou surnaturel du phénomène, sans avoir pu l'examiner à son aise. Je voudrais une observation microscopique pour voir s'il n'est pas le résultat d'une action animale. Cette atmosphère dans l'intérieur du globe de cristal, cette poussière qui paraît être un *détritus* de la substance du cœur, font soupçonner un agent vivant. »

« Je ne vois pas comment on peut dissiper cette difficulté ou ce doute, peu importe d'ailleurs le nom qu'on lui donne, à moins d'une observation exacte et minutieuse, attendu qu'*a priori* on ne peut nier la possibilité de cette hypothèse. Si l'on répond qu'étant une assertion gratuite, il suffit de la nier sans preuve, il me semble qu'on se tromperait, car, dans ce cas, la charge de la preuve appartient à celui qui affirme le caractère surnaturel du fait. A celui-là il incombera de prouver que l'on ne peut attribuer les épines ou ces choses qui ressemblent à des épines, à aucun agent physique, chimique, végétal ou animal. Quant à l'agent végétal ou physique, je ne crois pas que personne songe à l'invoquer dans ce cas : mais il n'en est pas de même pour l'agent chimique, et encore moins pour la supposition de certains animalcules... »

« Si l'examen analytique ne peut se faire sans exposer la sainte relique, il vaudrait mieux y renoncer, et attendre que Dieu manifeste par quelque autre moyen ce qu'est, et ce que signifie ce fait extraordinaire. Autrement, je crois qu'il est en soi prématuré et dangereux pour la religion, de rien affirmer ou de rien nier. »

Telle est textuellement et mot pour mot la réplique de ce prêtre distingué. Je répondrai, de mon côté, le mieux et le plus clairement qu'il me sera possible, et point par point, en cherchant à être bien précis.

I

ANALYSE

L'examen analytique des épines est-il nécessaire pour décider s'il y a ici, oui ou non, du surnaturel ?

Premièrement. — J'affirme résolument que cet examen n'est pas nécessaire :

1° Parce qu'il suffit d'examiner le cœur à l'extérieur ; parce qu'il suffit d'examiner le vase de cristal dans lequel il est renfermé, les nombreuses années de sa réclusion, les étonnantes merveilles qu'il présente, les conditions dans lesquelles il se trouve, la privation de tout ce qui est indispensable à l'existence et à la vie naturelle : cela suffit pour se convaincre qu'il n'y pas là d'excroissance végétale proprement dite. C'est ce que nous avons démontré dans toutes les pages précédentes.

Un docteur de Salamanque, après un mûr et long

examen, donnait aux excroissances un caractère végétal, et, dans la ville même, on croyait assez généralement qu'elles étaient un produit purement naturel. Il y a plus, quelques-uns allaient jusqu'à dire que ces épines n'ont rien de particulier, qu'elles sont l'effet nécessaire ou naturel de la décomposition du cœur, qu'elles ne sont qu'une moisissure plus ou moins développée... » Mais je crois avoir bien établi qu'une production végétale n'a ici aucune raison d'être, et qu'il n'y en a pas. Justement l'honorable ecclésiastique qui a donné lieu à ces réflexions dit, avec son sens juste : « Quant à l'agent végétal ou physique, je ne crois pas que personne songe à l'invoquer dans ce cas. » Donc nous devons éliminer, dédaigner cet agent, comme n'existant pas. De ce côté, il n'y a donc pas besoin d'analyse pour s'assurer du caractère naturel ou surnaturel des épines.

2° Il n'y a pas d'agent végétal, mais ne peut-il pas y avoir un agent chimique? Pour s'en assurer, ne faut-il pas un examen?

Je prétends que non. Qu'il s'agisse de chimie naturelle ou de chimie selon la science, il est rationnellement impossible qu'il y ait ici un agent chimique. Il est certain que Dieu peut exciter des combinaisons telles que la réunion ou le mélange des éléments donne une exubérance ou une production comme celle qui nous occupe ; mais ici il ne s'agit pas de la puissance de Dieu, il s'agit seulement de la marche régulière et constante qu'il a imprimée, par des lois communes, aux êtres qu'il voulut bien créer en ce monde. Il est certain que l'homme, avec le secours de l'art, peut imiter un produit quelconque : mais ce doit être en des conditions déterminées et sans qu'il puisse communiquer la vie et la fécondité à son industrie. Qui pourra se glorifier d'être l'inventeur et le fabricant d'un travail si admirable? Qui l'a introduit dans le globe de cristal? Quand et comment? La raison repousse l'hypotèse de tout agent chimique, et, par là même, la nécessité de l'examen pour s'en assurer.

3° Ne serait-il pas nécessaire d'admettre l'hypothèse d'un agent animal? Comment nous en assurer si ce n'est par l'analyse...? Ici je me prononce aussi pour la négative, plus loin je le démontrerai plus clairement : maintenant je donnerai seulement l'essentiel.

I. — Les épines, ayant à leur naissance une finesse presque invisible, croissent en longueur, grosseur, forme et couleur, d'une manière inconnue et sans exemple, ce qui évidemment prouve une vitalité propre : donc il n'y a pas d'animalcules.

II. — Les épines ont poussé vingt ans avant l'apparition du *détritus* qui peut faire soupçonner la présence d'un agent vivant. Donc cet agent n'existe pas.

III. — Jamais, pas même avec le secours de bonnes lentilles microscopiques et avec un examen soutenu, selon le rapport des docteurs, jamais on n'a remarqué aucun être vivant, ni pullulation, ni mouvement, ni instabilité ou agitation vague qui révèle l'existence de quelques ouvriers. Donc ils n'existent pas.

IV. — Des épines d'une longueur de deux centimètres sont presque imperceptibles. Seraient-ce des tubes qui enferment un industriel vraiment invisible? Cela ne peut être. Donc cela n'est pas.

V. — Le développement que l'on remarque en même temps dans toute l'étendue des épines et en tout sens, est-il l'effet du travail d'un ou de plusieurs ouvriers?... S'il vient d'un seul, comment existe-t-il dans toutes les parties en même temps!... S'il vient de plusieurs, quelle multitude n'y aura-t-il pas? Comment n'aperçoit-on pas cette société, même avec le secours de fortes lentilles? Qui a dressé ces petits ouvriers, de façon que chacun se dirigeât vers un point différent de l'autre, entreprît un travail particulier, et tous avec tant d'accord qu'il en résultât ces productions?

VI. — La raison elle-même, en vertu de l'observation, repousse l'hypothèse. Il n'est pas impossible à Dieu de donner la vie à de tels êtres et de communiquer à chacun le degré d'intelligence instinctive qu'il lui plaît, ou qui convienne à la fin vers laquelle il dirigerait l'œuvre : mais autre chose est la *puissance* que je reconnais et confesse de tout cœur, et autre chose l'*acte*, qui, bien que possible, est néanmoins inconnu complètement jusqu'à ce jour. On n'a aucune idée de pareils ouvriers, ni de fruits industriels comme ceux dont il s'agit. Par conséquent, je crois qu'on peut très bien conclure que l'agent animal n'existe pas.

Secondement. L'analyse des épines n'est pas nécessaire et il me semble qu'on ne pourrait rien en tirer d'intéressant pour notre sujet. L'analyse a pour but de nous révéler les éléments, avec leurs proportions, qui entrent dans la composition de tel ou tel être qu'on examine, et de nous permettre de le classer selon les sciences naturelles : mais elle ne suffit jamais pour qu'on puisse affirmer l'existence du miracle dans tel ou tel fait déterminé, parfois le prodige se trouve dans le mode ou dans la cause par laquelle l'effet a été produit.

Les œuvres faites d'une manière surnaturelle portent d'ordinaire un cachet de naturalité qui ne permet pas de les distinguer d'autres œuvres du même genre. C'est ce qui arriva pour le changement de l'eau en vin aux noces de Cana ; c'est ce qui eut lieu pour la multiplication de l'huile opérée par Elisée en faveur de la pauvre veuve : on sait que cette femme put avec la valeur de cette huile payer le créancier qui voulait lui enlever ses deux fils, et vivre ensuite dans l'aisance. Ainsi lisons-nous dans les histoires des saints qu'un vase lavé par leurs mains était après cela trouvé plein de vin, d'huile ou d'autre substances, selon le besoin du moment. L'analyse de pareils produits ne peut nous révéler le miracle, mais seulement la qualité de la chose et les parties qui la composent.

Si les épines paraissent être un *détritus*, une *superfluité*, une *industrie* d'un agent vivant, pourrait-on par hasard affirmer qu'elles le sont si l'on ne trouve pas l'industriel? Et si l'idée de cet ouvrier ne paraît nullement fondée, ne sera-t-il pas plus convenable, plus naturel, plus scientifique, plus sensé de croire qu'il n'existe pas, malgré toutes les apparences et tous les soupçons possibles? La pure possibilité de son existence aura-t-elle plus de valeur que les raisons positives que l'on a apportées du contraire? Cela ne serait pas logique. Donc, pour cette partie l'analyse n'est pas non plus nécessaire.

Troisièmement. Le caractère surnaturel d'une chose devrait se trouver dans sa manière d'être, dans sa constitution, dans son organisation; et cela, sans une Providence spéciale, ne se trouvera pas. D'ordinaire Dieu donne même aux actes vraiment et clairement miraculeux, un caractère de naturalité qui confond. Que l'on examine les faits dont j'ai parlé : on y trouvera de vrai vin et de vraie huile. Il y a miracle avec une apparence ou manière d'être entièrement naturelle, si l'on ne regarde que l'effet. Le Seigneur accorde l'usage de ses membres à un paralytique; il multiplie le pain et les poissons dans le désert pour nourrir cinq mille hommes sans compter les femmes et les enfants : il fait sortir Lazare du tombeau, et à l'aveugle-né il ouvre les yeux pour qu'il voie. Dans ces faits et dans mille autres, il y a vrai miracle, mais tout demeure et marche d'une manière simple et naturelle. Qu'on fasse une analyse minutieuse du paralytique, du pain, des poissons, de Lazare, de l'aveugle de naissance, que trouvera-t-on ? Dans celui qui était paralytique, on verra des membres parfaitement sains ; mais on ne trouvera pas le miracle enveloppé dans la santé. On verra Lazare ressuscité, on verra l'aveugle jouissant de la vue ; mais le miracle restera caché. Nous devons affirmer que l'examen analytique est complètement inutile pour trouver le miracle, au moins dans la question des épines.

Si l'on me dit, à propos du sang de saint Janvier, qu'on en a fait l'analyse, je répondrai que, jusqu'à un certain point, elle avait sa raison d'être. Peut-être, au moyen de quelque ingrédient, on pouvait produire une liquéfaction, une fusion, une ébullition ; mais, voyant par l'examen qu'une pareille mixture n'existait pas, on pourait déduire de la liquéfaction spontanée l'existence du miracle, et c'est ce qui eut lieu. Lorsqu'on a mis le vin nouveau dans la barrique, si l'on y introduit une poignée de sel commun, on voit immédiatement se produire une ébullition tellement forte, que si l'on ne se hâte de boucher l'orifice avec la bonde et de la chaux vive, ou d'une autre manière assurée, on perdra certainement une grande quantité du liquide ; plus d'une fois, j'ai été témoin oculaire de ce phénomène dans la maison paternelle. Le fait historique dont j'ai parlé n'a aucune force dans la question présente, parce qu'il n'y a aucune parité ! Dans un fait extraordinaire qui se produit par moments, comme la liquéfaction, en un jour déterminé, du sang de saint Pantaléon à Madrid, ou de saint Janvier à Naples, qui, le reste de l'année, reste consistant et dur, on peut et on doit soupçonner l'action ou la présence de quelque chose qui motive le changement inusité. La science ne découvre-t-elle rien ? Sans plus d'hypothèse, on peut et on doit présumer qu'il y a là un acte spontané, sans intervention étrangère « et par conséquent miraculeux.

Mais ici, comment tire-t-on cette conséquence, quand il s'agit des épines, de l'excroissance en forme de bâton, des branches, de cet amas qui ressemble à des rognures de laine, du sédiment réuni au fond du fanal? On voit un être physique qui naît, croît, se développe, se reproduit, se maintient pendant l'espace de quarante ans, souffre des transformations, se montre plus vivant aujourd'hui qu'au commencement, et se trouve entouré de beaucoup d'autres prodiges non moins remarquables : comment l'explique-t-on?

La botanique viendra nous dire : il se compose de telles partie ou de telles autres, il a cette forme-ci et encore celle-là, et, à ce qu'il semble, il peut être classé parmi telles productions ou telles autres; et désormais il figurera toujours dans la nomenclature des végétaux.

Un autre naturaliste viendra nous dire : Non, ici il n'y a ni azote, ni gaz, ni oxygène, ni rien de ce qui contribue à former l'excroissance herbacée; ce que l'on remarque ici, ce sont des résidus, des superfluités, un *détritus* animal ; par conséquent il faut supposer la présence d'un agent vivant, et dès lors cette production reste inscrite dans le règne animal, bien qu'aucune trace d'être vivant ne se trouve dans le globe de cristal.

Un humaniste viendra nous dire : Ici il y a des fibres, il y a des filaments qui paraissent charneux ; ici il y a une enveloppe qui par sa contexture ressemble à l'épiderme et à la peau de l'homme : ne serait-ce pas un exhaussement de la chair en forme d'épine? Ne serait-ce pas un prolongement des fibres du cœur produit par une fermentation interne dont nous n'avons pas d'indice actuellement? Ne voyons-nous pas de crevasses et des écoulements se produire dans le corps humain? N'y voyons-nous pas des excroissances qui prennent les formes de cette immense variété de fruits que nous connaissons? Et pourquoi la même chose n'aurait-elle pu se produire dans ce cas? L'hypothèse n'est pas excentrique et ne doit pas être rejetée. Et en attendant, nous pourrons voir notre savant ranger les phénomènes que l'on remarque dans la bombille, parmi les effets de la décomposition du corps humain, ou les prendre comme un résultat des forces occultes qui ne sont pas encore du domaine de la science.

Que faire? où inscrire cette production merveilleuse? Est-ce que Dieu, opérant par lui-même, ne peut donner à ses créations l'aspect végétal, l'aspect d'un produit animal ou d'un résultat chimique? Qui osera mettre des bornes à la puissance de Dieu? Donnerons-nous par hasard à la seule hypothèse d'une force occulte, d'une excroissance végétale, de l'industrie d'un agent vivant, de quelque animalcule, lui donnerons-nous plus de valeur et plus d'autorité probante, comme je le disais plus haut, qu'aux raisons qui rendent inadmissible une telle hypothèse?

II

OBSERVATION MICROSCOPIQUE

On exprime le désir d'une observation microscopique, pour s'assurer s'il y a, ou non, dans le globe de cristal, un agent vivant. Dans le cours de cet ouvrage, j'ai mentionné, à plusieurs reprises, l'emploi d'un bon et puissant microscope fait, au grand jour, par MM. les Docteurs commissionnés, et par moi-même, en différentes occasions. Or, les docteurs n'indiquent pas le moindre soupçon de la présence d'animalcules; au contraire, D. Joseph Estvean Lorenzo affirme expressément qu' « il ne peut avoir aucun doute au sujet de la nature végétale des excroissances »; de mon côté, je n'ai rien remarqué non plus qui me fît soupçonner un agent vivant. D'après cette observation, les conditions dans lesquelles toutes choses ici se trouvent, comme nous l'avons fait remarquer, et ce que nous ajouterons encore, il semble naturel de déduire qu'un nouvel examen n'est pas nécessaire. J'ose même dire que plus on regardera, moins on verra. Elles ne brillent pas comme le soleil, ces merveilles, mais elles aveuglent.

III

DÉTRITUS OU SÉDIMENT

L'honorable prêtre qui m'a présenté la difficulté que je suis en train d'examiner, soupçonne, à propos du sédiment ou poussière qu'il suppose être un *détritus* ou *dépouille,* il soupçonne, dis-je, la présence d'un agent vivant. Ces animalcules, avec du travail et du temps, auraient amoncelé ces ruines, et alors les épines pourraient être des produits de ces industriels nouveaux. Cette conjecture a été détruite dans tout le cours de cet écrit : nous en avons parlé directement, et nous ajouterons encore quelque chose dans la suite. Je rappellerai seulement ici :

Premièrement. Que, en 1725, les docteurs qui examinèrent la grande plaie ou transterbération, ne parlèrent ni de sédiment ni d'épines, mais constatèrent une légère ternissure sur le cristal : ils l'attribuaient à des gaz émanés du cœur.

Deuxièmement. Que les deux premières épines furent aperçues en 1836, vingt ans avant qu'il se présentât aucun résidu ; de sorte que les religieuses qui ont déjà vingt ans de résidence dans le couvent, ont vu le fanal sans aucun dépôt de poussière.

Troisièmement. Que les quatre docteurs qui, en 1873 et 1874, examinèrent le saint Cœur, attribuèrent le sédiment, non à un *détritus,* à une *déperdition* ou à des *décombres* amoncelés par des agents vivants, mais à une dissolution spontanée des enveloppes extérieures du cœur. Mais, pour moi, je ne suis pas de cet avis, comme je l'ai dit en différents endroits, principalement à l'article *poussière*.

Quatrièmement. Que l'on voit la poussière répandue sur toute la surface intérieure du vase de cristal. — Pourrait-on alors admettre l'idée d'un *détritus*, et par conséquent l'existence d'un agent vivant, de quelques animalcules qui l'aient réuni dans le fond de la bombille ou répandu sur la surface intérieure ?

IV

HYPOTHÈSE DE L'EXISTENCE D'ANIMALCULES

Dans la difficulté soulevée par notre honorable écclésiastique, l'idée d'un *détritus* et l'idée d'animalcules qui le forment et le déposent, sont tellement unies, que l'une ne peut exister sans l'autre. Le *détritus* est une *dépouille*, ce sont des *ruines*, et par conséquent il faut des *travailleurs* qui les produisent. C'est comme le feu et la fumée. Y a-t-il de la fumée?... C'est qu'il y a du feu. Et s'il y a du feu, il y a aussi de la fumée.

Nous avons vu que la poussière ne peut être un *détritus,* et, par conséquent, qu'il n'y a pas un agent vivant qui la produit. Cela seul fait tomber par terre l'hypothèse des animalcules. Du reste, quand nous avons traité de la nécessité douteuse de l'analyse pour savoir s'il y a ici un agent vivant, nous croyons avoir suffisamment démontré que l'examen n'était pas nécessaire pour établir qu'il n'y a pas de pareils ouvriers. Du même coup l'hypothèse se trouve aussi résolue.

Dans le même paragraphe de l'*Analyse*, nous avons fait voir que les épines ne sont pas une composition chimique, naturelle ni industrielle.

Le digne prêtre reconnaît fort bien qu'on ne peut recourir à un agent végétal, que de son côté repousse sans hésiter le Docteur Esteban.

Donc toute la difficulté se réduit à savoir s'il y a ou non quelque être vivant qui, par son industrie, produise les travaux qui nous étonnent. Cette difficulté n'a plus de force, et elle me paraît déjà résolue. Donc il n'y a pas de tels ouvriers.

Ici nous pouvons dire : si les épines et les autres productions que l'on remarque dans le globe de cristal sont des végétaux, que l'on me dise comment cela peut être sans humidité et hors des conditions nécessaires. Si c'est une composition chimique, qu'est-ce que cette composition si singulière qui donne de l'activité durant quarante ans ; si c'est un produit animal, qu'on nous en désigne l'espèce, car tous ceux qui connaissent la zoologie ne trouvent pas ici les conditions d'une croissance normale ni d'un travail aussi lent. Si c'est une excroissance charneuse, comment est-elle féconde ? Si c'est un prolongement de fibres, même difficulté ; dire que c'est une création nouvelle, c'est trancher la difficulté sans la résoudre. Si l'on me dit que c'est la conversion d'une substance en une autre, je demanderai le comment. Serait-ce une production greffée sur une autre toute différente ? Qu'on nous prouve l'exception, parce que la loi ordinaire de la nature est tout le contraire. Béni soit le Seigneur qui dispose tout pour sa gloire, pour la confusion, la lumière et le salut des pauvres hommes de la terre !

V

Y A-T-IL DANS LE CŒUR DES ANIMALCULES?

Existe-t-il dans le cœur de sainte Thérèse des animalcules microscopiques qui peuvent produire toutes les merveilles qu'on y a vues apparaître en même temps?...

Si l'on envisage la question en Dieu, il est possible, absolument parlant, qu'il existe une ou plusieurs classes d'êtres tellement habiles, qu'ils construisent des œuvres d'art aussi admirables que celles que l'on remarque dans le globe de cristal qui renferme le cœur béni de la sainte Mère. Une parole lui suffit pour donner la vie et une intelligence proportionnée à beaucoup de milliers de créatures qui aujourd'hui sont entièrement cachées à l'homme. Seulement il ne s'agit pas de la puissance de Dieu, mais de la réalité des choses; non de ce qu'il serait facile au Seigneur de créer, mais de ce qu'il a créé; il n'est pas question que tels ou tels animalcules existent ou puissent exister en général, mais de ce qu'il y en ait de si merveilleux dans ce saint Cœur.

Je présente ici la conséquence, et je dis : l'existence d'une pareille classe d'animalcules est possible, mais elle n'existe pas; s'il y en a réellement sur la terre, la science ne les connaît pas; et certainement il n'y en a pas dans le cœur de la sainte Mère. Pour rendre cette vérité palpable, je vais donner une série d'observations et de réflexions qui, je pense, ne laisseront pas de place au doute. Si l'on remarque la répétition de quelques données, cela vient de ce que l'idée qui domine dans cet écrit le réclame.

1° Il n'existait aucune poussière dans le vase; et, sans pouvoir comprendre comment, depuis vingt ans, il s'y en est formé et réuni une certaine quantité, les religieuses qui ont vingt ans de vocation ont vu le vase pur de ce sédiment.

2° On commença à remarquer les épines le 19 mars 1836, mais elles remontaient probablement à 1835; de sorte que les deux grandes ont déjà quarante ans d'existence (1); c'est-à-dire qu'elles ont apparu vingt ans avant la formation de la poussière.

3° Si la poussière est un *détritus*, des *ruines* du cœur accumulées par les animalcules, comment les épines ont-elles poussé en anticipant de vingt années? Comment un édifice nouveau peut-il s'élever avant qu'on ait déblayé le terrain et enlevé les ruines du vieux bâtiment?

4° Les épines ont depuis six centimètres de long et trois millimètres d'épaisseur, jusqu'à trois ou quatre millimètres de long avec une épaisseur presque invisible : elles sont nées à différentes époques, et à un intervalle de quarante ans. Quelle intelligence a gouverné et dirigé ces pousses et croissances successives?

5° Ce travail continué si longtemps, est-ce celui des premiers animalcules, de leurs fils et petits-fils?... La science connaît-elle quelque ouvrier, ou a-t-elle la notion de quelque produit pareil, exécuté dans de semblables ou égales circonstances? Si l'on ne connaît nulle part de tels ouvriers et si l'on qualifie les épines de travail chimico-animal, il faudra admettre une création *ad hoc* et par conséquent un prodige nouveau pour la plus grande confusion des savants.

6° Les trous respiratoires du couvercle qui, en forme de couronne d'or, ferme l'ouverture supérieure du globe de cristal, étaient déjà d'ancienne date bouchés avec de la cire. Par où donc pénétrèrent et d'où vinrent ces

---

(1) Aujourd'hui quarante-six ans. (*Note du traducteur.*)

agents? Comment s'enfoncèrent-ils dans le cœur et firent-ils pousser ce qu'on appelle les épines?

7° Ces hôtes se présentèrent-ils tout à coup? Entrèrent-ils en grand nombre ou peu à la fois? Etaient-ils tous de la même classe, du même genre, ou bien de classe et de genre différents?

8° Supposé qu'une classe d'animalcules, quelle qu'elle soit, construise son œuvre toujours et invariablement de la même manière, comment se fait-il que dans le saint Cœur il se trouve une telle variété de productions?

9° Pourquoi les uns travaillent-ils en montant et les autres en descendant? Pourquoi ceux qui font leur ouvrage en descendant, une fois arrivés au fond du vase, changent-ils de projet et travaillent-ils en sens inverse? Pourquoi forment-ils une courbe et vont-ils droit dans des directions distinctes et opposées?

10° Comment n'a-t-on aucune notion, et comment la science ne signale-t-elle aucune trace de ces animalcules?

11° Si l'on peut admettre l'hypothèse de l'introduction de quelque classe d'agents comme ceux qui nous occupent, pourra-t-on admettre l'hypothèse de l'existence simultanée de différentes classes ou genres de ces petits êtres, précisément dans ce Cœur béni, et non ailleurs, et à notre époque, pour nous laisser des œuvres d'art si admirables, que, sans aucun doute, on n'en trouverait pas d'égales au monde?

12° Les épines sortent de la pointe du cœur, descendent et montent ensuite, en prenant chacune une direction particulière. Pourquoi en est-il ainsi?

13° D'abord, sans poussière il y avait des épines; maintenant, avec de la poussière il y en a aussi. Traversant ou non la poussière, elles sortent de la même manière qu'auparavant, elles sont de même espèce, elles ont le même aspect, elles gardent la même forme, elles présentent la même couleur, elles croissent dans les mêmes proportions... Le travail dans les deux états serait-il l'œuvre des mêmes ouvriers ?

14° Maintenant il y a des épines d'une couleur de cannelle forte, unie et fine. Il y en a qui ont la partie supérieure rouge cannelle, et la base ou racine d'une couleur blanchâtre qui se perd graduellement, et l'on en voit d'autres complètement blanchâtres, mais dans lesquelles apparaît un commencement de couleur cannelle. Est-ce un produit de ces insectes ? Ou bien est-ce la marche progressive qui est mystérieusement imprimée aux épines pour passer du fin au gros et du blanc à une belle couleur de cannelle ?

15° Sortant du cœur, les épines descendent en s'ensevelissant dans la poussière, puis elles se courbent et remontent en la traversant de nouveau : seraient-ce ces animalcules invisibles qui opéreraient une semblable merveille ?

16° D'un côté du cœur sort quelque chose comme un bâton, qui, poussant horizontalement, arrive presque à toucher le globe de cristal. Ce bâton, qui certainement est un autre genre de construction, est-il l'ouvrage des mêmes industriels ?

17° Il y a une branche qui, sortant du cœur même, dans le voisinage de sa pointe, et du côté gauche, monte en formant une ondulation et sans toucher la poussière : elle pousse sur les côtés comme des pédoncules, à la façon de ces rudiments que laissent certaines feuilles en tombant; de plus elle a la même couleur que les grandes épines. Sans aucun doute ce travail demande des ouvriers d'une autre espèce. Quels sont-ils ? En quoi se distinguent-ils des premiers ?

18° Une autre branche tout à fait semblable à la précédente sort de la poussière dans la partie postérieure.

Elle sera probablement sortie après celle-là, car on remarque qu'elle n'a pas encore la couleur de cannelle forte et unie. Aurions-nous ici les mêmes ouvriers que dans la première, mais travaillant en sens inverse? C'est-à-dire que les uns partent du cœur et montent sans toucher la poussière, tandis que les autres descendent en traversant la poussière, parviennent au fond du vase, courbent leur chemin, montent et développent convenablement leur travail. Comment comprendre cela? Ou bien seraient-ce d'autres animalcules qui fabriquent dans la poussière avec une entière indépendance du cœur?

19° Les épines les plus fines se montrent unies, et ne semblent pas admettre, étant presque imperceptibles, la moindre composition; mais les grandes présentent comme des veines qui vont en diminuant jusqu'à finir en pointe. Comment cela se fait-il?

20° Les petites épines sont fines et simples; l'une des grandes a une pointe, tandis que l'autre en est privée; la troisième n'offre pas de pointe non plus, mais son extrémité est ouverte, comme si la pellicule supérieure avait été coupée et développée en aile; une tige ou bâton sort du cœur, et croise irrégulièrement et horizontalement l'espace vide de la bombille; une branche sort du cœur et monte, tandis qu'une autre émerge de la poussière et s'élève. D'où vient cette diversité de travaux? Comment tout n'est-il pas égal, et toujours du même style?

21° La branche qu'on voit s'élever de la poussière aurait-elle une autre origine que celle qui pousse du cœur? Ne sont-elles pas égales? N'ont-elles pas la même structure, la même couleur, le même aspect? Comment ont-elles reçu une impulsion opposée, et ont-elles été construites d'une façon inverse, c'est-à-dire l'une en montant et l'autre en descendant, ou l'une dans le cœur et l'autre dans la poussière?

22° Serait-ce que la branche ou racine qui sort de la poussière n'aurait aucune relation avec le cœur? Et où s'appuie l'œuvre? Comment les mêmes agents, guidés toujours par le même instinct, ne travaillent-ils pas toujours dans les mêmes conditions?

23° Si les épines et les autres productions indiquées étaient le produit des animalcules hypothétiques, cette œuvre serait une matière inerte et par conséquent incapable de développement. Comment donc toutes ces productions croissent-elles d'une manière régulière et uniforme? — Elles seraient toujours exactement les mêmes, comme les alvéoles d'un gâteau de miel; alors pourquoi tant de variété? — Elles manqueraient encore de vie propre : eh bien, d'où leur vient la fécondité que l'on observe dans la grande épine pointue?

24° La poussière, sédiment ou détritus, s'est présentée il y a vingt ans, c'est-à-dire vingt ans après l'apparition des premières épines. Comment s'est-elle formée? Comment est-elle sortie?

25° Si la poussière est l'effet du travail de ces agents vivants, comment en ont-ils réuni une si grande quantité en vingt années seulement? Comment ont-ils fait pour la tirer dehors?

26° Il est indubitable que le sédiment ou détritus n'a pas le caractère d'une poussière fine, à la façon de la farine ou de cette poussière qui vole dans l'atmosphère et va se déposer sur les meubles : mais il ressemble à quelque chose de moitié moulu et qui reste comme grenu. Comment les animalcules ont-ils fait cette opération?

27° Il est certain que, avec des lentilles microscopiques très puissantes, on n'a distingué aucun être vivant dans le vase de cristal. Y en aurait-il?

28° Supposé qu'il y en ait, seraient-ils comme les

Monades qui, même avec des microscopes de première force, paraissent comme des points indivisibles?

29° Des hôtes imperceptibles, même avec le secours du microscope, quand ils sont considérés isolément, pourraient-ils rester cachés quand ils travaillent en groupes? Comment ne les voit-on pas?

30° Des êtres d'une nature telle, qu'en vingt ans ils prolongent et fortifient des épines, en forment d'autres, élèvent différentes constructions en tous sens, et rassemblent une once ou une once et demie de poussière, en restant toujours cachés, toujours invisibles, est-ce admissible?

31° Est-il possible que des animalcules que l'on n'a jamais vus, même avec le secours du microscope, soient doués d'une telle force qu'ils traînent des grains peut-être des milliers de fois plus grands qu'eux en volume et en poids?

32° En supposant de grands attroupements d'animalcules pour rouler les grains ou particules déposées au fond de la bombille, comment a-t-on vu le sédiment sans remarquer les compagnies d'ouvriers qui le remuaient?

33° En admettant même la difficulté, comment conduisent-ils leur charge plus ou moins loin, tantôt en montant et tantôt en descendant?

34° Quelle multitude infinie d'ouvriers n'aurait-il pas fallu enfermer dans le vase de cristal pour que, en gardant toujours l'incognito, ils pussent travailler avec tant d'ardeur et de succès, les uns charriant les décombres pour en emplir le fond du fanal ou en recouvrir le mur de cristal, les autres filant la laine; ceux-ci construisant de nouvelles colonnes pour les joindre aux premières et en former des faisceaux, ceux-là enveloppant le tout d'une pellicule consistante; ceux-ci encore donnant une couche d'une couleur très fine et transparente aux épines minces, et ceux-là baignant d'un beau vernis rouge sombre les plus robustes !... Une telle hypothèse est-elle admissible ?

35° Néanmoins les opérations se font. Et par qui ? Parmi cette immense multitude de travailleurs, partagés en des offices si différents et si importants, on ne remarque ni pullulation ni mouvement quelconque. En quoi consiste-t-il ?

36° Ces escadrons innombrables et si actifs passeraient-ils inaperçus sous les yeux de l'observateur, même sans le secours d'une lentille microscopique ?

37° Les docteurs constatent un examen prolongé fait au grand jour et avec de bonnes et puissantes lentilles. Comment ne mentionnent-ils pas de pareils ouvriers, et ne donnent-ils pas le moindre soupçon de la présence d'animalcules si industrieux ?

38° Moi-même, bien des fois et avec le secours de microscopes puissants, j'ai pratiqué différentes observations, tantôt avec un et tantôt avec deux instruments, soit d'une façon soit d'une autre, sans jamais remarquer ou soupçonner aucune espèce de mouvement, d'oscillation ou de variation indéfinie. Comment concilier tant de silence, de calme et de secret, avec tant de vie et de mouvement, avec une industrie et une activité si extraordinaires ?... Est-ce admissible ?

39° Et connaît-on cette espèce d'ouvriers ? Sont ils venus du dehors ?... Quelle est leur résidence ?... Comment se sont-ils introduits ?... Etait-ce un à un, ou plusieurs à la fois ? Comment se reproduisent-ils ? Comment se nourrissent-ils ? Qu'en est-il de ceux qui meurent ?

40° Ne se seraient-ils pas produits, par hasard, dans le cœur même ? Sont-ils une transformation de sa substance ? Est-ce que le cœur se décompose enfin et se résout en pourriture ? Ces animalcules sont-ils, pour ainsi dire, indigènes de ce viscère ?

41° Est-ce qu'après trois siècles, pendant lesquels il est resté, selon l'affirmation des docteurs, à l'abri de la corruption, il commencerait à se détériorer et à se décomposer, en donnant une vie merveilleuse à des milliers d'ouvriers laborieux ?

42° Il faut noter que, dans le saint bras, on remarque quelques trous de vers ; mais on n'en trouve pas un seul dans ce Cœur béni. Cette particularité n'a-t-elle pas sa signification ?

43° Les grandes merveilles opérées par le Seigneur dans ce saint Cœur ne lui auraient-elles pas mérité quelque privilège d'honneur ? N'est-il pas plus pieux et plus convenable de penser que Dieu nous parle par cette nouvelle merveille qui s'offre depuis quarante ans dans le Cœur transverbéré de sa fidèle servante Thérèse de Jésus ?

44° N'est-ce pas une conséquence naturelle et légitime, qu'un cœur blessé par le dard d'un Séraphin et uni si étroitement à Dieu par l'amour, que ce cœur préservé de la corruption durant trois cents ans, soit pour toujours exempté de la pourriture ? N'y a-t-il pas une certaine inconvenance, d'après notre manière de voir, de livrer en pâture et comme jouet aux vers un cœur béni qui vécut vingt années avec une blessure mortelle, qui aima Dieu d'un amour pur et très ardent, comme le cœur d'une amie, d'une épouse de prédilection, qui eut l'honneur d'attirer sur sa plaie prodigieuse l'attention et les hymmes de l'Eglise, et qui est le champ où se produit un grand phénomène en tous point inexplicable ?

45° N'est-il pas plus naturel de penser que ce ne sont pas les agents vivants ou les animalcules qui exécutent des œuvres si extraordinaires, mais que le Dieu des vertus, le Dieu des puissances veut, avec un bras fort, montrer les prodiges de sa science et de son pouvoir infinis dans le cœur de son Epouse bien-aimée au moyen de ces merveilles qui étonnent? Ne sera-t-il pas permis de croire qu'ici nous voyons dépassées les limites de la science humaine, et qu'on n'y découvre pas l'opération des lois de la nature, bien que toutes choses d'ailleurs soient complètement soumises à ces mêmes lois?

46° Si l'on ne peut d'aucune façon expliquer cet étonnant phénomène, s'il n'y a ni raison ni hypothèses qui vaillent à ce propos, quelle conséquence pouvons-nous légitimement tirer de là? Je suis fermement convaincu que l'hypothèse de l'existence de pareils animalcules n'est admissible sous aucun rapport.

47° Si donc il n'y a ni agent végétal, ni agent chimique, ni agent animal; si l'observation microscopique a été faite sans rien découvrir de pareil; si l'analyse, à mon avis, n'est pas nécessaire, que devons-nous penser sur l'objet qui nous occupe? Que les difficultés présentées par toutes ces hypothèses ne doivent plus nous tourmenter. Abordons des observations d'un autre genre.

VI.

S'IL EST TEMPS, OUI OU NON, DE RÉSOUDRE LA QUESTION

Est-il en soi prématuré de traiter ou de résoudre la question des épines?

Est-il dangereux pour la religion d'affirmer ou de nier quelque chose touchant le caractère surnaturel des épines?

Voilà deux questions soulevées par l'honorable ecclésiastique : je suis d'avis qu'elles sont de grande importance, non seulement en elles-mêmes et relativement au fait qui nous occupe, mais encore quant à leur application qui est très large et qui peut donner de funestes résultats. Je tâcherai d'être aussi court que possible, car cet écrit prend des proportions beaucoup plus étendues que je ne le pensais en commençant.

§ I. — EST-IL PRÉMATURÉ DE DÉCIDER LA QUESTION ?

Prématuré, c'est-à-dire *mûr avant le temps*, signifie qu'une chose arrive, se fait ou se dit avant l'heure opportune. Dans ce sens, est-il prématuré en soi de traiter et de décider la question des épines ? Et en quoi connaîtra-t-on cette anticipation ! Quel signe nous indiquera que l'on travaille ici avant le temps ?

Dans les choses matérielles et qui dépendent de la volonté libre de l'homme, comme les œuvres de ses mains, il n'est requis aucun effort d'intelligence pour comprendre si une chose est de saison ou non ; si elle a été faite ou non en temps voulu. Elle est là sous nos yeux et tout est résolu à l'instant.

Dans les faits qui sont du domaine de l'homme, mais où l'on doit tenir compte des actions d'autrui et chercher ou attendre un concours de circonstances favorables ou non, pour travailler avec assurance, il est évident que la prudence et le calcul doivent tout peser et régler si l'on ne veut pas faire de faux pas. Sur ce terrain, une parole, une disposition, un acte, un geste peut être prématuré, et même très pernicieux selon le fait et la relation qu'il entraîne. Mais il n'est pas question de cela dans le sujet qui nous occupe.

Dans les choses qui relèvent uniquement et exclusivement de la liberté de l'homme, mais dont la bonne ou la mauvaise issue peut être liée à certaines circonstances déterminées, il est clair que la précipitation, l'action avant le temps, est prématurée, et que le retard a coutume d'être intempestif. Il n'est pas question de cela non plus.

Dans les choses naturelles, l'anticipation sur le temps ordinaire s'appelle phénoménale, inatend, qu'elle soit le fait de la nécessité ou qu'elle soit attribuée à l'industrie de l'homme. Mais ce n'est pas notre cas.

On appelle *talent prématuré* celui qui se manifeste d'une façon remarquable avant que l'homme ait atteint son développement.

On appelle *jugement prématuré* celui que l'on porte sur une affaire sans avoir des données précises et qui éclairent suffisamment la raison.

On appelle *mort prématurée* celle qui nous enlève des êtres sur lesquels nous fondions de grandes espérances, qui étaient chers à notre cœur, qui brillaient par la vigueur de la jeunesse ou par l'élévation de leur intelligence... Il ne s'agit de rien de tout cela ici : nous allons donc voir à notre sujet.

Serait-il prématuré pour l'homme de traiter et de décider cette question que le Seigneur lui présente ? Aurions nous par hasard la ridicule prétention de dicter des lois de prudence et d'opportuité à Dieu lui-même ?

Si les feuilles de l'arbre remuent, c'est Dieu qui fait souffler le vent qui les agite. Si un oiseau est pris au lacs, c'est Dieu qui l'a fait descendre des hauteurs de l'air, et qui l'a excité à saisir l'appât. Si le poisson se trouve pris à l'hameçon, c'est Dieu qui l'a conduit, par les abîmes cachés de la mer, à l'endroit où l'attendait le pêcheur. Ni les plantes n'exhalent leurs aromes, ni les fruits ne mûrissent sur l'arbre, ni l'homme ne respire l'air parfumé ou fait un seul pas dans le cours de sa vie, que tout cela n'ait été prévu et réglé par la providence paternelle du Seigneur. Dieu ne dispose rien, et rien n'arrive sans un dessein spécial que nous ne connaissons pas, mais dont le terme est nécessairement sa gloire et le bien de l'homme ? Oui, son vrai bien, dans l'ordre spirituel, comme dans l'ordre temporel, et par rapport à l'éternité, comme par rapport au temps.

Eh bien, qui ne verra dans ces épines une opération mystérieuse du Seigneur? qui ne reconnaîtra que cette merveille, sous quelque aspect qu'on la considère, naturel ou surnaturel, a été présentée par Dieu dans l'occasion la plus propre et la plus convenable? C'est Dieu infiniment sage et prudent, qui l'a ainsi voulu, et cela suffit.

Et si, avec notre court entendement humain, nous voulons trouver quelque raison qui nous fasse croire fermement à l'opportunité de la décision, si nous voulons des signes qui nous persuadent que le temps est venu où l'Eglise puisse dire un mot sur cette affaire; si nous voulons un terrain solide où nous puissions marcher sûrement :

1° Je poserai toujours pour *première pierre* de l'édifice la sagesse et la prudence infinies de Dieu qui fait toutes choses avec nombre, poids et mesure en temps opportun. Donc, il est temps, et temps opportun, de traiter cette affaire, de l'élucider, et de la décider aussitôt qu'on l'aura connue clairement.

2° Une seconde preuve d'opportunité c'est que le chef de l'Eglise a ordonné lui-même ce procès sommaire, et que l'Eglise dans tous ses actes est dirigée par l'Esprit-Saint. Il est clair qu'on ne doit pas procéder inconsidérément : les formalités s'y opposent ; mais dire que le moment est opportun, cela signifie qu'il faut éviter la négligence, qu'il faut de l'activité dans cette affaire, qu'il est nécessaire d'y faire la lumière le plus possible, et que la nonchalance pourrait être coupable.

3° L'intérêt général que la question des épines a ecxité, le désir toujours plus vif d'en savoir la signification, et la présomption bien fondée qu'elles annoncent quelque grand événement, ou donnent la signification de quelque fait historique, ou bien prophétisent quelque secret dessein de la Providence qu'il nous importe de pénétrer et de découvrir : voilà la troisième preuve d'opportunité.

4° Nous en trouverons une autre dans l'état général de la société si ouvertement impie, si dépravée, si enfoncée dans une épouvantable corruption : peut-être les épines sont-elles une digue à ce débordement, comme le fut la vie de la Sainte au temps de Luther et de Catherine de Bora.

5° Une autre preuve encore, c'est la prostration des volontés, l'égarement des esprits, le divorce des peuples, qui ont rompu le lien qui les unissait à l'Eglise, en se séparant d'elle comme les fils ingrats se séparent de la mère qui leur a donné le jour. Il peut se faire qu'au moyen des épines ils reconnaissent leur erreur, et arrivent enfin à se réfugier sous le manteau tutélaire de leur mère : pendant la vie de Thérèse de Jésus, on a vu tant de pécheurs secouer le sommeil de l'impénitence, ou abandonner l'erreur, pour entrer résolument dans la pratique des divins enseignements du Rédempteur Jésus !

6° Un signe évident d'opportunité, c'est l'incalculable multitude d'iniquités et de péchés en tous genres et de toutes espèces qui chaque jour avec plus d'effronterie se commettent dans le monde entier. N'en trouvons-nous pas encore un autre dans le mépris avec lequel on regarde et l'on traite tous les actes intérieurs de la religion partout où pénètre la noble race européenne? Les épines ne seraient-elles pas une invitation à plus de convenance, à une façon d'agir plus prudente et plus raisonnable?

7° Pourrait-elle cesser d'être opportune cette excitation extraordinaire à la pénitence, aussi bien pour les individus que pour les peuples et l'univers entier? Elle ne serait pas opportune cette invitation à la sainte et salutaire crainte de Dieu et de ses formidables jugements qui nous regardent de si près?

8° Voir qu'aujourd'hui on fait tant de cas des doctrines protestantes, de leurs enseignements impies, de la licence qu'elles patronnent, du scandale public qu'elles autorisent et de l'irréligion qu'elles matifestent, ne serait-ce pas un signe d'opportunité pour déclarer le caractère miraculeux des épines, puisque ces épines prêchent la pénitence, si opposée au vice et à la licence de ces doctrines de péché?

9° Ne serait-ce pas un autre signe, de voir cet appel à la pénitence sorti de la partie inférieure gauche du cœur, lorsque les hommes n'avaient pas su mettre à profit l'exhortation d'amour si merveilleusement montrée en la partie droite supérieure, où l'on remarque la blessure faite par le dard du séraphin!

10° L'intérêt général qu'il y a d'éviter le grand châtiment que Dieu tient préparé : ce grand cataclysme qui nous menace et que nous touchons presque de la main, ne serait-il pas une indication opportune pour que les nations, mues par ces voix éloquentes, craignent la sévère justice du Seigneur et se tournent vers une salutaire pénitence?

11° Et les épaisses ténèbres qui couvrent aujourd'hui l'entendement des hommes, et le matérialisme où ils sont submergés, ne seraient-ils pas une preuve de l'opportunité de la déclaration, afin de voir si ce nouveau rayon de lumière céleste ne fera pas ouvrir les yeux d'un grand nombre et même du monde entier, et ne dirigera pas leur marche dans les voies du salut? Dieu ne voudrait-il pas aiguillonner, blesser et tuer cet empire de la matière par le moyen des épines du cœur de la sainte Mère?

12° Les hommes étant aujourd'hui si adonnés à leurs plaisirs bas et terrestres, le Seigneur ne voudrait-il pas par ce moyen, leur faire comprendre qu'ils se sont égarés de leur chemin, et que de la matière ils ne peuvent récolter que des épines? Avec ces épines inexplicables pour la science ne voudrait-il pas leur faire comprendre qu'après les plaisirs d'un moment viendront les piquantes épines de l'éternité? Et ne serait-ce pas le moment opportun de révéler ce mystère, aujourd'hui que le monde ne vit plus d'esprit mais de chair, et qu'il ne s'alimente plus d'espérances même éternelles, mais plutôt de réalités, quelque grossières, futiles, passagères et brutales qu'elles soient?

Ah! si nous ouvrions les yeux de la foi, nous verrions la main de la providence paternelle de Dieu réglant jusqu'aux incidents les plus insignifiants de la vie, pour que, en tout et toujours, ressortent sa gloire et sa magnificence dans ces minutieux échantillons de son amour, de sa sagesse et de son pouvoir combinés. Nous ne nous lasserions pas de rendre grâces à son infinie bonté, ni d'être recueillis et attentifs pour pouvoir connaître et suivre fidèlement les plus légères indications de sa volonté.

Comme le Seigneur sent l'inattention et l'ingratitude des hommes, et comme il les châtie! Il pleura sur Jérusalem, qui, pour n'avoir pas connu le jour de sa visite, fut réprouvée, et plus tard livrée au tranchant du glaive, à la fureur des flammes et à la destruction totale. Il en coûte de ne pas reconnaître et de négliger une visite du Seigneur!

Dieu nous parle de bien des manières, dit saint Paul. Nous rencontrons dans les saintes Ecritures des signes et des figures par milliers, tous prophétiques et pleins de grands enseignements; tous annoncent des événements futurs que l'histoire nous a transmis. Est-ce que par hasard la puissance de Dieu serait diminuée? Est-ce que son bras serait raccourci? N'est-il pas toujours le Dieu des vertus et des puissances, qui dispose toutes choses avec une sagesse infinie? Oui, Dieu dirige tout à sa gloire; il donne à toute chose son temps; il met les pierres chacune à leur place, et il est absolument impossible qu'il fasse la plus petite de ses œuvres sans compte ni raison. Il ne peut se tromper ni nous tromper. Puisque Dieu présente les épines, elles ne sont pas prématurées, ni sans raison, ni vides de sens : elles ne doivent pas passer inaperçues, et il n'est pas trop tôt de les examiner et de s'en occuper, en suivant les règles ordinaires. Dieu pose les bases, et il laisse aux hommes le soin d'examiner, d'étudier, de poursuivre et de terminer l'œuvre, pour qu'ils s'exercent à la foi, à la constance et aux autres vertus qui sont le fondement de la vie chrétienne.

J'ai toujours cru qu'en matière de vie surnaturelle et de spiritualité, l'homme n'a pas besoin de choisir les temps et les moments, mais qu'il doit s'abandonner entre les mains de Dieu, le mieux possible sans aucune crainte ni respect humain. La conduite du Seigneur autorise cette opinion, car nous le voyons exercer ces actes décisifs après que telles ou telles conditions ont été remplies : après que les choses ont pris tel ou tel aspect, après qu'elles sont arrivées à tel poids, tel nombre, telle mesure, tel point qu'il fallait pour le parfait accomplissement de ses hauts et miséricordieux desseins sur l'homme.

Il ne donne pas la liberté au peuple d'Israël avant d'avoir frappé Pharaon et l'Egypte de la dixième plaie. Il n'introduit les Hébreux dans la Terre promise que lorsqu'il voit réalisé le nombre des crimes qu'il avait résolu de laisser commettre aux Amorrhéens, nation que son peuple avait la mission de châtier et de détruire. Il ne livra pas au sac et à l'incendie la ville de Jérusalem, tant que les Juifs n'eurent pas comblé la mesure des iniquités de leurs pères. Il n'a pas lui-même saisi les verges, tant qu'il n'a pas eu atteint la plénitude des temps. Il n'a pas dispersé ses apôtres par le monde, avant que la moisson fût jaune et sèche, pour la couper et la rassembler dans son grenier.

Je n'achèverais pas si je voulais énumérer les exemples que me fournissent l'Ancien et le Nouveau Testament, pour prouver que Dieu fait tout en temps opportun, et par conséquent, que ce simple fait indique l'opportunité d'une déclaration solennelle, après qu'on aura rempli les formalités requises.

Puisque les choses spirituelles regardent si directement Dieu et sont d'une telle importance, puisque la fin secondaire de la création est le bien éternel des âmes, Dieu doit donc s'occuper bien plus des perfectionnements et de la sanctification des âmes, que de la marche des nations ou de l'établissement d'un peuple en un point déterminé du globe.

De même les manifestations externes que Dieu daigne présenter, comme sont les épines, bien que les yeux de la chair les voient dans un ordre corporel, il ne sera pas, ce semble, hors de raison que les yeux de l'esprit les considèrent dans un ordre beaucoup plus élevé. Ce n'est pas pour la boue, mais pour l'âme qui l'anime, que Dieu exécute ses opérations. Sans doute il frappe les yeux par l'aspect des épines matérielles; mais, par l'étrangeté de leur nature, par leur origine inexplicable, par leur structure si digne d'attention, par le prodige de leur existence en dehors de tout calcul et de toute explication scientifique, il frappe vivement la raison, remue et surprend l'esprit, et donne une abondante nourriture à l'âme qui remonte à des régions bien élevées au-dessus de ce bas monde que nous habitons.

Par conséquent, je le répète, nous devons prendre les choses, non purement et simplement sous l'aspect matériel qu'elles nous offrent, mais nous devons, en élevant un peu plus notre cœur, nous fixer en Dieu, l'Etre, l'unique Etre, l'Etre par essence, qui donne l'être et la vie à tout ce qui existe dans la vaste étendue de l'univers. Là, en Dieu, nous trouverons promptement et sans difficulté une explication vraie et claire de ce que les savants n'osent pas même soupçonner. Là, en Dieu, nous trouverons une solution facile à ce qui nous paraît impossible, puisque, comme le dit l'Archange à l'immaculée Vierge Marie, pour Dieu il n'y a pas de parole impossible, ce qui veut dire qu'aucune œuvre bonne et honnête n'est impossible à Dieu. C'est donc là, en Dieu, que nous devons établir notre nid, c'est là que nous devons fixer notre repos, si nous ne voulons pas nous tromper : surtout lorsqu'il s'agit de questions purement spirituelles, ou de celles qui, appartenant à une sphère moins élevée, ont pour fin et pour objet direct d'éveiller l'attention des hommes, de les faire rentrer en eux-mêmes, de les attirer, de les gagner, et, en élevant leur esprit, de sauver leurs âmes, qui ont tant coûté à notre divin Rédempteur Jésus.

Serait-il donc temps de donner au monde entier connaissance de cette merveille? Serait-il opportun de fixer les sentiments et de donner une base à l'opinion publique? Serait-il opportun de donner cet aliment aux âmes pieuses qui soupirent après la vérité? Serait-il opportun de faire briller cette lumière au milieu des épaisses ténèbres qui couvrent les intelligences et qui enveloppent le monde comme avec les langes de l'enfance! Ah! Dieu le veut... rendons gloire à Dieu.

Et si nous sommes tous obligés de porter notre grain de sable pour la construction de l'édifice; si chacun doit contribuer de tout son pouvoir au triomphe de la vérité sur l'erreur; s'il est de l'intérêt de tous de combattre l'impiété, les passions déchaînées, la laideur répugnante du vice, le déplorable égarement des idées; si dans l'aveuglement où, pour la plupart, marchent les nations, il se trouve des misères innombrables et des larmes intarissables, ne devrons-nous pas déposer notre petite pierre, dire notre mot, nous présenter où il y a nécessité ou convenance de quelque petit secours, si cela peut contribuer à la gloire de Dieu, à l'honneur des saints et au bien des âmes qui habitent encore cette terre de pèlerinage remplie de maux indicibles? Pourquoi donc ne ferions-nous pas un effort pour éclaircir un prodige sans exemple, et qui peut tant intéresser les hommes, bien que nous ne comprenions pas encore clairement le mystère qu'il renferme, et que nous ne saisissions pas l'enseignement qu'il nous apporte sans aucun doute?

Les épines sont quelque chose; les épines disent beaucoup, et il importe d'établir leur signification. Pour moi je suis persuadé que ce fait si admirable contient des leçons historiques de grand intérêt; mais des leçons comme Dieu seul les sait et les peut préparer, des leçons qui déroutent la prudence des prudents et confondent la sagesse des sages.

De tout cet ensemble de réflexions il paraît bien qu'on peut conclure qu'il n'est pas prématuré de traiter la question des épines, ni de prendre à leur propos une décision, étant posées les conditions que l'Eglise a établies.

§ II — A AFFIRMER OU A NIER Y A-T-IL OU NON DANGER POUR LA RELIGION?

Affirmer ou nier que les épines soient ou non miraculeuses, je ne vois ni ne comprends comment il pourrait y avoir là un danger pour la religion.

D'où et de qui pourrait venir le danger pour la religion? Des infidèles? Ces infortunés sont assis dans les ténèbres et à l'ombre de la mort. — Viendrait-il des hérétiques? Pauvres égarés! Aveuglés par leurs passions et dominés par l'orgueil, ils ne veulent pas reconnaître la vérité. Ils sont hors de la maison : que nous importe les moqueries des étrangers? Fermons la porte, et le bruit s'arrêtera dans la rue. — Viendrait-il des schismatiques? Non; ils seront étonnés, mais ils se tiendront à l'écart, saisis d'un certain respect. — La religion serait-elle en danger du côté des incrédules et des rationalistes? Ils se contentent, avec leurs ridicules prétentions de sages, dédaigneux du surnaturel, d'arriver à mourir comme des bêtes. — Est-ce de la part des mauvais chrétiens que viendrait le danger? C'est à ceux-ci que s'adresse d'une manière spéciale cet avertissement du Seigneur, afin qu'ils rentrent en eux-mêmes, amendent leur vie et parviennent au salut. — Serait-ce des franc-maçons et de tous ceux qui se sont déclarés ennemis de l'Eglise que pourrait venir le danger pour la religion!... Mais je vous le demande, est-ce qu'ils ont eu par hasard besoin des épines du cœur de la sainte Mère, pour lever le bras et détruire autant qu'il leur a été possible?

Jetez un regard en arrière, et étudiez l'histoire : parcourez l'Espagne, l'Europe et le monde. Combien d'années de guerres, d'incendies, de ruines, de pillage, de profanations, de morts, de sang et de larmes!... Comptez si, vous pouvez, tant de désastres et tant de calamités!... Où étaient alors les épines? Non, ceux qui ont juré la ruine de la religion comptent pour rien les épines qui entourent le Cœur béni du Séraphin du Carmel. Ils n'ont pas besoin non plus de prétextes ni d'occasions : ils en cherchent et en inventent selon leurs forces, et surtout selon les péchés du monde; parce que, en ce cas, Dieu, pour le châtiment de tous, livre le monde à la merci des impies.

Parcourez les antiques annales, scrutez l'histoire ecclésiastique, ouvrez les yeux, et considérez la marche des peuples dans ces funestes jours que nous traversons, et dites-moi : ne voyez-vous pas la main de Dieu flagellant les nations? Ne voyez-vous pas que les sectes religieuses sont l'instrument choisi pour châtier tous les hommes, à cause des innombrables péchés de toute sorte qui se commettent sur la terre? Supprimez le péché parmi les hommes, et nous ne serons plus frappés par le terrible fouet de Dieu. *Verge de sa fureur* : c'est ainsi que le Seigneur appelait les Assyriens, quand il voulait par leur moyen humilier les Israélites. S'il se sert de Nabuchodonosor pour détruire les Juifs et les réduire en captivité, d'un autre côté il appelle Cyrus deux cents ans à l'avance, et le conduit par la main pour qu'il rende la liberté à son peuple, et le remette en possession de la Terre Sainte.

Et quel danger pourrait-il y avoir de ce côté pour la religion?... Le mépris? nous le méprisons. Le ridicule? nous n'en faisons pas cas. On s'est bien moqué du Seigneur, et sur lui retombent tous les sarcasmes et toutes les iniquités des nations. A son heure il fera justice. Ne s'élèvera-t-il pas une nouvelle persécution?... Mais n'est-elle pas sur nos têtes?... elle augmentera... Et qu'importe? Le sang des martyrs est une semence de chrétiens. La tempête enracine les arbres; de même la persécution est le creuset de la vertu et elle ravive la foi.

Mais non, il ne viendra de là aucun dommage; aucun danger n'est à craindre de ce côté. Dieu présente cette nouvelle merveille comme une trompette qui annonce un jubilé universel. Il appelle les nations à la pénitence, parce qu'il veut faire miséricorde. Il a révélé des maux qui se sont accomplis ou qui sont en train de s'accomplir, et il annonce qu'ils touchent à leur fin. Dieu est grand, et par quelques simples épines il veut attirer l'attention du monde, et le tenir dans l'expectative. Dieu parlera, et les nations chanteront des hymnes au Seigneur.

Tous les maux que l'imagination peut prévoir comme possibles pour l'Eglise, sont depuis longtemps déjà prévus et acceptés. Perte de biens, exil, prison, tourment, mort. Mais ils ne peuvent franchir la limite d'ici-bas : ici se brise toute la fureur de la terre et de l'enfer, tant que nous marchons sur ce globe. Les maux qui finissent ne sont pas à craindre; ce ne sont jamais que des jouets d'enfants. Mais, ce qu'il y a à redouter, c'est la colère de Celui qui, avec l'extrémité de ses doigts, soutient l'univers; qui, de son seul regard, fait fumer les montagnes; qui, de son haleine, fait trembler la terre comme un malheureux dont les nerfs sont troublés; et qui, d'une seule parole, fait sortir les mondes du néant ou les fait disparaître comme par enchantement, et peut jeter le corps et l'âme dans l'enfer.

Et quand les hommes dépouillent l'innocent, lancent la torche incendiaire, ou saisissent l'arme fratricide, ne sont-ils pas, par hasard, des instruments de la justice de Dieu pour le châtiment du monde et l'expiation des fautes commises ? Sommes-nous donc si innocents, que nous ne devions rien à la justice de Dieu ? Les disciples doivent-ils être mieux traités que le Maître? Réfléchissons bien, et nous verrons que la très pure Vierge Marie est la Mère de douleurs, un Océan d'amertume, la Vierge désolée, la Reine des martyrs. Les Apôtres furent envoyés comme des brebis au milieu des loups. Les histoires n'ont pu relater la multitude sans nombre des martyrs du Seigneur.

Quelle âme a jamais atteint la perfection et la couronne, sinon par le moyen d'un continuel sacrifice? La parole du Seigneur sera toujours vraie : c'est par beaucoup de tribulations que nous devons entrer dans le royaume de Dieu. Des combats qui se livrent en ce monde ne doivent pas nous arrêter un seul instant, combien moins encore nous faire dévier !... Si l'appréhension des maux futurs plus ou moins grands et imminents avait eu quelque valeur, jamais, sans aucun doute, les apôtres n'auraient répandu la divine parole dans le monde; jamais les athlètes du Christ n'auraient versé leur sang pour la foi; jamais nous ne serions arrivés à connaître l'Arche sainte de l'Eglise hors de laquelle il n'y a point de salut; jamais nous n'aurions je ne dirai pas pratiqué des vertus héroïques, mais montré les vertus chrétiennes les plus communes et les plus ordinaires.

Tous les maux temporels se réduisent à zéro, et jamais, par crainte de maux qui peuvent venir des hommes, jamais, c'est ma conviction, on ne doit omettre la pratique d'un bien véritable, l'exécution d'une chose qu'on croit être de Dieu et pour sa gloire. A bien plus forte raison ne faudra-t-il pas, sans hésiter, poursuivre une affaire aussi importante que la nôtre?... Dieu lui-même, depuis quarante ans, s'en occupe et nous la recommande : et nous hésiterions à la terminer? Quel inconvénient y aurait-il à éclaircir cette question? Quel trouble pourrait naître d'une solution définitive?

S'il s'agit ici de la gloire de Dieu, à quoi bon tarder? N'est-ce pas Dieu qui est le promoteur? le demandeur? N'est-ce pas son affaire? Pourquoi ne pas s'en occuper? Devons-nous plus craindre les hommes que Dieu? Qui sait si de cet objet ne dépend pas une impulsion, un mouvement général vers le bien? Qui sait si ce n'est pas là le point de départ de la pénitence universelle que le Seigneur demande? Qui sait si ce n'est pas là le principe de la régénération du monde? Qui sait si la patrie ne doit pas se lever de la poussière, grâce à ces épines? Qui sait s'il y a beaucoup ou peu d'âmes qui obtiendront peut-être le salut par leur méditation attentive? Qui sait la gloire qui doit revenir au Seigneur de la proclamation officielle de ce prodige? Qui sait si la miséricorde de Dieu ne descendra pas plus abondante sur les hommes et sur le monde, aussitôt qu'on aura reconnu cette merveille et adoré en elle la bonté éternelle du Seigneur?

L'avenir est un mystère réservé à Dieu seul. Notre ignorance et notre petitesse doivent nous faire adorer ses hauts desseins, et travailler, de notre côté, autant qu'il nous est possible et avec une fidélité entière, à ne pas nous soustraire à sa divine grâce, à ne pas nous priver de son secours souverain ni nous séparer de son adorable providence. Sous le gouvernement du Seigneur, nous n'avons rien à craindre. Si Dieu est pour nous, qu'importe que le monde entier se déclare contre nous? Le grand secret du succès et du bonheur, c'est de ne pas s'éloigner de Dieu, même d'un doigt, c'est de regarder Dieu en tout temps et occasion, et de ne pas incliner d'un point du côté des hommes. Avec ces principes, la protection du Seigneur sera assurée, et la victoire ne pourra jamais faire défaut.

La religion pourra-t-elle être détruite de la part des hommes? Non : le Seigneur a dit que les portes de l'enfer ne prévaudront point contre elle. Avec la permission du Seigneur et pour l'accomplissement de ses sages et paternels desseins, les hommes sans conscience et remplis de vices, les ennemis du saint nom de Jésus-Christ et de sa divine religion, se déchaîneront contre elle pour la détruire : mais les ailes de leur fureur n'atteindront que jusqu'à la ligne que le Seigneur leur a tracée et ne la dépasseront pas d'un point. C'est là que viendra se briser la fureur de leur orgueil. Mais un jour viendra où le Seigneur, indigné contre l'homme, pourra livrer complètement la religion à la haine de ses ennemis, et où elle sera peut-être extirpée de la face de la terre. Malheur à l'homme ce jour-là!...

Quand la religion de Jésus-Christ disparaîtra, c'est que le temps sera venu d'enlever le monde comme une tente dressée pour une nuit. La religion sainte s'envolera au ciel, d'où elle était descendue pure et brillante, et la terre, dévorée par le feu, s'abîmera dans ces éternelles ténèbres, au milieu desquelles elle fut créée. Gloire au Seigneur à jamais!...

Nouvelle Difficulté.

J'avais annoncé au vénérable prêtre dont j'ai parlé plus haut, qu'à mon avis, la difficulté était résolue, et que l'hypothèse d'un *agent vivant* ou animalcules ne me paraissait pas soutenable. Il se contenta de me répondre ces quelques mots : « A mon avis, l'affaire des épines est très épineuse; mais il est clair que si c'est l'œuvre de Dieu, il donnera les moyens d'écarter toute erreur et toute illusion. Seulement je conseille à Votre Révérence d'y aller bien doucement avant de publier autre chose que les faits. Oui, les faits, c'est bien; mais vouloir se prononcer sur leur caractère naturel ou surnaturel, c'est s'exposer à des désagréments et à quelque chose de pire encore (1). »

Franchement parlant, j'ai beau regarder, je ne vois pas le côté épineux des épines. Serait-ce une illusion de ma part, ou une crainte excessive de ce vénérable ecclésiastique? Daigne le Seigneur nous éclairer et nous conduire, et ne pas permettre que, dans cette affaire ou dans toute autre, nous sortions jamais du droit chemin. Pour moi, je ne trouve plus ici rien à dénouer. Est-ce l'affaire de Dieu ou non? Est-elle suffisamment éclaircie? Les

(1) Lettre du 27 août 1875, fête de la Transverbération du Cœur de sainte Thérèse : quelle coïncidence !

lecteurs en jugeront. Y a-t-il erreur ou illusion? Il ne m'appartient pas de le décider.

Quant à publier les seuls faits, sans y rien ajouter, je crois que c'est insuffisant, et que les desseins de Dieu ne se bornent pas là. Aux Juifs tout arrivait en figure, comme l'affirme saint Paul; est-ce que par hasard les merveilles que Dieu fait paraître chaque jour devant nos yeux n'ont pas d'autre but que de nous éblouir ou de nous amuser comme des enfants? Elles ne signifient rien? Elles ne veulent rien nous dire? Est-il possible que Dieu opère des prodiges à la face du monde et le remplisse d'effroi, seulement pour exciter un sentiment vain, sans utilité, sans une fin digne de son infinie grandeur et de sa bonté ineffable?

Et il ne sera pas permis d'étudier avec respect ce fait admirable, toujours remarquable et qui, par conséquent, attire l'attention de tous? Il ne sera pas permis de le méditer humblement au pied des autels? Il ne sera pas permis de demander au Seigneur sa lumière et sa grâce? Dieu ne pourra pas, par hasard, se servir de l'instrument qui lui plaît davantage? Et je n'aurai pas le droit d'exposer franchement et simplement ce que, devant Dieu, je crois comprendre, sans chercher mon intérêt propre, ni le désavantage de personne. Si l'œuvre est de Dieu et qu'on l'entreprenne pour lui, il la dirigera et la conduira à sa fin.

Comme individu privé, comme personne particulière, comme quelqu'un qui a eu, grâce à Dieu, l'occasion de voir et d'examiner à loisir les épines et toutes les particularités que l'on remarque avec admiration dans le vase de cristal, j'ai présenté, à différentes époques, en vertu de ces examens, deux rapports sans caractère officiel sans doute, mais qui ont été admis par l'autorité ecclésiastique, bien que j'y eusse consigné mon opinion sur le caractère surnaturel des épines (il est vrai que cette opinion était appuyée sur de bonnes preuves) ; et aujourd'hui, je ne pourrais pas, avec le même caractère d'opinion personnelle, et en vertu de mes observations répétées, des avis des docteurs et des objections qu'on m'a faites, je ne pourrais pas développer les réflexions que j'ai présentées à Monseigneur l'Evêque, fortifier les preuves, résoudre autant que possible les difficultés, déblayer le terrain, et tirer les conséquences qui me paraissent suivre naturellement et sans efforts?

Je n'y vois pas grand inconvénient. Puis-je me tromper? Mais sans doute : je ne suis infaillible ni dans les observations, ni dans les conséquences que je déduis, ni dans les conjectures que je forme. Eh bien,... quel inconvénient y a-t-il?... Que d'autres viennent mieux étudier le fait ; qu'ils tâchent d'obtenir du Seigneur une nouvelle et plus abondante lumière, qu'ils exposent comme moi leur opinion d'une manière particulière ou officielle; mais il faut toujours laisser à l'autorité ecclésiastique la pleine liberté de donner une solution définitive.

Quand j'estime, comme conséquence de mes observations, et de ce que je ne trouve absolument pas, même au moyen d'hypothèses, d'explication satisfaisante, quand j'émets cette opinion que les épines sont un fait surnaturel et prodigieux, je ne dis rien de nouveau. Avant moi, et à mon insu, les docteurs Elena et Sanchez, jugeant pieusement, tiraient la même conséquence, dans leur avis magistral et officiel. Cette sentence a été publiée dans les revues, et on la trouve dans l' « Almanach des dévots à sainte Thérèse de Jésus (1). »

Quel inconvénient pourrait venir de ce côté?... Dira-t-on que je suis téméraire, que j'affirme à la légère, qu'il

(1) Par D. Henri de Osso, Barcelone, année 1874, p. 154. On y trouve textuellement toute la sentence des docteurs, avec des réflexions sur ce sujet.

faudrait plus de temps et de preuves, plus de science et un plus minutieux examen, que je suis trop crédule, que la passion m'aveugle?... Peu m'importe, j'agis sans prétention; les humiliations, grâce à Dieu, ne me coûtent ni ne m'effraient : tout se réduit pour moi à rester dans la poussière, à bénir et à louer le Seigneur. Que m'importe ma réputation, si Dieu est glorifié?

Lorsqu'on se met à étudier quelque chose, ce n'est pas parce qu'on sait, mais parce qu'on désire savoir. Il est certain qu'il peut y avoir beaucoup d'opinions différentes sur ce point : or, quel préjudice éprouvent ceux qui n'ont pas rencontré la vérité? Ils se sont trompés, parce que c'est le propre de l'homme de se tromper; mais une erreur involontaire n'est pas une faute et ne laisse pas de tache. Qu'ils reconnaissent leur erreur et embrassent la vérité qui se présente à eux et qui termine le débat : ils sortiront de leur défaite plus glorieux qu'auparavant.

Pour moi, je présente mon opinion comme une conséquence : j'ai donné mes preuves et mes raisons. Toutefois, si l'autorité ecclésiastique, l'unique juge qui doive prononcer sur cette question, ne me donne pas son approbation, qu'elle dise : *Il n'y a pas miracle ici*, et je répéterai : *Il n'y a pas miracle*. Qu'elle dise que *j'ai mal fait en publiant mon travail*, et aussitôt je publierai ma rétractation et l'humiliation qui s'ensuivra. Mais tant que l'Eglise ne parle pas, tant qu'elle ne décide rien, pourquoi n'oserais-je tirer des données que j'ai recueillies les conclusions qui me paraissent légitimes? Et, supposé que je les aie présentées comme un compte rendu privé, pourquoi ne pourrais-je les présenter comme un compte rendu public? D'autant plus que tout ce que je pense et tout ce que je publie, je le soumets sans réserve au jugement de la sainte Eglise.

LE BRAS

Parmi les docteurs, MM. Elena et Sanchez sont les seuls qui établissent une comparaison entre le cœur et le bras de la Sainte. Leur observation est très juste. « En portant jusqu'à l'extrême limite leurs investigations, disent-ils, les déposants ont examiné le bras de sainte Thérèse enfermé de la même manière que le cœur dans un fanal hermétiquement clos, et ils ont pu observer ceci : Bien que le cœur et le bras aient la même texture organique, cependant la chair de celui-ci, fixée aux os du bras et de l'avant-bras, substance plus solide et plus durable que la musculaire, présente une couleur et une consistance semblables à celles des momies, ce qui n'a pas lieu pour le cœur. On voit à découvert la partie supérieure de l'os du bras, dont la partie charneuse ou musculaire a disparu, mais on n'y remarque aucune excroissance comme dans le saint Cœur, et pourtant ce sont les mêmes causes qui ont opéré dans les deux reliques. » Voilà une des raisons sur lesquelles les docteurs Elena et Sanchez s'appuient pour conclure que les épines ont un caractère surnaturel et prodigieux.

Je fis la même observation : je trouvai plus de dessiccation et d'aridité, la même privation d'air, les mêmes conditions de chaleur et de froid, de vent et d'humidité; et néanmoins, rien, absolument rien, ne se remarque, ni dans le bras, ni dans le vase qui le renferme, de tout ce que l'on observe avec étonnement dans le saint Cœur. En étudiant avec soin et en grand détail toutes les circonstances qui se rencontrent en ces deux reliques, je ne puis que m'écrier : *Digitus Dei est hic!* le doigt de Dieu est là!

Plus tard je vis une relation que les heureuses Carmélites d'Alba de Tormès conservent dans leur couvent : elle fut écrite le 30 mai 1817 et signée par toute la Communauté d'alors. On y rapporte différents faits merveilleux regardés comme des miracles, et opérés par l'intercession de la Sainte, de 1808 à 1813. Je n'y prendrai qu'un fait bien digne de remarque à propos de la matière que je suis en train de traiter.

Nous, comprenant toute la Communauté, disons, déclarons et certifions que le quatrième jour de juin de l'année passée dix-huit cent huit, le même jour où notre roi catholique don Ferdinand sept partit en captivité (prisonnier en France), voyant la révolution qui commençait dans le royaume, les Religieux de notre couvent de Saint-Jean de la Croix, de Carmes déchaussés, contigu à celui-ci, résolurent de faire une procession solennelle de supplication pour le peuple, à l'effet d'implorer la protection du Tout-Puissant par l'intercession de notre sainte Mère, et d'apaiser la colère divine. A cette fin, d'accord avec la municipalité, ils prièrent notre Communauté de permettre que le saint Bras fût porté à la dite procession. L'ayant permis, comme de juste, nous allâmes prendre la relique au trésor où on la vénère. Alors se manifesta un prodige : le reliquaire de cristal, où elle est enfermée, était couvert dans sa partie intérieure d'une sorte de rosée si abondante que, à certains endroits, elle formait des gouttes : et pourtant nous ne pouvions croire qu'aucune humidité eût pénétré dans le reliquaire, qui n'avait pas la moindre fente ni ouverture. Plus grand fut encore l'étonnement de ceux qui le virent, de retour au couvent, après la procession, couvert d'une rosée encore plus abondante et plus épaisse, bien qu'on fût, comme il a été dit, au quatre de juin. Cette rosée demeura ainsi environ deux mois et demi, sans qu'auparavant ni après on ait rien aperçu, même en regardant avec beaucoup de soin

et d'attention. De tout cela furent témoin la majeure partie des Sœurs de la Communauté, qui souscrivent, aussi bien que de l'émotion intérieure que ce fait nous causa. — Alba, le 30 mai 1817. (Province de N. P. S. Elie.)
— Françoise-Thérèse du Saint-Esprit, prieure. — Raimonde de sainte Thérèse, supérieure, clavière. — Isabelle-Thérèse du Saint-Esprit, clavière. — Josepha de l'Incarnation, clavière. — Gertrude de Jésus-Marie.—Thérèse de Jésus, Marie et Joseph. — Maria-Josepha de sainte Rite. — Maria-Cajetana de saint Joseph. — Angèle-Marie de saint Jean de la Croix. — Josepha-Maria de grâce. — Maria-Josepha de Jésus. — Maria-Josepha de sainte Marthe. — Maria-Josepha du Cœur de Jésus. — Narcisse de saint Antoine. — Marie-Isabelle de la Conception. — Claire-Françoise du très saint Sacrement. — Angèle-Raimonde de Jésus-Marie ». (1)

Je dois noter ici, le 18 mai 1875, pendant que j'observais de nouveau le saint Bras, les religieuses qui se trouvaient présentes me firent remarquer, sur la paroi interne du cristal et de distance en distance, comme une multitude de gouttes de rosée, semblables à celles qui se produisent sur les vitres, à l'intérieur des maisons, quand il fait froid au dehors. Une Sœur me dit que, le jour d'avant, cette rosée était plus abondante.

Comme j'avais peu de temps à ma disposition, je ne pus prolonger mon observation ; toutefois, cela me parut faire l'effet d'un brouillard qui s'attache aux vitres par suite du refroidissement extérieur. On ne voyait cette rosée que de place en place. Elle ne me parut pas appartenir au cristal du reliquaire, car je crus le voir assez transparent et uni. Qu'est-ce donc? je l'ignore.

(1) Relation manuscrite des prodiges que, pendant la guerre des Français, produisit l'intercession de la Sainte, de 1808 à 1813, dans le Couvent des Carmélites déchaussés de l'Incarnation à Alba de Tormès.

Ici je trouve une humidité interne, abondante, en forme de gouttes, par un temps de chaleur convenable et nécessaire pour féconder les graines et développer toute végétation; le bras se trouve dans les mêmes conditions que le saint Cœur, et, malgré cela, il ne projette aucune excroissance, il ne produit point d'épines, il ne manifeste aucune particularité : pour quelle raison ? Le bras possède de l'humidité, et le cœur en manque : néanmoins le cœur desséché produit des épines, et du bras, avec l'influence de l'humidité, il ne pousse rien. Quel mystère y a-t-il ici ?

Est-ce que, par hasard, l'humidité du bras, ou plutôt du reliquaire et sa privation d'excroissances, ne fourniraient pas une preuve indirecte destinée à réfléchir une plus grande lumière sur le fait des épines que l'on remarque dans le saint Cœur ? Dieu est grand en tout, et ses miséricordes n'ont point de fin. Qu'il soit béni !

CONJECTURE

Que peut signifier ce merveilleux assemblage que l'on remarque dans le cœur béni de sainte Thérèse de Jésus ? Y a-t-il quelque mystère pour l'avenir dans ce que l'on observe sur le cœur de la fidèle servante et de l'épouse aimante de Jésus depuis tant d'années ?

Eh! qui suis-je pour répondre à de pareilles questions ? Tout ce que je puis, c'est de consigner quelques pensées qui m'ont traversé l'esprit pendant que j'étais occupé à écrire les idées qui me venaient en foule au sujet du cœur de ce séraphin sous forme humaine. Quelques rayons se sont échappés, et se sont éparpillés çà et là. Ici je veux admirer l'élévation de l'âme du mystique Docteur du Carmel.

O Thérèse! qui ne serait stupéfait en te voyant à une

telle hauteur? Qui pourrait voler en pensée là où tu es montée en esprit? Qui brûlera, comme toi, de cette vive flamme de l'amour divin? Qui embrassera aussi résolument l'abnégation et le sacrifice? Qui, à ton exemple, enflammera son zèle pour l'honneur et la gloire de Jésus, le céleste Epoux, pour le salut des pécheurs qu'il lava dans le bain salutaire de son précieux sang, et pour la conversion du monde entier, pour l'amour duquel il prit une chair humaine, souffrit et mourut au milieu de si cruels tourments?

En toutes choses tu t'es rendue semblable au céleste Epoux Jésus; et quand le Seigneur eut échangé son cœur avec le tien d'une manière mystique, vous êtes arrivés, mystiquement aussi, à être deux en un. Tu n'avais plus d'autre amour que celui de Jésus, plus de volonté que celle de Jésus, plus de désirs que ceux de Jésus, plus d'intelligence que celle de Jésus, plus d'intérêts que ceux de Jésus, plus d'intentions que celles de Jésus, plus de répugnances que celles de Jésus, plus de peines que celles de Jésus, plus de tourments que ceux de Jésus.

Tout en toi était plein de Jésus, tout était de Jésus, par Jésus, pour Jésus, avec Jésus. Le principe de tes pensées était Jésus : le principe de tes paroles, celui de tes œuvres était Jésus. Au milieu se tenait Jésus, et tout passait par Jésus, et Jésus était la fin de toutes tes actions, de toutes tes pensées, paroles, désirs, soupirs ; tout allait droit et pur à Jésus, à qui tout se rapportait et se concentrait, comme les eaux de toutes les rivières du monde courent se précipiter dans la mer immense.

Tu es Thérèse de Jésus, et, par conséquent, on doit dire : Jésus de Thérèse. Mon bien-aimé est tout pour moi, et moi je suis toute pour mon bien-aimé. Grand mystère d'amour et d'abnégation que tu as su accomplir avec perfection sur la terre, et qui s'est développé sans mesure dans les splendides régions de la gloire.

O Thérèse! pendant que tu vivais tu rendis amour et gloire à ton Dieu; mais tu désirais lui en donner davantage; voilà pourquoi le céleste Epoux de ton âme a comblé les nobles et ardents désirs de ton Cœur embrasé.

Mais comme le Seigneur est admirable dans ses dons, non seulement il t'a transportée et submergée dans l'infinité de ses joies ineffables, mais il veut aussi te glorifier sur la terre, puisque, pendant que tu étais sur la terre, tu te consumais pour sa gloire.

Quelle récompense! Pour un peu de souffrance en ce monde, une joie éternelle dans la gloire!... Pour avoir renoncé à des plaisirs d'un moment, des siècles infinis de délices dans le Paradis!... Pour une hutte de boue sur la terre, un immense palais d'or et de pierreries, de splendeur et de gloire dans le ciel!...

O Thérèse! Ton cœur béni attribuait purement et simplement à Dieu toutes les grâces qu'il recevait et tous les bienfaits que la Providence répandait sur le monde; ainsi tu rendais à Dieu ce qui lui appartient; ainsi tu le glorifiais; eh bien, sois ravie, ô séraphique Thérèse, après trois cents ans que tu as disparu de ce monde et que tu jouis de la vue de Dieu dans les demeures éternelles, aujourd'hui le Seigneur veut glorifier ton cœur!...

Quelle merveille! quelle faveur singulière!... Ton cœur de chair, arraché il y a trois cents ans de ta poitrine virginale; ton cœur de chair desséché, aride et momifié; ton cœur de chair, ô toi qui aimas ton Jésus et qui fus si passionnée pour sa gloire; ton cœur de chair, ô toi qui prias tant pour la conversion des pécheurs et le salut du monde; ton cœur de chair est aujourd'hui le théâtre où le monde fixe son admiration.

De ce petit coin de terre d'Alba de Tormès où tu laissas

le vêtement extérieur de ton âme, le Seigneur fait entendre par ton moyen des cris retentissants pour réveiller de leur léthargie les hommes qui gisent endormis du profond sommeil de l'oubli. Le Seigneur crie pour que tous se lèvent des ombres de la mort où ils restent assis. Malheur à ceux qui ferment l'oreille aux cris de Jésus!...

Où donc, ô Thérèse, as-tu su trouver tant de courage? Comment as-tu pu porter si haut ton vol? Quel fut ton appui pour tant de sûreté, tant d'amour et tant de gloire?

Ah! dans ton enfance tu as pris sérieusement pour protectrice et pour mère la Vierge immaculée, la sublime Mère de Dieu. Tu t'es réfugiée sous sa protection, et Marie a été ton bouclier, ton guide et ta lumière. Obtiens-moi sa protection, pour que je marche sur tes traces.

Et vous, ô Marie, douce Mère de mon cœur, étendez aussi sur moi votre manteau, illuminez mon esprit, enflammez mon cœur, élevez le vol de mon âme, conduisez-moi par la main, et, en me faisant votre fils docile, humble et aimant, obtenez-moi la grâce d'être le ministre soumis, zélé et fidèle de Jésus mon Sauveur et mon Dieu. Ainsi soit-il.

En examinant le cœur privilégié de la séraphique Thérèse, je vois des excroissances qui, sous la forme d'épines naturelles, suggèrent des réflexions très spirituelles. Là tout réfléchit Thérèse de Jésus, là tout rappelle la puissance de Dieu. Là on ne voit point de régularité, et tout est régulier; là on ne découvre point les lois physiques, et tout est physiquement composé; là tout se montre contourné, contrefait, et tout garde un ordre merveilleux. Là, dans la mort se produit la vie, et la vie s'alimente dans la mort. Là il n'y a pas de volonté humaine qui combine; là c'est la volonté supérieure et libre de Dieu qui dispose ainsi les choses, qui dirige tout, pour ses secrets desseins, à l'éxécution des fins sublimes que Lui seul connaît.

Toutes les créatures persévèrent dans l'ordre où Dieu les a établies, toutes suivent aveuglément l'impulsion que Dieu leur a données dans le principe; l'homme seul, objet des bontés du Seigneur, trouble cet ordre, en agissant contre la volonté du Créateur. Ces épines n'obéissent pas à une loi préexistante que nous connaissions; mais elles obéissent en tout cas à la volonté de Dieu, qui, pour des vues de miséricorde, les pousse, les fait sortir du fidèle Cœur de sa servante, en les livrant aux disputes des sages et à l'admiration du monde. Je crois que le cœur de Thérèse de Jésus et un appel à la foi de l'Homme-Dieu, mort pour notre amour sur le Calvaire.

Combien la foi est morte!... Et quoiqu'elle revive comme la flamme d'une lampe qui s'éteint, elle mourra pourtant dans beaucoup d'âmes; et la charité qui s'alimente et vit à la lumière et à la chaleur de la foi, se refroidira aussi, et disparaîtra de beaucoup de cœurs.

Dieu veut raviver la foi, Dieu veut ranimer la charité dans le cœur des peuples, pour que les peuples, adorant Dieu dans la foi, s'unissent à lui par amour.

Le cœur de Thérèse de Jésus est l'excitateur de cette foi endormie, l'aiguillon de cette charité ralentie.

Foi et charité entraînent pour le monde sacrifice et pénitence; et dans le cœur de sainte Thérèse de Jésus apparaît l'emblème de cette pénitence et de ce sacrifice.

Le cœur de Thérèse de Jésus est le cri d'alerte pour les fidèles, pour l'Eglise, pour les nations, pour le monde.

Bienheureux ceux qui sauront profiter de cette trompette du Seigneur!... Malheur à ceux qui fermeront l'oreille à la sainte voix de Dieu!...

La blessure est à la droite du cœur, qui est l'endroit privilégié, et ses lèvres sont entr'ouvertes comme les lèvres de Thérèse, brûlantes et altérées, aspirant l'amour.

On dirait la Sainte, transportée, extatique, absorbée dans une sublime contemplation, avec ses lèvres entr'ouvertes et brûlées par le feu ardent et divin qui dévorait son cœur privilégié.

Et à mesure que son cœur s'embrase du divin amour, son âme enflammée s'élance à travers les espaces à la recherche de son bien-aimé; et son cœur ne trouvant pas sur quoi s'appuyer sur la terre, il tend les mains, pour ainsi dire : il lance et enfonce des racines qui, ensuite, s'élèvent vers le Seigneur, centre et fondement de tout être créé.

Comme si cela ne suffisait pas pour montrer les vives angoisses de son cœur, elle affile ses dards, et lance des épines qui, frappant le fond du vase, s'élèvent et se dirigent différemment vers son Seigneur. Elles traversent la poussière, paraissent au jour, s'allongent dans la cavité du fanal, et se tiennent là fixes, montrant de leur pointe aiguë la direction de la gloire.

Qu'est-ce que ce phénomène? Que signifie-t-il? Renferme-t-il quelque mystère? Est-ce un emblème prophétique?

Ah! si la transverbération est une image vivante et perpétuelle de la blessure qui transperça le cœur du Seigneur sur la croix; si la carbonisation des bords de la blessure indique l'ardeur de l'amour de Thérèse, et si cet amour enflammé est l'image de l'amour infini de Jésus pour les hommes; si l'ouverture de la blessure révèle les soupirs et les supplications de l'âme de Thérèse en faveur des pécheurs et du monde, et si cette humble intervention est un pâle reflet de la toute-puissante et amoureuse médiation du Fils de Dieu en faveur de ses frères les hommes de la terre, ne doit-on pas dire qu'il y a quelque mystère enveloppé dans le cœur et principalement dans les épines?...

Là on voit des taches noires qui symbolisent l'horrible péché.

Là on voit des taches grises qui signifient un état moyen, la froideur, la débilité.

Là on voit des taches de sang, indice d'une continuelle expiation.

Là on voit des rugosités en signe de l'âpreté et de la mauvaise condition de la vie.

Là on voit des pierres qui marquent la dureté du cœur.

Là on voit des particules qui se détachent pour indiquer les grâces qui se perdent, et la vie qui s'écoule par moments.

Là on voit de la poussière, en souvenir de la terre dont nous avons été formés, et de la poussière en laquelle nous devons nous changer et nous résoudre, et du voile qui couvre nos yeux.

Là on voit des fils qui signifient les chaînes qui nous attendent si auparavant nous n'enchaînons pas nos passions, et si nous ne soumettons pas nos vices.

Là on voit des racines qui montrent que nous sommes enracinés dans la terre et dans le péché.

Là on voit de la poussière, mais une poussière légère et insaisissable qui ne suffit pas à soutenir nos pieds, et qui aveugle en même temps notre faible entendement.

Là on voit des épines, beaucoup d'épines, qui proclament bien haut les travaux, les peines, les amertumes nombreuses dont est semée la misérable vie de l'homme.

Le cœur de Thérèse de Jésus est un monde en miniature ; c'est un monde microscopique, qui étonne le monde, puisque le monde entier était contenu dans le cœur de Thérèse de Jésus.

Mais ces épines... ces épines ?...

Dans ma méditation, ces épines renferment un grand mystère. Elles sont sèches, elles sont muettes, mais leurs voix, traversant les espaces, retentissent jusqu'aux extrémités de la terre.

Le monde s'est séparé de son Créateur.

Les nations se sont séparées de l'Eglise.

Les hommes se sont séparés de la Loi.

Les peuples se sont séparés de leur devoir.

La corruption inonde tout.

Le mensonge enveloppe tout.

L'intérêt domine tout.

L'ambition surmonte tout.

L'orgueil détruit tout.

Malheur au monde!... Malheur au monde, à cause de l'iniquité universelle qui l'enveloppe comme un manteau de ténèbres!...

Mais ces épines!...

Pénitence!... crient les épines du cœur de sainte Thérèse de Jésus. Pénitence!... Sacrifice!... Châtiment!...

Qui désarmera le bras de la colère du Seigneur?

A une autre époque le monde était inondé d'hérésies et d'erreurs innombrables ; à une autre époque les fils de l'Eglise gémissaient sous la tyramnie des hommes sans foi, et à cet époque Dieu suscita un grand Saint qu'il plaça sous la protection spéciale de Marie.

Grâces aux efforts de ce grand Saint et de ses fils, efforts bénis par la Vierge très pure, les hérésies disparurent, les erreurs s'évanouirent et le monde se convertit.

Ce Saint était saint Dominique de Guzman, fondateur de l'ordre sacré des Frères Prêcheurs ; les armes dont il se servit furent le saint Rosaire et la Pénitence.

Et le saint Rosaire ne fut pas une invention humaine, il ne fut pas un calcul du grand fondateur des Pères Dominicains, non certainement ; il fut un ordre et une disposition de Notre-Dame, la Bienheureuse et toujours Vierge Marie.

Mais ces épines!... Continuons notre méditation...

Ces épines résonnent dans les cœurs impurs. Ces épines blessent les consciences souillées. Ces épines humilient les entendements superbes. Ces épines châtient les corps trop bien soignés. Ces épines piquent les esprits dissipés, tièdes, légers, ingrats, rebelles.

Elles appellent tous les hommes au combat. A tous elles crient : Pénitence!... Pénitence!... Sacrifice!... Châtiment!...

Quinze : voilà le nombre des épines que je découvre dans le cœur de sainte Thérèse de Jésus. J'ignore s'il s'en présentera d'autres. Mais n'y aurait-il pas quelque mystère enfermé dans ces quinze épines sorties jusqu'à ce jour?...

Dieu voudrait-il nous persuader de recourir à la puissante intercession de la Vierge Marie au moyen de la sainte et salutaire dévotion du Rosaire, remède parfait et souverain contre les erreurs et les mauvaises doctrines des protestants et des autres hérétiques; contre l'indifférence et l'apathie des tièdes et des libres penseurs; contre l'abrutissement des matérialistes et des efféminés; contre l'impiété des hommes sans conscience; contre l'aveuglement des pécheurs obstinés et contre les extravagances du monde insensé? Voudrait-il nous inviter à renouveler et à ranimer le souvenir et la foi des quinze principaux mystères de la Passion de notre divin Rédempteur?

Et quoi de plus naturel? Par sa Passion très sainte, soufferte pour l'amour de nos âmes, Jésus nous a rachetés de l'esclavage où nous gémissions sous la puissance de Satan. N'est-il pas juste et obligatoire de nous souvenir, avec un cœur reconnaissant, d'un si grand bienfait?

Il est bien certain que l'oubli du sublime sacrifice de l'Homme-Dieu en faveur de ses frères les hommes de la terre, a produit la pénurie de la foi, le refroidissement de la charité, la corruption générale et une immoralité publique, patente, générale. La terre a été remplie de désolation parce qu'il n'y a personne qui médite. Donc la méditation de ces divins mystères produira dans chacun la pénitence, la reconnaissance et l'amour.

Comment remédier à tant de maux, sinon avec la revue et la détestation du passé, avec le vif et continuel souvenir de la sanglante Passion de Jésus-Christ, avec l'intime gratitude pour les bienfaits qui nous sont venus de sa bonté ineffable, et avec l'observation exacte et très fidèle de sa divine Loi?... Malheur à nous si nous nous écartons de ce chemin de salut!

La prière et la méditation ne suffisent pas : il faut y ajouter la pénitence que la prière enseigne et que la méditation persuade.

Il y a cent cinquante ans que Thérèse montra la blessure de son cœur (1) ; par elle, elle prêcha et continue à prêcher aux nations le saint amour de Dieu. Les peuples ont méprisé ses gémissements sublimes, ils ont fermé l'oreille aux douces expansions de son âme, ils n'ont fait aucun cas des dards d'amour, qu'elle lançait enflammés du plus intime de son cœur. N'importe : Thérèse de Jésus, ou plutôt Jésus de Thérèse, n'arrêta point ses prodiges ni ses miséricordes.

Il me semble entendre Jésus s'écrier : « Vous n'avez point voulu accepter mon amour quand je vous excitais par la transverbération ; maintenant vous n'avez plus d'autre remède que la pénitence, que je vous prêche par les épines. »

La blessure se trouve en haut, dans le centre, à l'intime du cœur, et elle veut attirer, gagner et élever par l'amour. On n'en tient pas de compte? Eh bien, par en bas, par

---

(1) Je fais allusion à l'époque où l'on instruisit le procès au sujet de la transverbération : ce fut en 1725.

la pointe, par l'extrémité la plus éloignée sortent les épines qui invitent à la pénitence, ou menacent du châtiment.

Observez bien, et vous verrez qu'elles sortent à la gauche, qui est le lieu de réprobation, comme la blessure est à la droite, qui est la place des élus, la place de l'Ange Gardien, la place de salut et de bénédiction. Qu'est-ce que cela signifie?

Malheur à nous si nous ne faisons pas pénitence!... Malheur au monde s'il ne fait pas pénitence!...

Avec la pénitence volontaire de l'homme s'apaise la juste colère de Dieu.

Quinze épines!... Cinq épines pour chaque personne divine. Trois jours de pénitence publique, générale et obligatoire : voilà ce que Dieu paraît nous demander.

Nous ne voulons pas faire pénitence?... Les trois personnes divines nous feront sentir à la fin le poids de leur indignation.

Le Père déchargera sa puissance.

Le Fils nous refusera sa lumière.

Le Saint-Esprit nous retirera son amour.

Ne commençons-nous pas déjà à éprouver ces épouvantables effets?... Malheur à nous!... Malheur au monde!...

Si nous ne recourons pas à la pénitence, les travaux, les peines, les afflictions et les amertumes ne nous manqueront point. Il est nécessaire et obligatoire de souffrir.

Les sacrifices apaisent le Seigneur et fortifient l'âme. Offrons donc des sacrifices purs au Seigneur.

Dompter les passions, corriger les vices, enlever les défauts, rendre à chacun ce qui lui est dû, avoir patience, brider sa langue, gouverner son appétit, réprimer la colère, plier l'orgueil, s'enfoncer dans la poussière...

sacrifice.., sacrifice... sacrifice... et la miséricorde de Dieu viendra.

Vous ne voulez pas?... Préparez-vous, l'épée de la justice est levée. Voyez le coup prêt à se décharger. Ecoutez la Vierge qui crie et qui se plaint de ne pouvoir plus retenir davantage le bras de son Fils... Attention!... Attention!... Tremblez!...

Nous devons remarquer aussi que, depuis l'année 1835, pendant laquelle sans doute sortirent les premières épines, bien qu'elles n'aient été aperçues qu'en 1836, jusqu'en l'année 1875, où très probablement les dernières ont poussé, à en juger par leur petitesse, il s'est écoulé *quarante ans*... Nombre mystérieux, oui certainement, très mystérieux, comme nous allons le voir.

Quarante siècles se sont écoulés depuis la création du monde jusqu'à Jésus-Christ, la victime et le réparateur des péchés du monde.

Quarante ans : c'était l'âge de Moïse, quand il tua un Egyptien, lui faisant expier la vexation qu'il commettait contre un Hébreu.

Quarante ans : ce fut le temps de son absence de la cour de Pharaon, dont la fille l'avait adopté pour son propre fils ; et de son service comme pasteur dans la maison de Jéthro, prêtre de Madian, qui devint son beau-père.

Quarante ans il gouverna et conduisit le peuple d'Israël à travers le désert de l'Arabie : Dieu l'ordonnant ainsi pour châtier les Hébreux de leur incrédulité, de leur révolte et de leurs murmures, et pour faire mourir dans le désert tous ceux qui n'avaient pas été dociles à sa voix.

Quarante jours et quarante nuits durèrent son oraison, son jeûne et sa pénitence sur le mont Sinaï, pour recevoir de son Père éternel les deux tables de la Loi écrites du doigt même de Dieu.

Quarante jours et quarante nuits dura sa seconde station sur la montagne, pour obtenir par la prière et la pénitence de secondes tables ; dans sa colère il avait brisé les premières, en voyant dans la plaine le peuple se livrer à l'idolâtrie, danser et chanter autour d'un veau d'or.

Quarante jours, ce fut le temps que mirent les espions à explorer la terre promise ; et, en pénitence de sa rébellion et de ses murmures, le Seigneur força le peuple, pendant quarante ans, une année pour un jour, à errer dans le désert, de façon qu'ils moururent tous, à l'exception de deux, Josué et Caleb.

Quarante jours, Elie resta sur le mont Horeb dans l'oraison, le jeûne et la pénitence, implorant la miséricorde de Dieu pour son peuple d'Israël.

Quarante jours, ce fut la durée de la retraite du Seigneur dans le désert ; il les passa dans une oraison continuelle, sans manger ni boire, faisant pénitence pour donner l'exemple au monde, avant de consommer la grande œuvre de la rédemption des hommes.

Quarante jours s'écoulèrent depuis sa Résurrection glorieuse jusqu'à son Ascension triomphante dans les cieux.

Je ne finirais pas s'il me fallait énumérer les faits de l'histoire religieuse où se trouve marqué le nombre *Quarante*. L'Eglise l'appelle le *saint Quadragénaire* : voyez, dans les passages notés ci-dessus, comme l'idée de pénitence ou de châtiment s'y trouve toujours enfermée.

Le nombre même de coups que les lois judaïques ou romaines portaient contre les esclaves en punition de leurs désobéissances et de leurs méfaits, était de quarante. Saint Paul, comme il le rapporte lui-même (1), reçut cinq fois, pour la prédication de l'Evangile, les quarante coups,

---

(1) IIe aux Corinthiens, xi, 24.

moins un. C'est-à-dire cinq fois trente-neuf coups, parce qu'il était citoyen romain, et que les citoyens romains ne pouvaient être traités à l'égal des esclaves : pour cela ils recevaient un coup en moins.

Cela ne signifie-t-il pas que nous devons recourir à la pénitence, si nous voulons que Dieu nous fasse miséricorde? N'est-ce pas un appel à l'amertume de cœur et à la macération de la chair?

Après le mépris de l'amour il faut les épines de la pénitence; et, quand la pénitence manque de la part des hommes, viennent les châtiments de la part de Dieu. Quand furent-ils plus nécessaires et mieux mérités qu'aujourd'hui?

Passez le monde entier en revue et vous n'y trouverez pas trace de pureté. Nous sommes dans ces temps que saint Paul peint si divinement. L'apostasie est épouvantable; le scandale en tout sens est général; le péché en tout genre est horrible; la rébellion sous tous les aspects est grande; l'impiété devient également générale. Quel remède? Malheur au monde!

La main du Seigneur armée de la foudre terrible de son indignation tombera sur les hommes, parce que les hommes ne font pas pénitence de leurs iniquités, et qu'ils n'abandonnent pas leur chemin dépravé. Ils ont imité les Ninivites dans leur péché : qu'ils imitent donc les Ninivites dans la pénitence qu'ils firent à la parole de Jonas, et ils seront sauvés.

Ils imitent plutôt les hommes de la loi naturelle, ceux d'avant le déluge; comme eux, ils seront noyés dans les eaux d'amertume.

Ils imitent les habitants des cités infâmes qui ne voulurent pas écouter les exhortations de Loth et qui se moquèrent de lui : comme eux, ils seront dévorés par une pluie de feu.

Ils imitent ceux de Jérusalem qui ne croyaient pas aux prédictions de leurs prophètes, et, comme eux, ils seront taillés en pièces.

Malheur au monde à cause de ses scandales!

O pénitence! ô châtiment! Maintenant il est temps : un pas de plus et il sera trop tard. Il n'y aura plus de temps. Louange éternelle au Seigneur; Dieu des siècles, soyez béni!

Si, en considérant les créatures irraisonnables ou insensibles; si, en présence d'un cheval, d'une colombe, d'une fourmi, d'une fleur, d'une feuille, d'un grain de sable, nous y voyons reflétées la beauté, la bonté, la sagesse et la toute-puissance de Dieu, combien mieux ces perfections ne doivent-elles pas briller dans la création de l'homme, et surtout dans la sanctification des âmes?

Toutes les œuvres de Dieu *ad extra,* ou hors de lui, sont ordonnées directement pour le salut éternel des âmes. Lui seul connaît notre limon et le prix de l'âme qu'il a enfermée dans cette chair mortelle. Il a donné son sang, il a donné sa vie, pour racheter et purifier nos âmes, parce que lui seul connaît la valeur inestimable qu'elles ont comme filles du Père éternel.

Qui, Seigneur, a pu jamais concevoir que Dieu mourût pour sauver l'homme? Et pourtant il en a été ainsi. Il meurt et purifie l'homme : il l'enrichit, il l'appelle, il lui pardonne, il le nourrit, il le soutient, il le guide, il l'élève, et il ne s'arrête point avant de l'avoir fait asseoir au banquet de la gloire. Qui a jamais pu imaginer tant de bonté?

Mais l'homme se sépare de son Dieu, il s'égare, et il ferme ses oreilles pour ne pas entendre les appels du divin Pasteur; tandis que Dieu ne se lasse pas de faire pleuvoir ses grâces et ses bénédictions sur les pauvres pécheurs de la terre.

De là vient que quelques âmes, ouvrant leur cœur à

cette céleste rosée, cèdent à l'influence de l'impulsion divine; puis elles marchent dans le chemin commencé et parviennent tôt ou tard dans une haute sainteté.

Mais il y a des âmes qu'anime un souffle plus puissant, et qui s'abandonnent complètement et sans réserve entre les mains du Seigneur. Jésus, le divin Epoux des âmes pures, les embrase de l'amour du ciel, les enflamme, les submerge et les abîme dans les délices ineffables; de leur côté, en correspondant à ces avances avec une prompte et entière fidélité, elles se préparent à de nouvelles grâces, aux bénédictions et aux bienfaits de leur Seigneur et Dieu.

Telle fut Thérèse. Elle mit toute son ardeur à honorer Dieu, et à reproduire en elle la vie de Jésus, à qui elle s'était donnée complètement; et Jésus, de son côté, l'honore aujourd'hui d'une façon sans égale à la face du monde.

Voilà pourquoi nous lui voyons la blessure de l'amour, la couronne d'épines de la pénitence, les plaies ouvertes, les pierres qu'on jeta à Jésus, le fer des chaînes et les bâtons avec lesquels on le frappa; voilà pourquoi, de ce coin d'Alba de Tormès, elle crie au monde entier : *Amour ou pénitence! Amour ou pénitence!*

Les hommes n'ont pas voulu écouter la voix de l'amour, qu'ils écoutent au moins les cris de la pénitence. Ni à l'homme ni au monde il ne reste un autre chemin de salut. Si l'on manque celui-ci, on tombera infailliblement sous les coups d'un châtiment souverain. Ce sera un châtiment digne de Dieu. Bienvenu soit-il.

Il y a cinq cents ans que saint Vincent Ferrier prêchait la venue prochaine de la fin du monde, après avoir prouvé par une infinité de miracles, et principalement par la résurrection d'un mort à Salamanque, qu'il était l'Ange de l'Apocalypse décrit par saint Jean l'Evangéliste, lequel volant entre le ciel et la terre exhortait les peuples à la « sainte crainte de Dieu, parce que l'heure de son jugement approchait. » Ne pourrai-je, de mon côté, à la vue de ce qui se passe dans le cœur de notre Séraphin du Carmel, et après cinq cents ans écoulés, ne pourrai-je crier avec plus de raison que saint Vincent Ferrier : « Faites pénitence ! « Craignez Dieu, et rendez-lui honneur, parce que l'heure de son jugement approche ; et adorez Celui qui a fait les cieux et la terre, la mer et les sources des eaux ! » Craignez Dieu, et faites pénitence !...

C'est à cela que le Seigneur nous invite par le Cœur de la Sainte ; c'est à cela qu'il nous appelle. Serons-nous sourds à ces éloquentes voix du Seigneur ?

Seigneur Jésus, ayez pitié de nous !...

Seigneur Jésus, ayez pitié de nous !...

Seigneur Jésus, ayez pitié de nous !...

Sainte Thérèse de Jésus, priez pour nous !... (1)

---

(1) A différentes reprises, la Mère Prieure du Couvent d'Alba de Tormès a écrit qu'on voyait clairement apparaître quelque chose comme un tube : je l'avais aperçu moi-même, entre les fils, au-dessous du cœur. Je lui demandai de vouloir bien m'indiquer le point où il se montrait, et, à la date du 24 avril 1876, elle me répondit comme il suit :

« Le tube qui sort du saint Cœur se trouve par devant, du côté où l'on voit la plaie, mais à l'opposé de celle-ci ; c'est-à-dire en se tenant en face du cœur, on voit la plaie d'un côté et le tube de l'autre, ou bien la plaie à droite, comme vous savez, et le tube à gauche. Ce tube est au bas du cœur, et il sort du cœur même en descendant vers la poussière. Comme je l'ai déjà dit à Votre Révérence, sa grosseur est d'environ trois millimètres, et sa longueur de quatre millimètres à peu près. Toutes ensemble nous avons aussi remarqué que le dépôt de poussière qui se trouvait au-dessous, a beaucoup diminué, de manière qu'on voit presque tout le cœur ; il ne reste enveloppé qu'à l'endroit d'où sort le petit tube, dont l'extrémité se perd dans les résidus ou sédiment ; je crois que c'est de cet endroit que sortent les grandes épines.

« J'ai aussi remarqué que ce qui paraissait être un fil d'argent, a pris plus d'épaisseur, et que, sous la lumière artificielle, il brille fort à travers la poussière. Ces espèces de rognures de laine me paraissent aussi s'être développées, de sorte qu'elles attirèrent notre attention à toutes. Votre Révérence peut croire, à mon avis, que tout ce qu'elle a observé dans le saint Cœur, est beaucoup plus visible aujourd'hui.

« Avant de terminer cette lettre, j'ai voulu bien examiner le saint Cœur. J'ai donc réuni la communauté, et j'ai exposé le reliquaire à une bonne lumière ; non seulement je confirme tout ce que j'ai dit à Votre Révérence, mais je puis même ajouter que beaucoup des petites épines que vous aviez vues à la lampe et qui paraissaient comme des poils, se voient très clairement à la simple vue. Aussi attirent-elles l'attention de toutes les Religieuses, qui croient maintenant, comme l'ayant vu de leurs yeux, ce dont elles doutaient auparavant, lorsque Votre Révérence leur rendait compte de ce qu'elle avait observé avec des verres grossissants. — J'ai tâché de voir si les grandes épines sortaient du tube dont j'ai parlé : bien que la poussière, qui monte jusque-là plus qu'en tout autre endroit, empêche d'y voir bien clairement et sûrement, néanmoins il semble qu'elles sortent de ce petit tube, et passent ensuite par-dessous les fils métalliques qui soutiennent le saint Cœur. »

« Toutes les Religieuses ont aussi remarqué que le dépôt de poussière a beaucoup diminué, comme je l'ai dit à Votre Révérence ; enfin, chaque jour, apparaît plus admirable et avec plus de clarté ce que vous avez, il y a un an, observé dans ce Cœur béni. Je crois que si Votre Révérence le voyait aujourd'hui, elle trouverait toutes choses comme je l'ai dit, et qu'elle en trouverait peut-être encore d'autres que nous ne pouvons ni trouver ni expliquer. »

Qui pourrait ne pas voir et ne pas sentir dans cet abrégé, dans ce monde de merveilles, la main du Tout-Puissant, qui veut non seulement illustrer sa fidèle servante Thérèse de Jésus, mais encore faire entendre au monde, à la société endormie, un cri d'alarme, afin qu'elle se réveille de sa léthargie et rentre dans la voie du salut ?

Qui ne voit pas que l'inconnu s'éclaircit, que le voile qui couvre les intelligences se déchire, que l'action de la Providence sur l'homme apparaît plus évidente, et que Dieu menace le monde d'un châtiment terrible et prochain, si l'on ne recourt pas à la pénitence ? Jusques à quand serons-nous les esclaves des passions et les victimes des ruses de Satan ? Craignons que, dans un temps qui n'est pas éloigné, Dieu ne lâche la main de l'homme contre l'homme, et ne verse la coupe de sa colère sur nous tous ; craignons que les calamités ne nous accablent, et que le monde ne soit purifié par l'action surnaturelle du Seigneur, qui veut remédier à des maux si grands et si désespérés. Qu'il soit béni ! Alerte !

D'après des renseignements très authentiques pris à la date du 9 janvier 1882, les faits constatés actuellement dans le reliquaire de cristal qui contient le cœur de la Séraphique Mère Thérèse de Jésus, sont les mêmes que ceux qui ont été relatés par la Révérende Mère Prieure en 1876, sauf que les épines se développent encore : symbole de notre amour pour le sacrifice qui doit aller toujours grandissant. (*Note du traducteur.*)

CONCLUSION

On a pu voir, par le résumé historique placé en tête de ce livre, que sainte Thérèse a été l'heureux instrument dont Dieu voulut se servir pour combattre l'iniquité, le péché et l'erreur sans limites des hérétiques et de tous ceux qui traînent sur la terre une vie matérielle. Dieu la préserva de toutes fautes peut-être même légères, pour que la beauté de son âme, toujours d'agréable odeur devant le Seigneur, fût une compensation à la licence et au vice.

Thérèse s'obligea, par des vœux très étroits, à une rigoureuse observance, qui n'admettait aucune mitigation, afin qu'on vît pratiquement, non seulement qu'il est possible, avec la grâce de Dieu, de garder tous les divins commandements, ce que les hérétiques niaient, mais encore d'accomplir avec exactitude et fidélité les conseils évangéliques les plus délicats et les plus sublimes : elle démontrait ainsi que les préceptes du Seigneur ne sont ni durs ni pesants.

Elle se lia par l'obéissance aveugle et par le vœu de faire toujours ce qu'elle croirait le plus parfait, en opposition à la hideuse dissolution de mœurs que les hérétiques enseignaient et aux crimes infâmes qu'ils commettaient.

Le Seigneur l'enflamma de l'amour divin; il lui communiqua, en ce monde même, une charité de Séraphin, afin de compenser, par ses ardeurs célestes, le feu impur et brutal qui brûlait les corps immondes des hérétiques et de leurs sectateurs.

Voilà comme Dieu se plaisait à enrichir Thérèse; il accumulait sur elle sans compte ni mesure toutes les grâces et tous les dons désirables, pour en faire le contre-poids des hérésies, de la débauche, de la licence, de l'avilissement, de la brutalité de ces réformateurs de son temps et de tous ceux qui ont suivi depuis leurs tristes exemples. Thérèse de Jésus fut l'instrument choisi du Seigneur pour confondre l'iniquité et pour lever l'étendard du saint amour de Dieu et de la divine contemplation.

Quels élans sublimes!... Quel esprit élevé!... Quelle contemplation supérieure!... Thérèse de Jésus est un géant des siècles : elle est le saint Paul de son sexe.

Le Prophète cherchait de la part de Dieu, dans Jérusalem, un juste afin de pardonner à cette ville pour l'amour de lui, et il ne le trouva pas. Si un juste aurait suffi pour retenir le bras de la colère de Dieu, combien plus efficaces seront les supplications de ce Séraphin humain suscité de Dieu par miséricorde, pour obtenir clémence, grâce et bénédiction en faveur des pauvres pécheurs de la terre!

« Laisse-moi... ne me retiens pas!... disait le Père éternel à Moïse; je vais détruire ce peuple rebelle et à tête dure, et je ferai de toi le chef d'un grand peuple!... » Et Moïse, prosterné le visage contre terre, supplia le Seigneur, et le Seigneur apaisa son indignation, et le peuple fut épargné. Est-ce que Thérèse de Jésus n'obtiendra pas la même indulgence en faveur de son peuple, elle que le céleste Epoux suscita, choisit, éleva, enrichit, enflamma du divin amour pour qu'elle fût sa digne Epouse et qu'elle fût toujours jalouse de l'honneur de Dieu? Est-ce qu'elle n'obtiendra pas le pardon pour le peuple, la paix pour l'Eglise et la prospérité pour l'Espagne, lorsque Dieu lui-même l'a élevée comme l'étendard glorieux de la foi, comme l'emblème de l'oraison, comme le symbole de la grâce, comme l'expression la plus belle et la plus expansive du divin amour parmi les hommes? Que pourra lui refuser Jésus?

Ah! voyez-la pendant sa vie luttant contre toutes les puissances de la terre et des abîmes; voyez-la vaincre les difficultés par milliers, ressusciter les morts, répandre les prophéties, faire courir un carrosse sur les eaux comme sur la terre ferme; voyez-la fonder trente-deux monastères en différentes provinces d'Espagne fort éloignées les unes des autres; voyez-la construisant, enseignant, obéissant et dirigeant; voyez-la semer la vertu, peupler les déserts, emplir les trous de la pierre de blanches et paisibles colombes qui, nuit et jour, roucoulent de doux cantiques au Seigneur; voyez-la continuant à être depuis trois cents ans la grande Maîtresse, le Docteur inspiré dans la science si importante et si difficile de la contemplation, du commerce intime de l'âme avec Dieu...

Voyez-la!... Le combat soutenu contre le Protestantisme et ses erreurs grossières, contre l'impiété et le libertinage, contre la licence des mœurs et l'infamie de la conduite, contre l'existence basse et matérielle de ceux qui sortent du sein de l'Eglise et vivent hors de son enceinte sacrée; ce combat a été un combat sans trêve et qui ne cessera jamais, tant que le monde existera.

La bienfaisante et céleste influence de Thérèse de Jésus sur les esprit et sur le monde a été et est encore incalculable, sans mesure, incessante, universelle. Tous les saints, au milieu de l'influence salutaire qu'ils exercent en faveur du monde en général, offrent ordinairement un caractère marqué et, pour ainsi dire, circonscrit particulièrement à contrebalancer tel mal, telle doctrine, telle licence, de sorte que leur influence rayonne et se perpétue plus ou moins selon les besoins du monde et les desseins de Dieu ; mais le caractère de la sainte Mère est un caractère vaste, sans limites ; un caractère d'universalité, non seulement pour les maux qu'elle attaque et combat, mais aussi pour les biens qu'elle persuade, inculque et enracine dans le cœur. Toute erreur, toute hérésie est dissipée par sa doctrine ; toute licence, tout vice est condamné par sa conduite ; et l'on voit resplendir et comme flotter par-dessus tout l'ensemble la céleste contemplation et le sacrifice saint et continuel de l'ardent amour de Dieu.

Ainsi, voilà plus de cent cinquante ans que Thérèse de Jésus est l'âme de la vie spirituelle, le Docteur des Maîtres de l'Eprit, le guide des guides des âmes, l'étoile de la vie intérieure, la lampe des cloîtres solitaires. Combien, ô Thérèse, ont couru sur vos traces ! D'où vous sont venus tant de fils et de filles ? Ils sont venus de loin ; le Seigneur vous les a donnés, afin que par eux vous puissiez lui procurer amour, honneur et gloire sur la terre, et afin qu'eux-mêmes, après avoir appris en ce monde à chanter les louanges du Seigneur, aillent un jour occuper les sièges des anges tombés.

Elle meurt donc, Thérèse de Jésus, l'expression idéale de l'amour le plur pur et le plus enflammé, et de la contemplation la plus exquise et la plus élevée. Elle laisse, comme un legs extrêmement précieux, ses exemples et ses écrits à l'Eglise et au monde ; mais elle laisse aussi, déjà debout parmi les hommes, le grand Apôtre de la charité, le bras de la providence de Dieu pour tous les pauvres de l'univers. Saint Vincent de Paul naquit lorsque la sainte Mère s'occupait de la fondation de Véas en 1575. Une Mère mourait, mais il naissait un père. O adorable providence de Dieu, toujours amoureuse et paternelle à l'égard de tous !...

Saint Vincent de Paul employa sa longue carrière de quatre-vingt-cinq ans à aimer et à servir Jésus; il l'avait toujours présent à l'esprit, et s'appliquait à l'imiter en tout; mais de son côté, par une juste correspondance, Dieu le guidait en tous ses pas, et bénissait toutes ses œuvres.

Vincent fut un grand héros de son siècle, comme Thérèse avait été une grande héroïne dans le sien; Vincent fut le contrepoids de l'égoïsme janséniste et de son hypocrisie, comme Thérèse l'avait été de l'erreur et de la licence protestantes.

Vincent de Paul consomma heureusement la réforme disciplinaire du clergé, pour laquelle Thérèse de Jésus avait tant soupiré.

Vincent de Paul remédia aux nécessités d'esprit et de corps de tant d'âmes malheureuses et abruties par leur misère, pour lesquelles Thérèse de Jésus avait répandu tant de prières et versé tant de larmes.

Vincent de Paul conserva la vie de tant de pauvres créatures abandonnées de leurs mères sans entrailles, parce que Thérèse de Jésus avait tant de fois prié le Seigneur pour ces enfants orphelins.

Vincent de Paul procura un port assuré à tant de jeunes personnes en danger de perdre leur honneur et leur âme; un refuge à de pauvres invalides ou insensés, et donna le pain quotidien à vingt mille mendiants qui se présentaient à la porte de sa maison; mais Thérèse de Jésus avait prié et priait toujours le Seigneur de secourir ces pauvres innombrables.

O Thérèse de Jésus!... O Vincent de Paul, continuateur et très digne complément de Thérèse!... Soyez bénis! Le ciel et la terre vous comblent de bénédictions et de louanges.

L'amour et la contemplation de Thérèse de Jésus dureront tant que le monde durera; et la charité de Vincent de Paul demeurera éternellement

Thérèse de Jésus et Vincent de Paul sont l'admiration des siècles, un grand ornement de l'Eglise, les maîtres du monde, l'exemple vivant et continuel des hommes. Amour et charité. Oraison et sacrifice.

Saints bénis, intercédez pour moi!... Intercédez pour vos enfants!... Intercédez pour l'Eglise, aujourd'hui si persécutée!... Intercédez pour la pauvre Espagne si abaissée!... Intercédez pour le monde si révolté et si ingrat!...

Vincent de Paul meurt en 1660, et, comme ses exemples et ses admirables œuvres maintenaient vivant l'esprit de charité, le monde se soutenait. Mais le propre du néant, c'est la froideur, et le cœur de l'homme est un pur néant, une poignée de boue. Les passions et les vices un instant contenus débordèrent de nouveau, et de nouveau inondèrent les cités et les villages, les grands et les petits.

Les cendres de Vincent de Paul étaient à peine refroidies, lorsque en 1696 le Seigneur accorda au monde un nouvel excitateur de l'amour envers Jésus-Christ, dans la personne de saint Alphonse-Marie de Liguori. Pendant que ce grand serviteur de Dieu se prépare avec soin à remplir la mission dont le Seigneur le chargera, c'est-à-dire de répandre par ses écrits et par ses exemples la saine doctrine, la piété pratique et l'amour de Jésus-Christ parmi les hommes, le Seigneur commence à faire connaître au monde la blessure du cœur de Thérèse de Jésus. Saint Alphonse laisse sa dépouille mortelle sur la terre en 1787; et les bruits, ou plutôt, les hymnes et les cantiques de la transverbération continuèrent à résonner nuit et jour dans tout l'univers; tous écoutèrent les accents sublimes de l'Eglise dans la glorieuse commémoraison de cette merveille du Seigneur; les nations s'étonnaient en entendant de tels prodiges, elles bénissaient peut-être

Dieu et lui rendaient grâces pour ces bienfaits; mais les hommes continuèrent à être des hommes, et le monde, à tourner.

Pendant cent cinquante ans, ce Cœur séraphique fit entendre son cri d'amour, et invita tout l'univers à boire sans mesure et sans paiement de ces eaux du Sauveur; pendant cent cinquante ans résonnèrent par le monde ces cantiques divins, ces hymnes inspirés, ces plaintes sublimes, ces expansions angéliques; mais le monde a fait le sourd, et l'homme est demeuré muet. Tous ont bouché leurs oreilles pour ne pas entendre, et ils ont fermé leur bouche pour ne pas confesser les prodiges et les bontés du Seigneur.

L'homme et le monde se sont débordés toujours davantage. L'homme et le monde, brisant le frein, ont insulté Dieu, ont divorcé avec lui et le persécutent à mort.

Voyez ce qui se passe : Pauvre homme!... Pauvre monde!...

Cependant les miséricordes du Seigneur ne sont pas épuisées, et les inventions de son amour ineffable n'ont pas de terme.

Thérèse de Jésus devait toujours être la zélatrice de l'honneur de Jésus, son véritable et céleste Epoux. Vivante, elle y veillait avec un cœur mort; morte maintenant, elle y veille avec un cœur qui montre une nouvelle vie. Autrefois elle poussait des cris d'amour; aujourd'hui ce sont des exhortations et des plaintes de pénitence. Amour de Dieu, ou pénitence dans la crainte de Dieu. Voilà pourquoi je crois que le Seigneur a entouré d'épines le cœur de son Epouse Thérèse.

Jésus voulut se servir de Thérèse contre l'erreur et l'impureté des hérétiques et des impies matérialistes, contre les illusions sataniques de fanatiques exaltés, contre le libertinage et le vice qui inondaient tout.

Thérèse descendit au tombeau, mais son cœur continua ses cris de pur et ardent amour.

Tout cela fut inutile. L'amour de Dieu n'est plus écouté, on le méprise; tandis que l'amour impur a dévoré la substance et la vitalité de l'homme, et l'a soumis en même temps à un jugement très sévère et à une condamnation assurée. Malheur à l'homme!

Adam détruisit le charme du divin amour, en violant le suave précepte qui lui avait été imposé.

Caïn rompit le lien de l'amour, en méprisant les avis et les menaces du Seigneur.

Les nations ont rejeté l'amour de Dieu, pour l'amour vil et stupide de la créature.

Vous ne voulez pas l'amour?... Vous aurez la douleur.

Quand, pour aller à Dieu, l'âme quitte le chemin de l'innocence, il ne lui reste d'autre chemin que de suivre le chemin de la pénitence. Amour ou douleur. Innocence ou pénitence. Blanc ou rouge. Choisissez.

La blessure de l'amour, les cris de l'amour sortent de la partie haute et épaisse du cœur, à la droite, qui est l'endroit privilégié et par conséquent la place de l'Ange Gardien; mais les épines naissent toutes de la partie la plus basse, la plus retirée, au point extrême de la gauche, qui est le lieu de réprobation, la place de Satan.

Par la pénitence d'en bas et de la gauche, on peut monter à l'amour d'en haut et de la droite.

Ce qui reste à la gauche se perd; ce qui passe à la droite sera sauvé.

Qu'ils sont nombreux ceux qui vont à gauche!... Combien peu passent à la droite!...

Après le manque de pénitence, ou après la pénitence infructueuse vient le châtiment. Dieu saint!

Cela nous menacerait-il d'un grand cataclysme? Serait-ce la trompette du Séraphin excitant au combat? N'est-ce pas un cri comme celui de saint Vincent Ferrier : « Craignez Dieu et rendez-lui l'honneur, parce que l'heure de son jugement approche? »

De toutes manières la main de Dieu s'appesantit, et avec raison, sur le monde. Des calamités sans nombre pleuvent sur les nations ; les peuples ne peuvent supporter plus longtemps le joug ; les hommes se décident à peine à vivre et à respirer.

Néanmoins l'homme ne se repent pas, il suit son chemin fatal, il ne revient pas à lui, et la menace, chaque fois plus forte, se fait entendre aussi chaque fois plus épouvantable. Malheur à toi, ô homme, malheur à toi !

Cent cinquante ans dura l'influence directe de Thérèse sur le monde; cent cinquante ans, son influence indirecte par sa transverbération, et aujourd'hui il y a déjà quarante ans que les épines prêchent la pénitence ou le châtiment. Qu'arrivera-t-il?

Cent cinquante psaumes composent le Psautier.

Cent cinquante *Ave Maria* se trouvent dans le Rosaire.

Aurions-nous là un symbole de la prière que Dieu nous demande.

Pendant quarante années les Juifs errèrent dans le désert, et pendant quarante jours le Seigneur fit pénitence avant d'entreprendre la grande œuvre de la Rédemption des hommes.

Serions-nous avertis qu'à la prière continuelle, fervente, et appuyée par Marie, nous devons unir la pénitence continuelle pour notre vie passée, et l'amendement complet de notre vie présente?

Et c'est par Thérèse, la zélatrice de son honneur, que le Seigneur nous avertit; c'est du cœur blessé et enflammé de Thérèse que sortent les cris; n'écouterons-nous pas ces divins accents d'amour ou ces terribles menaces de châtiment?

O Espagne! O monde! Ecoutons ces appels, ne laissons pas passer inaperçus ces accents.

La voix du Seigneur crie dans la cité, et ceux qui craindront son saint nom seront sauvés.

Ce n'est pas en vain, ce n'est pas sans dessein que le Seigneur a placé le saint Cœur de Thérèse vers l'extrémité de la terre à l'ouest de l'Europe. En effet, l'Espagne est comme la tête; la France, la poitrine; l'Italie et l'Angleterre, les bras; et les autres nations comme le reste du corps d'une espèce de figure d'homme que l'on remarque dans la configuration géographique du monde.

C'est que Thérèse de Jésus devait être dans la partie la plus spirituelle et la plus élevée, pour que sa voix résonnât dans tout l'univers.

Mais, ô honte! pendant que le nom de Thérèse de Jésus, son esprit et ses œuvres tiennent dans l'étonnement le monde catholique, l'Espagne dort.

La voix de Thérèse de Jésus produit de suaves harmonies, et dans la tête, qui est l'ingrate Espagne, à peine si l'on remarque la moindre vibration!

La renommée des épines qui se montrent dans le cœur de sainte Thérèse de Jésus est universelle, et toutes les nations sont dans l'attente : mais l'Espagne n'en fait aucun cas!... Elle regarde avec dédain!... Et même avec mépris!... Quelle humiliation!... Quelle honte!...

Je sais que d'abord on parla un peu de ces merveilles; je sais qu'ensuite on fit le silence sur cette affaire; mais les premières épines ont grandi; d'autres se sont présentées successivement; les hommes les ont vues, et tout est resté dans le silence, couvert du manteau de l'oubli, bien qu'on ne puisse jamais enlever complètement le religieux voile du mystère.

Venez et voyez. Ici vous trouverez, par la méditation, tant de prodiges que vous en serez confondu.

Venez et voyez, et vous contemplerez les merveilles ineffables du Seigneur.

Venez et voyez ces branches qui égarent l'entendement.

Venez et voyez cette poussière qui obscurcit et aveugle la raison.

Venez et voyez ce bâton qui est prêt à frapper tous les hommes.

Venez et voyez ces pierres avec lesquelles le Seigneur nous appelle.

Venez et voyez ces épines qui nous prêchent si hautement la nécessité de la pénitence, ou nous menacent d'un formidable châtiment.

Venez et voyez, et vous verrez des productions admirables, uniques dans le monde. Il n'y a pas d'exemple, il n'y a rien de pareil sur la terre.

J'ai vu une grande variété d'épines, mais je n'en n'ai vu aucune qui eût la moindre trace de ressemblance avec celles-ci. Tout y est particulier, origine, maintien, conservation, longévité, longueur, construction ou structure, couleur, moyen de subsister, privation des choses que l'homme connaît le plus nécessaires, manque des conditions qu'il sait être indispensables, à leur manière d'être, manière de naître, de croître et de se développer, finesse, couleur blanche et longueur unie à une si grande résistance d'abord; longueur, force et couleur de cannelle ensuite, couleur dont la base des épines se distingue quant à leur début elles sont si fines, qu'on a grand' peine à les apercevoir.

Venez et voyez, et admirez.

Voilà ce cœur béni; le voilà à Alba de Tormès, diocèse et province de Salamanque, dans la ville titulaire du célèbre don Ferdinand Alvarez de Tolède.

Mais que vaut la noblesse de titres donnés par les hommes, auprès de la noblesse de l'amour communiqué par Dieu?

Le grand général et son château ont disparu; Thérèse de Jésus vit depuis trois cents ans, et, tout admirable qu'a été sa vie sur la terre, on doit peut-être encore trouver plus admirable cette espèce de vie qui se montre dans son cœur enfermé dans un vase de cristal et entouré d'épines.

Venez et voyez le cœur de Thérèse de Jésus, de l'épouse de Jésus, de la sainte Mère, du Séraphin humain, honneur et gloire de son peuple.

Venez et voyez ce cœur qui parle avec tant d'éloquence depuis trois cents ans qu'il ne vit plus.

Venez et voyez, voilà cet admirable cœur d'une Sainte si admirable de l'Eglise de Dieu.

La miséricorde infinie du Seigneur l'a donnée pour patronne à la catholique et magnanime Espagne, et un très grand nombre de fils ont négligé de vénérer leur patronne, parce qu'ils ont cessé d'être de vrais catholiques et, en même temps, d'être magnanimes.

Et voyez avec quelle opportunité les épines se multiplient d'une manière si prodigieuse!... N'est-ce pas un stimulant souvent répété?... N'est-ce pas un excitateur efficace de la foi de notre peuple?... N'est-ce pas une réclamation d'une dette non acquittée?

O Espagne! Regarde ce que le Seigneur opère dans le cœur de sainte Thérèse de Jésus; reconnais que le Seigneur te l'a donnée dans des jours de miséricorde, pour qu'elle fût ta gloire, ton modèle et ton exemplaire. Reconnais que Dieu t'a fait une grande grâce en te la donnant pour fille et pour patronne. Comment l'as-tu remerciée? Comment te conduis-tu à l'égard de Thérèse?

La France, l'Angleterre, les Etats-Unis, l'Allemagne, toutes les nations honorent avec grande pompe les hommes qui les ont élevées ou avilies; elles s'en souviennent dans leur histoire; elles instituent en leur honneur de grandes fêtes et leur érigent de magnifiques monuments. Et toi, Espagne, ô ma pauvre patrie! tu ne feras rien en l'honneur de ton illustre et incomparable patronne sainte Thérèse de Jésus?...

De ce couvent retiré d'Alba de Tormès elle appelle et invite par de muettes et éloquentes voix qui retentissent parmi les nations, remuent les esprits et leur font désirer d'en savoir davantage. Elle apelle et invite le diocèse, l'Espagne, l'Eglise, le monde, à réfléchir tous et chacun sur leur conduite, et à fixer leur attention sur les profondes blessures et sur les pénétrantes épines de son cœur. Elle appelle et invite à réparer la négligence de tant d'années et l'oubli de mort dans lequel on l'a délaissée.

N'est-elle pas notre patronne, la grande Thérèse? Oui, nous pouvons très justement lui rendre un culte particulier, et lui adresser nos prières après la sublime et incomparable Marie, Mère de Dieu, et après l'Apôtre que le Seigneur nous a donné pour Père et pour patron principal.

Voyez les calamités et les afflictions que nous avons à traverser!... Pauvre Espagne!... Pauvre monde!... guerres, discordes, famines, pestes, tremblements de terre, inondations, maladies inconnues, morts subites... des miliers de coups que la main paternelle du Seigneur nous donne comme avertissements avant de se décider à décharger sur nous comme châtiment la verge de son indignation.

Chargé du rôle de héraut et de trompette de Dieu, le cœur de la sainte Mère, toujours passionnée pour la conversion et le salut des âmes, publie par tout l'univers l'amour ineffable du Seigneur, la nécessité d'apaiser sa juste colère, la menace terrible qui suit l'appel à la pénitence; et, depuis des années, des lustres et des siècles elle ne cesse de proclamer les miséricordes infinies du céleste Epoux, qui est mort pour le salut éternel des âmes.

Espagne!... Humilie-toi, accepte le saint et salutaire joug du Seigneur qui autrefois te couvrit de gloire, vois jusqu'où tu es descendue pour avoir abandonné ton Dieu, secoue la vile poussière qui te couvre, entre dans le sentier de la vérité, de la foi et de la lumière, et tu verras de nouveau briller pour toi ces jours mémorables de splendeur et de gloire par lesquels tu éclipsais toutes les nations de la terre.

Espagne!... Recours à ta grande héroïne et patronne Thérèse de Jésus, l'Epouse du Seigneur de qui elle a reçu la promesse qu'il ne lui refuserait rien!... Recours à cette invicible fille et patronne, afin que par les mérites du Christ Rédempteur qui lui appartiennent, elle demande au Père Eternel tout ce qu'elle voudra, sûre qu'elle est de l'obtenir.

Espagne!... Cours au tombeau de Thérèse de Jésus à Alba de Tormès, et tu apprendras ce que tu ne savais pas; là tu respireras un air de l'autre monde; là tu te reposeras comme dans le palais d'une Epouse du grand Roi des siècles; là tu sentiras s'animer ta confiance dans les divines miséricordes; là ton cœur s'attendrira, et tes yeux répandront l'eau de salut qui enlèvera les péchés de ta conscience et qui lavera les taches de ton âme; là, comme les rois Mages, tu entreras par un chemin et tu sortiras par un autre; tu entreras comme guidée par une étoile, et tu sortiras conduite par un ange. Parfois tel sera entré pécheur, qui sortira apôtre.

Mais, attendez!... Entre Salamanque et Alba il y a une prairie, dans laquelle, une nuit, s'égara sainte Thérèse de Jésus. Avec sa compagne elle s'arrêta là; elles se reposèrent en parlant de Dieu, et l'esprit de Thérèse, toujours en haut, ne cessait pas de traiter intimement avec le céleste Epoux, ni de converser familièrement avec les saints Anges.

Le Seigneur, toujours complaisant même avec ses ennemis, l'est infiniment plus avec les âmes qui sincèrement et sans réserve s'abandonnent entre ses bras. Thérèse de Jésus avait un corps, et ce corps éprouvait des nécessités, le Seigneur vint à son secours en faisant sourdre à ses pieds une fontaine d'eau vive. Ainsi jaillissent du cœur de la Sainte des fleuves de doctrine céleste, des exhortations continuelles à la vertu, des appels sans fin à la pénitence et au saint amour de Dieu.

Pourquoi ne pénétreraient-ils pas dans notre cœur, et ne raviraient-ils pas notre âme, pour l'unir indissolublement et pour toujours à son Seigneur et Dieu!... Serons-nous sourds aux cris de la sainte Mère?

Eh bien!... Cette source est la fontaine de sainte Thérèse. Et le dirai-je?... jugez entre moi et ma vigne.

Cette fontaine de sainte Thérèse est à côté du chemin, à droite. C'est un trou de la profondeur d'une corbeille, ouvert dans la terre.

Là on ne voit ni une pierre travaillée qui l'indique, ni quelques briques qui empêchent la terre de s'écrouler, ni une croix, ni un poteau qui révèle ce lieu mémorable.

Les bœufs qui vont errants dans la prairie, plus reconnaissants que les hommes, vont à la fontaine pour satisfaire ce besoin que le Créateur leur a imposé, et, levant la tête, ils le remercient.

Les pourceaux, moins reconnaissants, mais accomplissant le même précepte, se rendent à la source du miracle, et, au lieu de reconnaître cet insigne bienfait, ils se vautrent dans l'eau et la salissent.

O homme! voilà ce que tu fais. Tu te roules dans les miracles de Dieu et dans les œuvres des saints, et tu t'en sers autant qu'ils satisfont tes goûts et tes appétits brutaux, sans pour cela te convertir au Seigneur ni reconnaître le don que tu as reçu.

Lève la tête et regarde en haut; vois dans le ciel la main du Seigneur qui t'envoie ces présents, pour que tu recoures avec plus de confiance en tout temps au saint amour de ton Père éternel.

Heureux propriétaire du pâturage qui renferme la fontaine miraculeuse de sainte Thérèse!... Ah! qui pourrait disposer d'une somme pour embellir ce lieu, en y plantant des arbres, en y élevant un sanctuaire, ou au moins un petit ermitage, comme un souvenir éternel et une expression de gratitude envers le Séraphin de la terre!...

Diocèse de Salamanque! C'est en toi que se trouve enfermé ce lieu; des milliers de fois les enfants passent par la *Fontaine de la Sainte,* mais ils ne voient rien qui en révèle la sainteté. Tout y est matière, et matière bien peu attrayante assurément. On n'y voit ni autel, ni croix, ni colonne, ni inscription, ni pierre, rien!.... Une eau bourbeuse, troublée par les pieds immondes des pourceaux... c'est la Fontaine de la Sainte!... Jusques à quand?...

Illustres Prélats de l'Espagne! Voyez foulé aux pieds un miracle du Séraphin terrestre, du grand Docteur mystique, de l'incomparable Réformatrice, de l'Etoile du Carmel, du Luminaire de la vie spirituelle, du Baume de la vie religieuse, honneur et gloire de l'Espagne. Voici la Fontaine de la sainte Patronne, qui aujourd'hui encore élève sa voix de sa retraite d'Alba à cause de la négligence et de l'abaissement des esprits. Elle insiste à la pénitence et à la conversion. Elle invite pour que l'Espagne et le monde retournent au sein de leur Dieu. Laisserons-nous déserte et abandonnée cette fontaine miraculeuse?

En présence des nombreuses et immenses nécessités de l'Espagne, avec quelle confiance ne recourrons-nous pas à Thérèse de Jésus, Epouse de Jésus, après avoir imploré la Mère de Jésus, Reine des cieux et de la terre, des anges et des hommes? Thérèse tient en ses mains les mérites de la passion de Jésus; elle s'en prévaut pour demander tout ce qu'elle veut, sûre que rien ne lui sera refusé. Prions donc avec une foi vive, sollicitons sa puissante intercession.

Thérèse de Jésus est la Patronne de l'Espagne, la protectrice aimante de son peuple : si, pendant sa vie, elle demandait en se sacrifiant elle-même, maintenant qu'elle possède Dieu, négligera-t-elle de prier pour ses frères et ses protégés de la terre?

Autrefois elle parcourait le monde, tout éprise de l'honneur de Dieu : oubliera-t-elle aujourd'hui ses frères de la terre, lorsque tout est ouvert à ses regards et que l'amour de son cœur a reçu un accroissement sans limites?

Et on laissera dans l'abandon et foulé aux pieds un lieu qui rappelle un miracle et qui porte le nom de notre grande Sainte : *la Fontaine de sainte Thérèse, la Fontaine de la Sainte?*

L'indigence des temps!... C'est bien vrai. Autrefois, en enrichissant l'Eglise, tout le monde était riche ou à l'aise, ayant du pain assuré, et en paix. Aujourd'hui on a appauvri l'Eglise et dépouillé les propriétaires, et tout le monde est pauvre, la misère est générale, le trouble est complet, le désordre est difficile à réprimer, et le genre humain chancelle, dans la révolte et l'agitation, comme un fou plongé dans l'ivresse.

Eh bien, quand même!... Un petit sacrifice chacun; une souscription nationale; et aussitôt on achètera un morceau de terrain, on l'embellira, et au milieu s'élèvera un ermitage; non, un sanctuaire; non, un temple magnifique, en l'honneur du grand Dieu qui sait élever de la poussière des âmes comme Thérèse de Jésus : et là on chantera d'éternelles louanges à Jésus de Thérèse et à la Vierge Mère de Jésus et de Thérèse et la nôtre.

Ainsi nous rendrons gloire à Dieu, ainsi nous honorerons la Sainte, ainsi ce temple sera un point d'appui entre Salamanque et Alba; et l'on pourra y établir un pèlerinage diocèsain, national, européen, universel : que de biens en résulteraient!

On pourrait même établir mieux qu'un seul temple. On répartirait entre Salamanque et Alba un nombre de chapelles ou ermitages correspondant aux stations du chemin de la Croix, et l'on aurait la plus belle Voie-Sainte de l'univers. Chaque oratoire serait une halte : à chacun correspondrait un nouvel accroissement de ferveur et de plus ardents désirs. Les gémissements du cœur, en jaillissant plus profonds et plus enflammés, voleraient plus sûrement à Dieu et leur effet serait beaucoup plus certain.

De quelle importance cela n'est-il pas pour obtenir la paix! Qui sera assez puissant pour nous la procurer? Si Thérèse prie, le résultat est infaillible. Rendons-lui de pieux hommages, et, par un retour de reconnaissance, Thérèse s'occupera de nos intérêts.

Accourons chacun avec notre petite obole; que celui qui a peu donne peu; et que celui qui possède de grands biens ne soit pas parcimonieux avec la grande Sainte de Dieu.

Si les richesses de l'iniquité servent à gagner le ciel, combien davantage serviront les biens légitimes offerts en sacrifice à Dieu et à ses Saints!

Les biens de la terre sont un dépôt que le Seigneur a mis entre les mains de l'homme, et ce petit dépôt bien administré rapporte le gouvernement de nombreuses cités, comme l'atteste le saint Evangile. Serons-nous négligents pour réaliser cet intérêt à tous égards si avantageux pour nous? Si le Seigneur donne cent pour un, combien ne pourrons-nous pas espérer et nous promettre de ses infinies largesses?

Et que sont les biens de la terre comparés avec ceux de la gloire du Paradis? C'est là que nous réunira le Seigneur; là il nous introduira dans sa joie éternelle, là il comblera la mesure, il emplira notre sein, et l'âme, abîmée dans les profondeurs de Dieu, verra tous ses désirs amplement satisfaits; et étant parfaitement unie à Dieu, elle sera semblable à Dieu. O grandeur de l'âme!... O miséricordes du Seigneur!...

Par l'intercession de Thérèse de Jésus, ô Jésus très clément! détachez-nous de tout ce qui appartient à la terre, guérissez les plaies de notre âme, purifiez nos cœurs, et, sanctifiés par la pénitence, embrasez notre poitrine du feu de votre divin amour.

Et vous, très douce Mère, très sainte Mère de Jésus, fermerez-vous l'oreille à nos prières? Soyez en tout temps et en toute occasion notre Mère, comme vous l'avez été de Thérèse; conduisez-nous par la main comme vous l'avez conduite elle-même, et ne nous laissez jamais errer loin de Jésus et de Vous. Soutenus par Vous, il n'est pas possible que nous nous égarions. Faites, nous Vous en supplions, que, suivant fidèlement vos traces, correspondant continuellement à la divine grâce, nous vainquions la nature, le monde trompeur et l'ennemi rusé, et que, marchant de vertus en vertus, nous arrivions enfin à occuper une place dans la bienheureuse patrie des élus du Seigneur. Ainsi soit-il.

NOTES RECTIFICATIVES

DU TEXTE DE L'AUTEUR, QU'UNE RELIGIEUSE CARMÉLITE A BIEN VOULU DONNER POUR CETTE TRADUCTION

Page 11, ligne 22. — Je ne sais pas d'où l'on a tiré cette exclamation : « Oh ! Seigneur, je n'en demandais pas tant ! » Nous ne l'avons vue nulle part, et elle paraît tout à fait contradictoire avec ce cri d'amour : Ou souffrir, ou mourir !

Page 13, ligne 8. — « Je mourrai sainte. » Ce n'est pas à ce moment-là que notre séraphique Mère dit qu'elle serait une sainte ; c'est un jour que, s'entretenant avec des amies, l'une d'elles lui dit qu'il n'y avait pas dans l'Eglise une *sainte Thérèse :* notre sainte Mère dit aussitôt : « Eh bien, j'en serai une ! »

Page 31, ligne 8. — Dans les Constitutions faites par notre sainte Mère, il est dit : « Qu'elles aient de bons livres. » La Sainte en indique plusieurs. Je me demande d'où l'on a tiré que sainte Thérèse ne voulait pas que ses religieuses lussent d'autres livres que ceux de la sainte Règle et du Catéchisme de la Doctrine chrétienne.

Page 34, ligne 24. — Ce n'est pas à ce moment-là que Notre-Seigneur s'est appelé Jésus de Thérèse, et il n'a jamais dit à notre sainte Mère : « Tu t'appelleras Thérèse de Jésus. » On lit dans les *Recuerdos de Avila :* « Une tradition constante rapporte que la sainte Mère rencontra un jour un ravissant enfant, dans le cloître d'en bas du monastère de l'Incarnation d'Avila. Croyant qu'il était le parent d'une des religieuses (la clôture de la mitigation permettant l'entrée du couvent aux enfants), la Sainte interdite s'arrêta à le contempler. Jésus lui demanda alors quel était son nom. « Je m'appelle Thérèse de Jésus. » — Et moi, reprit le divin Enfant, je m'appelle Jésus de Thérèse. » — On conserve dans le monastère de l'Incarnation un tableau représentant l'Apparition de l'Enfant Jésus à sainte Thérèse ; il est placé dans un escalier conduisant au cloître où la Sainte reçut cette faveur insigne.

Page 45, ligne 13. — Il est regrettable que l'on cite une lettre apocryphe de notre sainte Mère. Je l'ai sous les yeux : ce n'est ni son style, ni ses expressions; ce n'est certainement pas elle qui a écrit cette lettre. — C'est là aussi le sentiment de D. Vincente de la Fuente, *Catedratico de Disciplina Eclesiastica en la Universidad de Madrid* : ce dévot passionné de notre séraphique Mère a publié la *Vie et les Œuvres complètes de sainte Thérèse* en 2 vol. in-quarto.

C'est la première fois, même en Espagne, que ces œuvres ont été publiées aussi complètes.

TABLE DES MATIÈRES

	Pages
Dédicace.	v
Approbation de Mgr l'Archevêque de Reims.	vii
Approbation de Mgr le Cardinal Archevêque de Valence.	viii
Préface.	ix
Introduction.	xiii

PREMIÈRE PARTIE

Abrégé de la vie de sainte Thérèse de Jésus	1

SECONDE PARTIE

L'extraction du cœur.	59
Le reliquaire.	62
Opérations dans l'examen du cœur.	63
Le cœur et son aspect.	66
Accidents ou choses à noter dans le cœur même	68
Couleur.	68
Rugosités.	69
Grains ou pierres.	70
Taches. — Sang.	71
Blessure ou transverbération.	72
Description de la blessure.	74
Trous ou blessures de forme ronde	75
Poussière.	78
Racines ou petites branches.	83
Bâton.	85
Fils d'archal.	86
Epines.	88
Epoque où l'on remarqua les épines.	91
Reconnaissance des épines par les autorités scientifiques.	95
Premier avis des docteurs.	96

	Pages
Second avis des docteurs	98
Troisième avis des docteurs	105
Opinion particulière que je présentai à l'Illustrissime Seigneur Evêque de Salamanque le 27 novembre 1873	108
Observations	109
Principes	110
Réflexions	112
Conséquence	120
Apparition ou découverte des épines	123
I. — Découverte des épines	125
II. — Nombre des épines	134
III. — Situation et grandeur des épines	135
IV. — Origine des épines	142
Difficulté	153
I. — Analyse	165
II. — Observation microscopique	172
III. — Détritus ou sédiment	173
IV. — Hypothèse de l'existence d'animalcules	174
V. — Y a-t-il dans le cœur des animalcules ?	176
VI. — S'il est temps, oui ou non, de résoudre la question	185
§ I. — Est-il prématuré de décider la question ?	186
§ II. — A affirmer ou à nier y a-t-il ou non danger pour la religion ?	195
Nouvelle difficulté	201
Le bras	205
Conjectures	208
Conclusion	227
Notes rectificatives du texte de l'auteur	247

Bar-le-Duc. — Typographie de l'Œuvre de Saint-Paul. — L. Philipona et Cⁱᵉ. — 12.